Gerhard Sauter/Alex Stock
Arbeitsweisen Systematischer Theologie

studium theologie 2

studium theologie bringt Einführungen in die theologischen Disziplinen, deren didaktischer Aufriß besonders den Bedürfnissen der Studienanfänger entspricht.

studium theologie verdeutlicht die Strukturen des Studiums und stellt die Bezugspunkte zu anderen Disziplinen heraus.

studium theologie führt den Studenten in die Methoden wissenschaftlichen Arbeitens ein und gibt ihm einen Überblick über forschungsgeschichtliche Positionen.

studium theologie will darüber hinaus zur selbständigen Urteilsbildung anleiten und Kommunikationsfähigkeit einüben.

studium theologie eignet sich gleicherweise zum Selbststudium, als Begleitbuch zur Vorlesung und als Arbeitsmaterial zum Proseminar.

Band 1 Gottfried Adam / Otto Kaiser / Werner Georg Kümmel:
Einführung in die exegetischen Methoden
5., neubearbeitete Auflage

Band 2 Gerhard Sauter / Alex Stock:
Arbeitsweisen Systematischer Theologie
Eine Anleitung

Band 3 **Einführung in die Praktische Theologie**
Herausgegeben von Rolf Zerfaß und Norbert Greinacher unter Mitarbeit von Christof Bäumler, Peter Krusche, Norbert Mette und Wilhelm Möhler

Band 4 Christof Bäumler / Gerd Birk / Jürg Kleemann / Gerhard Schmaltz / Dietmar Stoller:
Methoden der empirischen Sozialforschung in der Praktischen Theologie. Eine Einführung

Gerhard Sauter
Alex Stock

Arbeitsweisen Systematischer Theologie
Eine Anleitung

Kaiser · Grünewald

CIP-Kurztitelaufnahme der Deutschen Bibliothek

Sauter, Gerhard
Arbeitsweisen Systematischer Theologie:
Eine Anleitung./Gerhard Sauter; Alex Stock.
(studium theologie 2)
NE: Stock, Alex: [redacted]

ISBN 3-459-01058-4 (Kaiser)
ISBN 3-7867-0542-9 (Grünewald)

 – Umschlag: Kröhl/Offenberg. – Gesamtherstellung: Georg Wagner, Nördlingen. – Printed in Germany.

Inhalt

Einführung

Wer mit dem Studium der biblischen und historischen Disziplinen der Theologie begonnen hat und dort in die historisch-kritische Methode eingeführt worden ist, erwartet vermutlich, wenn er sich mit der Systematischen Theologie zu beschäftigen beginnt, eine entsprechende methodische Einführung auch hier. Es hat jedoch den Anschein, daß es in der Systematischen Theologie ein genaues Äquivalent zur historisch-kritischen Methode nicht gibt, zumindest nicht im Sinne eines verfahrenstechnisch differenzierten, lang erprobten, über die Grenzen von theologischen Schulen und kirchlichen Konfessionen allseits anerkannten methodischen Instrumentariums. Es gibt in der Systematischen Theologie große theologische Denker, ausgeprägte theologische Schulen, konfessionsspezifische Formationen des Theologietreibens, aber die von allen anerkannte und angewandte systematische Methode scheint zu fehlen. Ob dies notwendig so ist und zur Eigenart der Systematischen Theologie gehört, oder ob es nur faktisch so ist, können wir hier nicht weiter erörtern. Wir können nur vom Stand der Systematischen Theologie ausgehen und feststellen, daß es die *eine* systematische Methode nicht gibt. Darum heißt dieses Buch auch nicht »Einführung in die Methode der Systematischen Theologie«.

Dennoch wird in der Systematischen Theologie wissenschaftlich gearbeitet, gelehrt und publiziert, diskutiert und Kritik geübt. Dabei werden, ob man es nun reflektiert oder nicht, bestimmte Weisen eines geregelten Vorgehens praktiziert. Sie mögen bei diesem Theologen anders sein als bei jenem, aber ohne jedes gemeinsame Vorgehen wäre eine wissenschaftliche Kommunikation gar nicht möglich. Um die Beschreibung der dafür erforderlichen Verfahrensweisen geht es in diesem Buch, und darum heißt es »Arbeitsweisen Systematischer Theologie«.

Nun wird gewöhnlich diesen Arbeitsweisen selbst im Studium der Systematischen Theologie keine sehr intensive Aufmerksamkeit gewidmet. Die Neigung scheint groß, von Anfang an in direktem Zugriff die grundlegenden inhaltlichen Themen und Probleme (Gott, Christus, Kirche usw.) anzugehen und auf diese Weise ein solides inhaltliches Basiswissen und umfassendes Grundverständnis des Ganzen zu schaffen. Diese inhaltliche Dominanz kann dazu führen, daß die Arbeitsweisen selbst unreflektiert bleiben. Und das ist nicht von Vorteil für den Verlauf des Studiums und die spätere theologische Tätigkeit. Studenten stoßen ja in der Lehre und in theologischen Publikationen auf eine Vielzahl oft kontroverser Positionen, Lehrmeinungen, Thesen und können auch nicht übersehen, daß das sogenannte umfassende Grundverständnis des Ganzen hier so und dort ganz anders aussieht. Wer Systematische Theologie studiert, kann die Situation bedrängender Pluralität nicht umgehen. Man kann auf verschiedene Weise mit ihr fertig zu werden versuchen. Man kann eine bekenntnisartige Lösung vorziehen, d. h. man schließt sich einem Lehrmeister an, man entscheidet sich für oder gegen eine theologische Position und gewinnt so persönlich Sicherheit und klare Fronten. Oder man sucht sich dieser pluralen Situation zu entziehen, indem man sie unterläuft oder resigniert auf sich beruhen läßt, weil man sich durch sie einfach überfordert fühlt. Das alles ist individuell verständlich, aber es entspricht doch nicht dem, was man von einer offenen und ernsthaften Kommunikation unter Theologen erwartet.

Wenn man nun lernt, die Arbeitsweisen, die Art und Weise, wie Theologen in ihrer mündlichen und schriftlichen Darlegung vorgehen und zu diesem oder jenem Ergebnis kommen, in die Reflexion einzubeziehen, gewinnt man an Fähigkeit mitzudenken und mitzusprechen, auch wo man die materiale Wissensüberlegenheit des anderen jetzt und vielleicht für immer anerkennen muß. Natürlich ist dies nicht als Alibi gemeint, ohne oder mit geringer Materialkenntnis überall mitzureden, oder als Instrument, mit dem man listig alles »hinterfragen« kann, ohne je selbst etwas aussagen und begründen zu müssen. Es wird nur die Erwartung ausgesprochen, daß die Kenntnis von Arbeitsweisen der Systematischen Theologie und die Fähigkeit, sie zu erkennen und anzuwenden, dazu beitragen, daß man als Theologe selbständiger, kompetenter und selbstkritischer arbeitet. Das ist nicht nur gemeint im Sinne der Ausbildung einer kritischen Potenz in bezug auf das, was andere zuvor gesagt haben, sondern ebensosehr im Sinne einer Ausbildung der Fähigkeit, selbst produktiv theologische Argumentationszusammenhänge aufzubauen und sie in die Kommunikation mit anderen einzubringen. Beide Fähigkeiten als die zwei Seiten theologischer Urteilsfähigkeit zunehmend auszubilden, ist sowohl für ein sinnvolles Studium (einschließlich der Prüfung) wie für die Bewältigung der Aufga-

ben der theologischen Berufstätigkeit (in Predigt, Religionsunterricht, Erwachsenenbildung usw.) notwendig.
Vielleicht hat das Gesagte für Lehramtskandidaten eine besondere Dringlichkeit. Die Möglichkeit, das Feld der Systematischen Theologie inhaltlich umfassend zu bearbeiten, ist durch die zeitlichen und organisatorischen Bedingungen ihres Studiums empfindlich reduziert. Dennoch werden gerade sie mit neuen Fragen, Meinungen, Aussagen konfrontiert, denen sie nicht in theologischer Hilflosigkeit überlassen werden dürfen. Mit theologischer Urteilsfähigkeit überraschenden Herausforderungen begegnen zu können, ist hier besonders vonnöten. Unsere Einführung in Arbeitsweisen Systematischer Theologie soll dazu eine Hilfe sein.

Wir haben dieses Buch gemeinsam erstellt. Jeder ist für die von ihm geschriebenen Kapitel verantwortlich; aber die Beiträge des Partners wurden mitgelesen und gutgeheißen. Die Teile 1 und 2 hat G. Sauter verfaßt (mit Ausnahme von 2.13, 2.22, 2.25 und 2.332, die A. Stock geschrieben hat), Autor von Teil 3 ist A. Stock (den Abschnitt 3.7 ausgenommen, den G. Sauter beisteuerte), 4 und 5 stammen von G. Sauter. Propädeutische Erfahrungen aus der Arbeit in theologischer Fakultät und Pädagogischer Hochschule sind in das Buch eingegangen. Wir hoffen, daß es Dozenten und Studenten verschiedener Ausbildungsinstitutionen hilfreich und verständlich ist.
Das Buch ist in evangelisch-katholischer Zusammenarbeit entstanden. Wir erhoffen hiervon auch Gewinn für die kontroverstheologischen Probleme zwischen den Konfessionen. Nicht in dem Sinne, daß man inhaltliche Fragestellungen auf bloß methodische reduziert, um sich dort dann konfliktloser einigen zu können, sondern um solche Fragestellungen besser und genauer namhaft, mitteilbar und diskutierbar zu machen. Wir wissen, daß wir, was die wissenschaftstheoretischen und wissenschaftsdidaktischen Grundlagen unseres propädeutischen Konzepts anlangt, noch sehr am Anfang sind. Auf Kritik, aus der Theorie und der praktischen Hochschulerfahrung, sind wir darum gefaßt, durchaus daran interessiert und zu Revisionen bereit.

Gerhard Sauter | Alex Stock

1 Aufgaben, Arbeitsmöglichkeiten und Zielsetzungen der Systematischen Theologie

1.1 Eingangsbeobachtungen

1.11 Propädeutik, Enzyklopädie, Prolegomena, Fundamentaltheologie

Eine Einübung in die Arbeitsweisen Systematischer Theologie, wie wir sie in diesem Buch beabsichtigen, gehört zu den Aufgaben einer theologischen *Propädeutik.* Wir heben diese Anleitung vom Vorhaben einer theologischen *Enzyklopädie,* von den *Prolegomena* zur Dogmatik und von der *Fundamentaltheologie* ab.

1.111

Die *Propädeutik* soll mit den Grundzügen und dem Aufbau theologischer Argumentation vertraut machen. Zu diesem Zwecke nimmt sie bewußt und gezielt Abstand von der Vielfalt theologischer Meinungen, »Richtungen« und »Schulen«, weil sie an der Gemeinsamkeit des theologischen Gesprächs und an der Sachlichkeit theologischer Arbeit orientiert ist. Auch wenn gegenwärtig der Eindruck einer verwirrenden theologischen Meinungsvielfalt vorherrscht, läßt sich doch jede ernsthafte theologische Argumentation auf Regeln zurückführen, die Zusammenhang und Zusammenhalt theologischen Denkens gewährleisten. Außerdem lassen sich verschiedenartige Merkmale Systematischer Theologie verschiedenen Arbeitsformen (Abhandlungen, Gesamtdarstellungen, Einzelbeiträge, Vorlesungen, Seminare usw.) schwerpunktmäßig zuordnen; beispielsweise wird in einem thematisch bestimmten Einzelbeitrag kaum die ausführliche Erörterung einer theologischen Position (s. 1.131) zu finden sein, Seminare bieten sich dagegen zur Erörterung von Problemen an. Nur wenn wir die Arbeitsweisen kennen und sie recht einzuschätzen wissen, können wir Informationen von Reflexionen, bloße Behauptungen von Argumenten, Problemstellungen und Resultaten unterscheiden. Die Propädeutik soll schließlich das Instrumentarium Systematischer Theologie beschreiben und in dessen sachgemäßen Gebrauch einüben.

Hinweise:
In einem noch unspezifischen Sinne begegnet die Bezeichnung »Propädeutik« in älteren Einleitungen in die Theologie, z. B. bei *J. T. Beck,* Einleitung in das System der Christlichen Lehre oder Propädeutische Entwicklung der Christlichen Lehrwissenschaft (1837), Stuttgart 1870².
Auch andere Wissenschaften kennen eine Propädeutik, die eine durchaus »schulmäßige« Aufgabe erfüllt, so etwa die »Logische Propädeutik« von *W. Kamlah / P. Lorenzen* mit dem Untertitel »Vorschule des vernünftigen Redens« als Einübung in die Systematische Philosophie, Mannheim 1967.

1.112
Die theologische *Enzyklopädie* will einen Überblick über die Aufgabengebiete, Methoden und Zielsetzungen der einzelnen theologischen Disziplinen verschaffen, der zugleich den wissenschaftlichen Gesamtcharakter der Theologie darstellen soll.

Hinweise:
Zwei der wichtigsten älteren Beispiele sind: aus der evangelischen Theologie *F. Schleiermacher,* Kurze Darstellung des theologischen Studiums zum Behuf einleitender Vorlesungen (1811. 1830²), hg. von H. Scholz, Leipzig 1910 (Nachdruck Darmstadt 1973); aus der katholischen Theologie *J. S. Drey,* Kurze Einleitung in das Studium der Theologie mit Rücksicht auf den wissenschaftlichen Standpunkt und das katholische System (1819), hg. von F. Schupp, Darmstadt 1971.
Aus jüngster Zeit sind zu nennen: *E. Neuhäusler / E. Gössmann (Hg.),* Was ist Theologie?, München 1966 (kath.). – *F. Mildenberger,* Theorie der Theologie. Enzyklopädie als Methodenlehre, Stuttgart 1972 (ev.). – *W. Pannenberg,* Wissenschaftstheorie und Theologie, Frankfurt 1973, S. 349–442 (ev.). – *G. Ebeling,* Studium der Theologie. Eine enzyklopädische Orientierung, Tübingen 1975 (ev.).

1.113
Eine andere Absicht verfolgen die *Prolegomena* zur Dogmatik. Prolegomena sind nicht, wie das Wort vermuten läßt, bloße »Vorreden«, sondern in ihnen wird die Grundlegung der Dogmatik angestrebt. »Prolegomena« ist der – vor allem in der evangelischen Theologie gebräuchliche – Terminus für die Erörterung der grundlegenden Themen und Probleme der Theologie.

Beispiele:
In der altprotestantischen Dogmatik, deren Aufbau noch zu erläutern sein wird (2.23), werden in den Prolegomena der Theologiebegriff, der »Gegenstand« und die »Quelle« der Theologie und die Lehre von der Heiligen Schrift sowie die Bekenntnisgrundlagen der Theologie verhandelt. In der Folgezeit wurden die Prolegomena immer weiter ausgebaut. Bezeichnend ist ihre breite Entfaltung bei Karl Barth, der in ihnen die »Sache« der Theologie unverfälscht und ohne jede Rücksicht auf theologiefremde Interessen zur Sprache bringen will. Vgl. *K. Barth,* Die christliche Dogmatik im Entwurf. Erster Band: Die Lehre vom Worte Gottes. Prolegomena zur christlichen Dogmatik, München 1927, und die ausgedehnte Neubearbeitung dieses (Fragment gebliebenen) Werkes in: Die Kirchliche Dogmatik I/1 (1932), Zürich 1964[8], und I/2 (1938), Zürich 1960[5].

Aufgabe:
Vergleichen Sie die Begriffe und Themen in den Prolegomena der älteren Dogmatik (anhand von *C. H. Ratschow,* Lutherische Dogmatik zwischen Reformation und Aufklärung I, Gütersloh 1964) und bei K. Barth.

1.114
Die *Fundamentaltheologie* sucht den Zugang zur Theologie zu ebnen, indem sie nicht von dem kirchlichen Reden von Gott und Glauben als Voraussetzungen der Theologie ausgeht. Sie will vielmehr diese Voraussetzungen so in den Blick nehmen, daß sie zuallererst den Glauben begründen und das Reden von Gott ermöglichen kann. Die Verständigung darüber wird mit außertheologischen Gesprächspartnern (vor allem aus der Philosophie) gesucht, um nicht in den kirchlichen Grenzen der Theologie zu verharren, sondern die Sache des Glaubens in einem Kommunikationsraum zu vertreten, der Glaubenden und Nichtglaubenden gemeinsam ist.
Bis vor kurzem war »Fundamentaltheologie« ausschließlich der Terminus für eine Disziplin katholischer Theologie. Sie hatte die Nachfolge der Apologetik angetreten, der Verantwortung des christlichen Glaubens vor seinen Kritikern und der Einübung in die christliche Religion für Suchende und Zweifelnde. Die in der neueren evangelischen Theologie vorherrschende Verwerfung jeglicher Apologetik ließ die Fundamentaltheologie als typisches Grenzmerkmal zwischen der Theologie beider Konfessionen er-

scheinen. In den letzten Jahren ist indessen die Bezeichnung »Fundamentaltheologie« auch in der evangelischen Theologie aufgenommen worden, aber nicht in der eben geschilderten terminologischen Bedeutung, sondern als Titel für eine theologische Grundlagenbesinnung. Ob und inwiefern dadurch eine interkonfessionell gemeinsame Basis in Sicht kommen kann, muß auch angesichts der Veränderungen in der neueren katholischen Fundamentaltheologie (die nicht zuletzt durch Wandlungen im Selbstverständnis der Philosophie hervorgerufen worden sind) als offene Frage betrachtet werden. Auch die Diskussion darüber, ob die Aufnahme wissenschaftstheoretischer Fragestellungen in die Theologie eine Alternative zur Fundamentaltheologie bildet oder nicht, hat gerade erst begonnen.

Hinweise:
Zum Überblick: *G. Söhngen,* Art. »Fundamentaltheologie I–III«, Lexikon für Theologie und Kirche IV, Freiburg 1960, Sp. 452–459. – *H. Vorgrimler,* Art. »Fundamentaltheologie IV«, a.a.O., Sp. 459–460.
A. Lang, Fundamentaltheologie I (1953), München 1967[4], II (1954), München 1968[4] (kath.). – *A. Kolping,* Fundamentaltheologie, Münster 1968 ff. (kath.). – *W. Joest,* Fundamentaltheologie. Theologische Grundlagen- und Methodenprobleme, Stuttgart 1974 (ev.). – *W. Pannenberg / G. Sauter / S. M. Daecke / H. N. Janowski,* Grundlagen der Theologie – ein Diskurs, Stuttgart 1974 (ev.). – *G. Ebeling,* Studium der Theologie, Tübingen 1975, S. 162–175 (ev.). – *H. Peukert,* Wissenschaftstheorie – Handlungstheorie – Fundamentale Theologie, Düsseldorf 1976 (kath.).

1.12 Begriffe, Themen, Probleme

Wer in das Studium der Systematischen Theologie eintritt, trifft auf *Begriffe, Themen und Probleme.*

1.121

Theologische *Begriffe* sind Ausdrücke, die aus der Sprache des christlichen Glaubens stammen und in theologischen Sätzen und Texten verwendet werden. Als Begriffe beanspruchen sie (im Unterschied zu umgangssprachlichen Ausdrücken) einen jeweils

bestimmten und begrenzten Bedeutungsgehalt, der erklärt werden kann. Ein Begriff ist aber nicht nur ein in seiner Bedeutung festgelegtes Wort, sondern er umschließt ein Bedeutungsfeld, das nach verschiedenen Richtungen hin gleichsam ausgeschritten werden kann (nähere Ausführungen dazu in 3).
Jeder theologische Begriff hat seine Bedeutung im Laufe der Geschichte christlicher Theologie erhalten, seine Funktion kann sich gewandelt haben oder weiter ändern (s. 3.7). Um ihn sinnvoll und mit Aussicht auf Verständigung verwenden zu können, muß man auf die schon vorliegenden Festlegungen zurückgreifen und sich an ihnen ausrichten.

Beispiele:
Gnade, Verheißung, Glaube, Hoffnung, Liebe. – Der Glaubensbegriff wird in 3.71 erläutert.

Begriffe, die in ihrer Bedeutung speziell zum Zwecke wissenschaftlicher Klärung genau festgelegt sind und darum Bestandteile einer Wissenschaftssprache sind, heißen *Termini* (s. 3.3). Sie können nur innerhalb dieser Wissenschaftssprache verstanden werden und sinnvoll Verwendung finden.

Hinweise:
Knappe Erklärungen theologischer Grundbegriffe und Quellenangaben enthält das Historische Wörterbuch der Philosophie, hg. von J. Ritter, Basel/Stuttgart 1971 ff.; diese begriffsgeschichtlich angeordnete Sammlung ermöglicht auch den Vergleich mit der philosophischen Begriffsbildung.
Eine vollständige Liste theologischer Begriffe fehlt bisher. Einzelne Grundbegriffe werden in geschichtlicher oder systematischer Anordnung in den Darstellungen der Dogmen- und Theologiegeschichte und der Dogmatik aufgeführt. Einen thematisch gegliederten Querschnitt bietet *K. R. Hagenbach,* Lehrbuch der Dogmengeschichte (1840), hg. von K. Benrath, Leipzig 1888[6]. Besonders übersichtlich und ergiebig ist das Begriffsregister (Termini) von *O. Weber,* Grundlagen der Dogmatik (I 1955. II 1962), Neuausgabe Neukirchen 1972. Belege und Erklärungen finden sich auch in den theologischen Handwörterbüchern: Realencyklopädie für protestantische Theologie und Kirche, Leipzig 1896–1913[3] (RE[3]). – Die Religion in Geschichte und Gegenwart, Tübingen 1957–1965[3] (RGG[3]). – Lexikon für Theologie und Kirche, Freiburg 1957–1968[2] (LThK[2]).

1.122
Ein *Thema* der Systematischen Theologie liegt vor, wenn die Bedeutung eines oder mehrerer theologischer Begriffe umfassend beschrieben und erörtert wird (z. B. hinsichtlich der Voraussetzungen, Folgen und Grenzen oder der geschichtlich begrenzten Ausformung oder des Bedeutungswandels). Das Thema gibt den Gegenstand einer systematischen Untersuchung an. Zum Thema können auch theologische Begriffe im Vergleich mit Begriffen bzw. den durch Begriffe bezeichneten Sachverhalten aus anderen Wissenschaften werden. Beschreibung, Vergleich und Erörterung beruhen auf einer Materialsammlung, deren Grenzen festgelegt werden müssen, um nicht ins Uferlose zu geraten. Themastellung, Materialfeld, Zielsetzung und Verfahren (Methoden) müssen klar umrissen werden. Deshalb ist es unumgänglich, das gegebene oder selbst gestellte Thema einzugrenzen und diese Begrenzung zu begründen. Nur so besteht Aussicht, ein Thema in einer für das theologische Gespräch geeigneten Weise darzulegen.

Beispiele:
»Das Wesen des christlichen Glaubens« – »Das Wesen des Christentums« – »Glauben und Wissen« – »Das Offenbarungsverständnis der neueren evangelischen Theologie« – »Das Kirchenverständnis des II. Vatikanischen Konzils«.

Aufgabe:
Versuchen Sie, den Unterschied zwischen den beiden erstgenannten Themen zu formulieren und das zweite historisch einzugrenzen.

Hinweis:
Klärung der Begriffe »Wesen« und »Christentum«.

1.123
Von einem *Problem* Systematischer Theologie sprechen wir (ohne uns auf einen in der Theologie schon eingebürgerten Sprachgebrauch berufen zu können), wenn eine Fragestellung formuliert ist (oder wird), die durch theologische Argumentation, also in einem Gedankengang (»diskursiv«) beantwortet werden kann, der den Regeln theologischer Verbindlichkeit (s. 2.32) folgt. Dieses Verfahren zielt auf eine Problemlösung. Die Charakterisierung der systematisch-theologischen Arbeit als Problemlösungsverhalten erlaubt auch den Vergleich mit ande-

ren Aufgaben wissenschaftlicher Tätigkeit. Die Aufgabe der Systematischen Theologie läßt jedoch nicht zu, sich in einem bloßen Problematisieren zu erschöpfen oder sich nur auf die gerade vor Augen liegenden Lebensprobleme zu konzentrieren. (In diesem eingeschränkten Sinne wird heute häufig das Wort »problemorientiert« gebraucht.) Praktische Probleme können wissenschaftlich nur behandelt werden, wenn es gelingt, sie auch als wissenschaftliche Probleme zu formulieren.

Beispiele:
»Wie können wir angemessen von Gott reden?« – »Die Begründung des Glaubens«.
Beide Formulierungen zwingen vor allem auch zu bedenken, worin hier das Problem sachlich (inhaltlich) besteht und in welchem Umfang es zu lösen ist. Welche Fragen können beantwortet werden, welche müssen offen bleiben, gerade wenn alles argumentativ vorgebracht worden ist, was theologisch gesagt werden kann? Durch die Erörterung von Problemen lernen wir beantwortbare Fragen von solchen zu unterscheiden, die an der Grenze dessen liegen, was theologisch gesagt werden kann. Wir unterscheiden dann Fragen, die wir selbst stellen können und im Verlauf der Urteilsbildung und des Lösungsvorganges auch stellen müssen, von solchen, vor die wir uns gestellt sehen, so daß wir uns ihnen aussetzen müssen. Denkend und argumentierend werden wir so der Grenzen dessen inne, was wir theologisch denken und sagen können.

Aufgabe:
Erwägen Sie, inwiefern diese »Problematik« für die beiden genannten Formulierungen gilt.

Hinweise:
Um mit einer Problemsicht vertraut zu werden, empfiehlt es sich, bereits formulierte Problemstellungen zu Hilfe zu nehmen, z. B. bei der Frage »Wie können wir von Gott reden?« die Aufsätze: *K. Barth,* Das Wort Gottes als Aufgabe der Theologie, wieder abgedruckt in: Anfänge der dialektischen Theologie I, hg. von J. Moltmann, München 1974[3], S. 197–218. – *R. Bultmann,* Welchen Sinn hat es, von Gott zu reden?, in: R. Bultmann, Glauben und Verstehen I (1933), Tübingen 1972[7], S. 26–37. – *K. Rahner,* Meditation über das Wort »Gott», in: Wer ist das eigentlich – Gott?, hg. von H. J. Schultz, Frankfurt 1973, S. 13–21.
Zur weitergehenden Erörterung der Problemstrukturen der

Theologie s. *G. Sauter u. a.,* Wissenschaftstheoretische Kritik der Theologie, München 1973, S. 288 ff.

Zur Zusammenfassung soll an einem *Beispiel* verdeutlicht werden, wie ein Begriff gebildet, wie er als Thema aufgenommen wird und wie aus der Thematisierung ein Problem abgeleitet werden kann:

Begriff: πίστις Ἰησοῦ Χριστοῦ, pistis Jesou Christou (Röm 3,22.26; Gal 2,16.20; 3,22; Eph 3,12; Phil 3,9; Jak 2,1; Offb 14,12). Wie ist der Begriff in seinem jeweiligen Kontext bestimmt?

Thema: »Glaube« und »Rechtfertigung« in *Luthers* Römerbriefvorlesung (eingeschränkt: in Luthers Auslegung von Röm 3). Luther entfaltet den Glaubensbegriff in einem bestimmten thematischen Zusammenhang und grenzt ihn damit von anderen Auslegungen ab.

Problem: Jesus Christus der Grund des Glaubens (nach *W. Herrmann,* Gesammelte Aufsätze, hg. von F. W. Schmidt, Tübingen 1923, S. 189–355). Herrmann verfolgt das Problem der Glaubensbegründung mit Rücksicht auf die historische Erforschung der Anfänge des Christentums und im Blick auf das je neue Überzeugtwerden durch die geschichtliche Person Jesu.

1.13 Positionen, Konzeptionen, Forschungsaufgaben

Das Bild der gegenwärtigen Systematischen Theologie ist, wie bereits kurz erwähnt, durch Meinungsvielfalt gekennzeichnet. Diese Pluralität bildet eine der größten praktischen Schwierigkeiten beim Studium dieses Faches. Im folgenden soll versucht werden, eine Hilfestellung zu geben, die selber nicht eine eigene Meinung gegenüber anderen theologischen Auffassungen vertritt, sondern danach fragt, inwiefern die vielen und auf den ersten Blick verschiedenartigen Meinungen in der Theologie auf gemeinsame Fragestellungen zurückgeführt werden können und inhaltlich oder geschichtlich aufeinander bezogen sind. Das Interesse an solcher Gemeinsamkeit entspringt keiner utopischen Anschauung über eine »Einheit der Theologie«, die sich in der Einheitlichkeit aller theologischen Äußerungen und in der Übereinstimmung aller Meinungen innerhalb der Theologie zu erweisen hätte. Andrerseits führt es auch nicht weiter, die Frage nach der Einheit der Theologie nur zu thematisieren und sich darüber

eine Meinung zu bilden. Wir beziehen uns vielmehr auf das Faktum, daß ein theologisches Gespräch mit dem Ziel der Einheit trotz aller Verständigungsschwierigkeiten im Gange ist, und fragen, inwiefern dies möglich ist und wie es weiter ermöglicht und verbessert werden kann. Darum stellen wir uns auf die empirisch beschreibbare theologische Arbeit ein, ohne uns mit ihrem Zustand abzufinden. Zu bloßer Resignation würde es führen, wenn wir die unbestreitbare Pluralität von »Theologien« nur aus konfessionellen, kirchenpolitischen und anderen historisch-sozialen Ursachen heraus erklären wollten, ohne sie zu ändern. Dann verwandelte sich die Pluralität in einen Pluralismus, der nur noch eine Außenbetrachtung der Theologie aufgrund einer soziologischen oder politischen Theorie ermöglicht (Aufspaltung in Gruppeninteressen, in theologische Parteien usw.). Doch das theologische Studium darf nicht dem Bestreben verfallen, möglichst bald »Anschluß« an eine Gruppenmeinung zu finden, die eine vermeintlich geistige Geborgenheit um den Preis der eigenen Urteilsfähigkeit gewährt.
Die Pluralität der Theologie läßt sich zunächst aufgliedern in die Verschiedenheit von *Positionen, Konzeptionen* und *Forschungsaufgaben:*

1.131
»*Position*« heißt: »Lage, Stellung«; eine Position haben: einen Standort einnehmen in Beziehung zu anderen (nicht aber: einen Standpunkt behaupten als Ausweis persönlicher Meinung). Das Interesse an Positionen und Positionsbestimmungen erwächst also aus einem Orientierungsbedürfnis und folgt oft auch strategischen Absichten. Einzelne Personen oder Gruppen sollen gleichsam innerhalb einer Landschaft geortet werden.
Eine theologische Position ist in der Regel an eine bestimmte Grundlegung der (Systematischen) Theologie gebunden. Die Entscheidung darüber fällt meist in den Prolegomena. Theologische Positionen unterscheiden sich meist durch den (wie man neuerdings oft zu sagen pflegt:) »theologischen Ansatz«, der die Grundfragen der Theologie erörtert. Eine Position kann zu einem theologischen *System* erweitert werden, wenn alle einzelnen Probleme und Themen aus dem positionellen Ansatz (einem »systematischen Prinzip«) heraus entwickelt werden. Durch diese Einheitlichkeit wird eine Position oder ein System übersichtlich und fasziniert durch die im Ansatz enthaltene Möglichkeit, jede einzelne Aussage abzuleiten und nicht erneut argu-

mentativ gewinnen zu müssen. Zur theologischen Position, besonders aber zum theologischen System gehört weiterhin die Abgrenzung gegen andere Positionen und Systeme, um in dieser Auseinandersetzung den eigenen Ansatz noch besser zu profilieren.
Es ist zu fragen, ob und inwiefern die ausgeprägte Positionenvielfalt der evangelischen Theologie darauf zurückgeht, daß hier über theologische Verbindlichkeiten letzten Endes nicht von einem kirchlichen Lehramt entschieden wird – oder ob sie Kennzeichen eines Vorgangs wissenschaftlicher Meinungsbildung ist, wie gerade auch bei neueren Tendenzen katholischer Theologie beobachtet werden kann.
Etwas anderes als die spannungsvolle Versammlung theologischer Positionen ist das Gesamtbild »theologischer Lehre«, d. h. des Zusammenhanges von Aussagen, die sich unabhängig von Positionen als theologisch erweisen lassen.

Beispiele
für die Entstehung theologischer Positionen sind verschiedene Antworten auf die Fragen:
- nach dem Verhältnis von Glaube und Vernunft für die Theologie,
- nach der Bibel als Quelle und/oder Norm für die Theologie,
- nach der Erkennbarkeit Gottes,
- nach der Beziehung zwischen Theologie, Kirche und Religion,
- aber auch nach der Bedeutung der Geschichte, der Gesellschaft und der Sprache für die Grundlegung der Theologie.

Aufgabe:
Ermitteln Sie den Ansatz eines theologischen Systems anhand von *P. Tillich*, Systematische Theologie I (1955), Stuttgart 1964^3, S. 15 ff., und kennzeichnen Sie die Positionen, von denen Tillich sich abgrenzt (S. 9 ff.).

1.132
Unter einer theologischen *Konzeption* (oder einem Konzept, oft ist auch von einem »Entwurf« die Rede) können wir den Versuch verstehen, größere thematische Zusammenhänge der Theologie in eine Problemstellung einzubeziehen und von ihr aus neu zu ordnen und zu gestalten. Theologische Konzeptionen greifen zumeist ein aktuelles Problem in Kirche und Theologie auf und verarbeiten mit seiner Hilfe die theologische Überlieferung in größerem oder geringerem Umfang. Sie setzen Akzente und

können auf das theologische Tagesgespräch sehr stark einwirken. Meistens sind sie auch leicht überschaubar, weil sie eine Fülle von Themen in die eigene übersichtliche Fragestellung einbeziehen und dadurch den Eindruck der Integration erwecken. Allerdings sind sie auch rasch überholt, wenn sich die Problemlage ändert.

Beispiele:
- Die sog. Genitiv-Theologien: Theologie der Hoffnung, Theologie der Auferstehung, Theologie der Revolution.
- Der Übergang einer theologischen Konzeption zur Position und Systembildung läßt sich an der »Politischen Theologie« beobachten.
- Ebenfalls zur Position wird die Konzeption einer an dem Problem der Sprache orientierten Theologie in der »Hermeneutischen Theologie« oder die Konzeption einer geschichtlichen Grundlegung der Theologie in einer »Heilsgeschichtlichen Theologie«.

1.133
Forschung erschließt neue Wissensgebiete, sie bewährt und erweitert das bisherige Wissen, baut auf früheren Ergebnissen auf, muß aber auch je und dann die geltenden theoretischen Grundlagen einer Revision unterziehen. Sie läßt ein gemeinsames Arbeitsfeld entstehen, in dem arbeitsteilig vorgegangen werden kann.In dieser Hinsicht lassen sich Themen und Probleme angeben, die – oft mehrere Generationen – zu Analysen und Detailuntersuchungen nötigen und konstruktive Gesprächsbeiträge erbringen. Sie erweisen sich in ihrer Funktion für die Fortführung und Umformung der Theologie als bedeutsam, ohne gleich zu Konzeptionen oder Positionen ausgestaltet werden zu müssen. Oft ist Forschung in der Systematischen Theologie durch die Auseinandersetzung mit Forschungsansätzen anderer Wissenschaften angeregt worden, wobei die Theologie nicht nur solche Ansätze aufnimmt, sondern auch Fragestellungen weitergibt, die sich für sie als wesentlich erwiesen haben.

Beispiele:
Die Traditionsverarbeitung durch historische Kritik und die Frage nach ihrer Bedeutung für die Dogmatik. – Die Frage nach dem Wandel historischer und sozialer Gegebenheiten als Voraussetzung für die Veränderung in der Theologie. – Untersuchungen zur Argumentationsstruktur der Theologie.

Die Theologie hat bisher vor allem historische und philologische Forschungsgebiete aufzuweisen. Speziell systematische Aufgabenstellungen und Forschungsansätze werden – aufgrund einer Bestandsaufnahme und Konsultation – in den turnusmäßigen Berichten der Deutschen Forschungsgemeinschaft aufgeführt, so z.B. im Forschungsplan V.1976–1978, Boppard 1976, S. 49 f.:

»Grundsätzlich wird eine verstärkte Hinwendung der theologischen Forschung zur methodologischen und wissenschaftstheoretischen Überprüfung ihrer Ansätze für besonders dringlich gehalten. Im Mittelpunkt dieser Auseinandersetzung steht die Überprüfung des Verhältnisses vorgegebener Normen und theologischer Inhalte zu empirisch gewonnenen Erkenntnissen.«

»Theorie der Theologie und des Religionsbegriffes:
Es ist zu untersuchen, in welcher Weise das theoretische und methodische Selbstverständnis der Theologie und der ihm immanente Religionsbegriff durch die Entwicklung der Erfahrungs- und Handlungswissenschaften zu modifizieren sind bzw. sich bereits modifiziert haben. Hier sind einzubeziehen Untersuchungen zur Wissenschaftsgeschichte der Theologie seit dem Ende des 18. Jahrhunderts, insbesondere zum Säkularisierungsbegriff, zum Verhältnis hermeneutischer und wissenschaftstheoretischer Orientierung in der Theologie sowie vergleichende Untersuchungen in nichtchristlichen Religionen und rezenten Religionsbildungen.«

1.2 Denkweisen in der Systematischen Theologie

1.20 Vorbemerkung

Bisher war von Verschiedenheiten theologischer Meinungen und Aufgabengebieten Systematischer Theologie die Rede. Nun soll ein charakteristischer Unterschied verdeutlicht werden, der die Denkweise und das Argumentationsverhalten in der Systematischen Theologie betrifft. Bei der Lektüre von Texten wird gerade auf diesen Unterschied zu achten sein, um nicht Verschiedenheiten des Denkstils für sachliche Differenzen zu halten. Aber ebenso wird diese im folgenden skizzierte Unterscheidung helfen, die eigenen Arbeitsmöglichkeiten zu erweitern und die persönlichen oft unbewußten Denkvoraussetzungen zu klären.

1.21 Der hermeneutische Denktypus

Der hermeneutische Denkstil ist am Verstehen orientiert. »Verstehen« heißt hier: das für den Verstehenden Bedeutsame erschließen. In der Bewegung des Verstehens geht der hermeneutische Denkstil über ein bloßes Interpretieren hinaus; er will Wesentliches zur Sprache bringen. Dieses Wesentliche wird immer schon in der Überlieferung und als Überlieferung vorgefunden. Wer hermeneutisch verfährt, geht – wenn auch meistens unausgesprochen – davon aus, daß Überlieferung nie zustande käme, wenn nicht in ihr Wesentliches sich selbst vermittelte, und er nimmt ebenso an, daß dieses Wesentliche nur wahrgenommen werden kann, wenn es bereits als Überlieferung in Geltung gestanden hat.

Kraft der Überlieferung sieht sich der Verstehende immer schon in einen lebendigen Geschichtszusammenhang einbezogen. Darum zeigt sich der hermeneutische Denktypus geschichtsorientiert. Er will sich jedoch nicht in bloßen historischen Beobachtungen verlieren, sondern an ihnen zeigen, was in der Geschichte konsistent ist und sich durch verschiedene historische Ausformungen hindurch als gültig erweist.

Der hermeneutische Denktypus ist also an der Geltungsfrage in besonderem Maße interessiert, – allerdings nicht so, daß historische Normen festgestellt und geschichtlich reflektiert werden sollen, sondern indem durch sprachliche Wiedergabe, durch ein Zur-Sprache-Bringen des Wesentlichen Bedeutsames erneut in Geltung gesetzt wird. Zugleich wirkt der hermeneutische Denk- und Sprachvorgang (beides ist im Grunde identisch) selber als ein Reden, das auf Zustimmung abzielt. Und dementsprechend ist er an Abgrenzungen interessiert gegenüber allem, was er für unwesentlich hält und was den Blick aufs Wesentliche verstellen könnte. Darum hebt er angesichts der Vielfalt von Phänomenen axiomatische (d.h. nicht weiter ableitbare) Grundfragen hervor, um von diesen Grundfragen her die Fülle der Phänomene zu sichten und zu deuten. Wer sich hermeneutisch verhält, erscheint auch unübersehbar von dem engagiert, was er verstehend vertritt, weil er keine Distanz zu dem aufkommen läßt, was er wahrnimmt und worüber er spricht.

Merkmal für den hermeneutischen Denktypus ist die Frage nach dem *immer schon* Geltenden. Dieses »immer schon« ist gleichsam der Raum, in dem sich der Verstehende bereits vorfindet und den er schrittweise erschließt. Dieser Raum umfaßt die gesamte Lebenswelt, insbesondere auch die alltägliche Erfahrung und die Alltagssprache, in der sich der Hinweis auf Wesentliches verbirgt. Die uns scheinbar so vertrauten Wörter unseres Alltags müssen durchleuchtet werden, damit sie ihren Wesensgehalt zu erkennen geben.

Wer in der so skizzierten Weise hermeneutisch vorgeht oder hermeneutisch formulierte Texte sinnvoll zur Kenntnis nehmen

Absender

Vorname ....

Name ....

Beruf ....

Ort (Leitzahl) ....

Straße ....

Bitte deutlich schreiben

Senden Sie auch Prospekte an:

....

....

....

....

....

Matthias-Grünewald-Verlag

65 Mainz

Postfach 3080

möchte, wird genau die sprachlichen Nuancen und den sprachlichen Zusammenhang beachten müssen, der hier erstellt wird. Im Grunde kann nie *über* einen hermeneutischen Text gesprochen und räsoniert werden, sondern man muß sich *in* die hermeneutische Denkbewegung hineinbegeben und wird Gegenargumente nur im Zuge einer sprachlichen Verfeinerung oder einer Bestreitung der Grundfragen vorbringen können. Darum verlangt der hermeneutische Denktypus auch einen ganz bestimmten Gesprächsstil, eine vorwiegend auf Zustimmung und Einverständnis über das gemeinsam Bedeutsame gerichtete Kommunikation.

Beispiel:
Auszug aus *G. Ebeling,* Leitsätze zur Ekklesiologie, in: G. Ebeling, Theologie und Verkündigung (1962), J. C. B. Mohr (Paul Siebeck) Verlag, Tübingen 1963[2], S. 92–103, hier 93 f.:

»1. Was in verwirrender und widersprüchlicher geschichtlicher Vielfalt den Anspruch erhebt, Kirche zu sein, behauptet doch übereinstimmend die Identität mit dem, was im Urchristentum als ἐκκλησία in Erscheinung getreten ist. Hier hat darum die Bestimmung dessen, was Kirche ist, anzusetzen. Obschon auch dort im geschichtlichen Erscheinungsbild sogleich Unklarheiten, Spannungen und Auseinandersetzungen anzutreffen sind, läßt sich doch folgendes konstitutive Merkmal erkennen: Bestimmend ist vollmächtiges Wortgeschehen unter Berufung auf Jesus, das Juden und Heiden darin eint, Gott gegenwärtig sein zu lassen zum Glauben als der Freiheit zur Liebe und so verantwortlich teilzunehmen am vollmächtigen Wortgeschehen unter Berufung auf Jesus.

2. Was Kirche ist, tritt nicht als eine selbständige formale Bestimmung neben die Sache, um die es in ihr geht (vergleichbar der Unterscheidung zwischen Vereinsform und Vereinszweck); sondern Kirche ist das Geschehen ihres Grundes (vergleichbar der Ehe oder dem Leib im paulinischen Verständnis). Es genügt also nicht die Versicherung, es käme in der Kirche allein auf Christus, auf das Evangelium bzw. den Glauben an. Vielmehr muß erfaßt werden, inwiefern Kirche als Berufung auf Christus (bzw. auf das Evangelium, den Glauben) das Geschehen dessen selbst ist, worauf sie sich als Kirche beruft. Für die Grundlegung von Ekklesiologie ist darum entscheidend, den Inhalt der christlichen Verkündigung so sehr auf seine Einheit hin zu bedenken, daß nicht nur seine locihafte Vielheit (im traditionellen dogmatischen Schema: als Theologie, Christologie, Pneumatologie, Soteriologie, Eschatologie) als ein einziges Wort sich erweist, sondern auch das, was das Wort sagt, als mit dem eins erfaßt wird, daß es als Wort geschieht. Diese Koinzidenz aller theologischen Aspekte ist die Vollmacht, die als Gottes Gegenwart Vollmacht zu befreiendem Wort und darum als Freiheit zum Wort Bevollmächtigung durch das Wort ist. Das Wortgeschehen als die Wirklichkeit der Vollmacht, die als Freiheit, und der Freiheit, die als Vollmacht zu verstehen ist, ist das Wesen der Kirche. Darum ist der Gesichtspunkt der Freiheit (im Sinne vollmächtiger, d.h. kraft Freigemachtseins freimachender Freiheit) das Kriterium aller ekklesiologischen Aussagen. Alle Kennzeichen von Kirche wie die Überwindung der Trennung in Juden und Heiden (als des Prototyps religiös begründeter Partikularität) und die Überwindung der

Unterscheidung von Rein und Unrein (als der Wurzel kultischen Wirklichkeitsverständisses) sind Ausdruck jener Freiheit, zu der Jesus Christus befreit hat.

3. Die Frage nach dem Grund von Kirche ist verquickt mit, aber auch unterschieden von der Frage nach dem historischen Ursprung von Kirche. Kirche tritt in Erscheinung erst mit dem Glauben, der sich auf Jesus als den Auferstandenen beruft und ihn zur Eröffnung des Glaubens allen verkündigt. Dieses Ursprungsgeschehen, das in der Überlieferung durch Legendenbildung vorstellungsmäßig verdichtet und durch das lukanische chronologische Schema (Ostern – Himmelfahrt – Pfingsten) theologisch zerlegt worden ist, hat erst einen ekklesiologischen Klärungsprozeß durchmachen müssen, wie das Ringen um die Frage der Heidenmission und des Gesetzes zeigt. Doch boten die gefallenen Entscheidungen weder die Garantie ihres rechten Verständnisses noch Sicherheit vor neuen Verwirrungen. Es widerspricht dem Wesen von Kirche, eine bestimmte Phase ihres geschichtlichen Erscheinungsbildes als normativen Idealzustand auszugeben. Um Kirche Kirche bleiben bzw. neu werden zu lassen, genügt darum auch nicht die Erinnerung an ihr historisches Ursprungsgeschehen. Nicht durch die Erinnerung an die Geistausgießung zu Pfingsten (im lukanischen Schema gesprochen), sondern durch die Glaubensverkündigung, an der die Verheißung des Heiligen Geistes haftet, ist der Grund der Kirche gegenwärtig. Der Grund der Kirche ist nicht ihr Anfang, sondern die Ermächtigung, kraft deren allein von ihrem Anfang an Kirche war und ist. Der Grund der Kirche ist als das, was Kirche zur Kirche macht, nicht selbst Kirche, so wenig der Grund der Kirche ohne Kirche und die Kirche ohne ihren Grund sein kann.«

1.22 Der analytische Denktypus

Mit Hilfe des analytischen Denktypus sollen Sachverhalte beschreibend wahrgenommen werden. Es werden Bedeutungen festgestellt und sprachlich festgehalten. Hier kommt es auf ein genaues Betrachten an, das Sachverhalten zugewandt ist, – ohne dabei den Betrachter selbst aus dem Blick zu verlieren; aber diese Beziehung wird nicht zum Schlüssel der Betrachtung gemacht. »Sachverhalt« meint hier auch sprachliche Vorgänge, somit auch und sogar in erster Linie die (allerdings beschreibbare!) Beziehung zwischen dem Wahrnehmenden und dem Wahrzunehmenden. Insgesamt soll die Konstitution eines Gegenstandes bzw. eines Gegenstandsfeldes aufgezeichnet werden. So ist analytisches Denken ein auf den Überblick von Zusammenhängen und deren Aufgliederung gerichtetes Wahrnehmen, dem es darauf ankommt, die genaue Erstreckung von Sachverhalten zu ermessen, also etwa zu zeigen, wo ein Problem auftaucht, wie es festzustellen ist und wie es zu seiner Lösung kommt.
Wer analytisch verfährt, sieht sich nicht von vornherein in einen »bedeutsamen« Erfahrungszusammenhang eingebettet. Was unsere Erfahrungswelt konstituiert, muß vielmehr im Blick auf Einzelvorgänge zuallererst beschrieben und ermessen werden.

Natürlich kommen dabei auch Normen in den Blick, aber dies immer zugleich hinsichtlich ihrer normierenden Valenz, also wiederum im Blick auf einen Vorgang. Darum wäre hier besser statt von Wesentlichem und von Gültigem von Verbindlichkeiten zu reden, die in ihrer zu beschreibenden Geltung und in einem bestimmten Geltungsbereich wahrgenommen werden können. Aber diese Wahrnehmung ist selber nicht ohne Verbindlichkeit, denn sie muß, wenn die Beschreibung kommunikativ vermittelt werden soll, selber auf Regeln beruhen, die ein gemeinsam (intersubjektiv) zugängliches Wahrnehmungsfeld umreißen. Dieses methodische Interesse an der Feststellung von Verbindlichkeit ist darauf gerichtet, singuläre Sachverhalte in dem allgemeinen Zusammenhang gelten zu lassen, in dem sie aufgefunden werden. Darum kommt es bei der Beschreibung auf den Verallgemeinerungsgrad an, der durch Beschreiben und Unterscheiden, Vergleichen und hierarchische Ordnung von Beobachtungen zu erreichen ist.

Aus alledem ergibt sich ein von dem hermeneutischen Denktypus deutlich abgehobenes Argumentationsverhalten, auch ein anderer Gesprächsstil, der daran interessiert ist, durch genaue Beschreibungen ein Einverständnis zu erreichen und sich dadurch auch formulierbaren Verbindlichkeiten auszusetzen. Dabei müssen die sprachlichen Mittel von dem jeweils Bezeichneten klar unterschieden werden können. Das heißt praktisch, daß Aussagen über etwas auch als richtig oder falsch zu erweisen sind.

Das Sich-Einstellen auf Sachverhalte scheint die historische Dimension oft auszuklammern. Auch wenn sich analytisches Denken nicht auf unmittelbar Gegenwärtiges richtet, spielt die Geschichte als Medium des Verstehens und Wahrnehmens keine für die Wahrnehmung selbst ausschlaggebende Rolle. Die Geschichte gehört vielmehr zu den Bedingungen der Erkenntnis, sie ist nicht ihr Medium. Das heißt freilich nicht, daß der Zeitverlauf – in dem die Phänomene erscheinen und in dem der Wahrnehmende sich selbst befindet und sehen muß – bedeutungslos wäre. Im Gegenteil: Die analytische Beschreibung berücksichtigt durchaus, was vergangen, was gegenwärtig und was zukünftig ist. Aber es kommt ihr nicht auf den Gegenwartsbezug oder auf den Vergangenheitsbezug als Verstehensrelation an, sondern auf die (jeweils »gleichzeitige«, synchrone) Feststellung dessen, was sich als vergangen, gegenwärtig und zukünftig erweist.

Hinzuzufügen bleibt, daß der analytische Denkstil, weil er nicht mit der Frage nach dem immer schon Geltenden beschäftigt ist, sich für die Überschreitung bekannter, vertrauter Erfahrungen – also für »Erkenntnisgewinn« – offenhält. Während der hermeneutische Denktypus das Verstehen des Bedeutsamen und Wesentlichen vom Unwesentlichen jeweils scharf zu scheiden versucht und dabei annimmt, daß dieses Wesentliche auch in Zukunft immer allein in der Vertiefung des bisher Wahrgenommenen erschlossen werden kann, rechnet der analytische Denkstil durchaus mit überholbaren und neuen Erkenntnissen. Dies geschieht jedoch nicht in einer allgemeinen Besinnung auf die Geschichtlichkeit des Denkens, das immer wieder Neues und Altes miteinander zu vermitteln hat, sondern im Blick auf erledigte Problemstellungen (die entweder als ungültig erwiesen sind oder als gelöste Probleme berücksichtigt werden müssen oder sich als strukturelle Probleme in jeder Situation neu stellen) und bisher unbekannte Probleme, die ein Weiterschreiten der Erkenntnis verlangen, ohne daß dies gleich schon als ein qualitativer Erkenntnisfortschritt beurteilt werden könnte.

Beispiel:
Auszug aus *W. D. Marsch*, Artikel »Kirche«, in: Praktisch-theologisches Handbuch, hg. von G. Otto (1970), Furche Verlag, Hamburg 1975[2], S. 340–361, hier 341:

»Die Spannung zwischen der geglaubten – auch ›verborgen‹, ›wahr‹ oder ›geistlich‹ genannten – Kirche und der empirisch-politisch erfahrbaren ist also unaufhebbar. Diese Spannung zu konstatieren, heißt für die theologische Reflexion jedoch nicht, auf theoretisch-praktische Erörterungen über die Gestalt der Kirche als gesellschaftlicher Institution zu verzichten und über ihr Wesen alles wünschbar Mögliche bzw. aus den normativen Texten ihrer Geschichte Erhebbare zu einem Leitbild gegenwärtiger Kirchlichkeit zu verdichten. Immer wieder werden Versuche unternommen, den biblisch-exegetischen Befund (was heißt ›Sendung‹ des ›Volkes Gottes‹, ›Leib Christi‹, ›Funktionsgemeinschaft von Amt und Gemeinde‹, ›Einheit von leitourgia, martyria und diakonia‹, Kirche als ›Stellvertreterin Christi‹ usw.?) unmittelbar auf unsere heutigen Verhältnisse zu übertragen. Oder man versucht, von reformatorischen Bestimmungen ihres Wesens (etwa der Idee des ›allg. Priestertums‹, der ›notbischöflichen‹ Funktion staatlicher Kirchen-Verwaltung, dem öffentlichen Auftrag zu Predigt und Sakrament usw.) auszugehen und sie in die Gegenwart zu übersetzen. So notwendig dieser Rückbezug auf die Tradition ist, um das theologische Zentrum kirchlichen Handelns nicht aus dem Auge zu verlieren – solche Wesens- und Sollbestimmungen können allzu leicht dazu verführen, das sehr reale Phänomen einer volkskirchlich institutionalisierten, landeskirchlich verfaßten, organisatorisch in Schule und Fürsorge, Massenkommunikation, gesellschaftlicher Diakonie, Erwachsenenbildung und freie politische Aktivitäten ausufernden Kirche in der BRD unbegriffen zu lassen; theologische Wesens- und Soll-Definitionen sind mit der kirchlichen Wirklichkeit kaum vermittelt. Damit liefert man sich leicht – das ist

heute wohl offenkundig – politischen Schlagworten und Inanspruchnahmen der Kirche aus, die sowohl restaurativ als auch progressiv, konservativ als auch revolutionär sein können, deren Bezug zur Tradition jedoch undeutlich bleibt: So meinen die einen, das prot. Christentum bedürfe der Institution Kirche gar nicht mehr, denn die ›christliche Gesellschaft‹ verstehe sich selbst auch ohne kirchliche Organisation; und die anderen, die ›Kirche im Spätkapitalismus‹ sei als sozialtherapeutischer Erfüllungsgehilfe eben dieser Gesellschaft längst zum Untergang verurteilt. Solche gegenläufigen Tendenzen, die in der Feststellung, die ›Zeit der Kirche‹ sei abgelaufen, jedoch kongruent sind, werden durch theologische Wesens- und Soll-Definitionen gar nicht mehr erreicht.
Darum wird im folgenden der Versuch unternommen, die Kirche – und zwar möglichst konkret die ›Religionsgesellschaft‹ der Evangelischen in der BRD (eine Beschreibung katholischer, minderheitskirchlicher oder auch politisch eingeengter Kirchlichkeit müßte z.T. sicher anders vorgehen) – als gesellschaftliches, juristisches und politisches Phänomen zu beschreiben, ehe dann über die theologisch erhellbare Funktion der Kirche sowie über einige Folgerungen für unsere kirchliche Praxis Näheres ausgemacht werden kann.«

Aufgabe:
Versuchen Sie, im Sinne jedes der beiden Textausschnitte (zu 1.21 und 1.22) die Frage »Was ist (die) Kirche?« zu beantworten. Wie können Sie ihre Aussagen stützen, wie darüber disputieren?

1.23 Zum Vergleich:

Sowohl die beiden Beispiele zu einem gemeinsamen Thema wie unsere vorbereitende Erläuterung fordern zu einem Vergleich heraus, der falsche Alternativen vermeiden sollte. An den Beispielen kann und muß deutlich werden, daß eine Synthese beider Denkweisen nicht weiterführt. Eine solche Synthese müßte die hier besonders typisch hervortretenden Denkweisen als bloße Betrachtungsweisen deklarieren, die in einer Synopse – etwa einer dogmatischen Wert- und Sollvorstellung und einer empirischen Bestandsaufnahme – zweifellos zu vermitteln wären. Aber wenn man diese beiden Darlegungen auf bloße Aspekte (hier normativ – dort deskriptiv) reduziert, werden die spezifischen Vorzüge beider methodischen Zugänge nicht mehr zur Kenntnis genommen. Allerdings lassen die beiden genannten Texte auch schon Vorurteile des einen Denktypus gegen den anderen erkennen: Wer hermeneutisch vorgeht, wird leicht dem Analytiker das Verharren in »bloßer« Empirie vorwerfen, während der Analytiker dem hermeneutisch Argumentierenden das empirisch unvermittelte Behaupten von Werten vorhält. Bekannt sind solche Entgegnungen aus philosophie- oder wissenschaftsgeschichtlichen Einordnungen und Dualismen: etwa aus der Aufteilung in verstehende und erklärende Wissenschaften, oder aus der Diskrepanz von »wertneutralem« Erkennen und wertendem Zur-Kenntnis-Nehmen. Noch irreführender als diese geläufigen Zuweisungen ist der Verdacht, der hermeneutische Denktypus müsse im bloßen Traditionalismus erstarren – und die analytische Denkweise wäre dementgegen einem ahistorischen und geistlosen Positivismus verfallen. Derlei Einordnungen und Unterstellungen führen nicht nur nicht weiter, sondern verstellen die Möglichkeit einer differenzierten Arbeitsweise, die gerade in der Systematischen Theologie erforderlich ist. Viele ethische Probleme beispielsweise müssen zunächst einmal analytisch zur Kenntnis genommen werden; dogmatische Texte hingegen erschließen sich meistens leichter einem hermeneutischen Zugang. Aber auch wegen des Kontaktes mit Nachbarwissenschaften, die vorwiegend hermeneutisch (wie traditionelle Bereiche der Philosophie) oder analytisch (Wissenschaftstheorie, Soziologie) eingestellt sind oder selbst beide Denkweisen praktizieren (Sprachwissenschaft), ist es erforderlich, mit den spezifischen Möglichkeiten beider Denktypen vertraut zu sein. Um ihren Unterschied formelhaft zu verdeutlichen, könnte man sagen, daß das hermeneutische Denken nach dem »Wo« des Verstehenden und in eins damit nach dem »Was« des Textes fragt, während das analytische Denken die »Was«-Frage mit der Frage nach dem »Wie« der Argumentation und Verständigung verbindet.

Fragestellungen und Ergebnisse, die auf hermeneutischem oder analytischem Wege gewonnen werden, lassen sich theologisch nur im Blick auf die Wahrheitsfrage integrieren. Die Theologie geht ja von der Grundannahme aus, daß die uns vorgegebene Wahrheit des Glaubens sich empirisch bewähren (d.h. konkrete Erkenntnis ermöglichen) will, ohne daß sie von Menschen voraussetzungslos hervorgebracht werden könnte oder beziehungslos über unserer Lebenswelt schwebte.

Der einzelne wird in einen Denktypus durch seine bisherige Ausbildung eingeführt sein und dem anderen zuerst ratlos gegenüberstehen; hierbei spielen auch bildungspolitische Weichenstellungen in Schule und Hochschule (z.B. bei der Erlernung von Sprachen) eine nicht zu unterschätzende Rolle. Aber auch individuelle Prägungen kommen dem einen oder anderen Typus entgegen, ohne daß dies immer bewußt wäre. Der eine wird intuitiv mehr auf hermeneutische Interpretationen ansprechen, der andere mehr analytisch vorgehen wollen. Diese Unterschiede zu beachten und kommunikativ zu vermitteln, ist nicht nur in der Studiensituation wichtig, sondern auch als Vorbereitung für die spätere Berufspraxis, bei der solche (oft ausbildungs- und berufsspezifischen) Verschiedenheiten der Denk- und Argumentationsstruktur sehr ins Gewicht fallen.

Wir sagten, daß in der Dogmatik mehr der hermeneutische Denktypus, in der Ethik weitgehend der analytische vorherrscht. Um aber wenigstens ansatzweise zu zeigen, daß beide Typen auch in einer dogmatischen Argumentation sich ergänzen können (und dabei auch bestimmte Vorstellungen vom Zusammenhang der Dogmatik und der Ethik entwickeln), seien noch zwei weitere Texte zum Vergleich nebeneinander gestellt:

Beispiele:
K. Barth, Der heilige Geist und das christliche Leben, in: K. Barth / H. Barth, Zur Lehre vom Heiligen Geist, München 1930, S. 39–105, hier 39 f. (Leitsätze):

»I. Der heilige Geist als Schöpfer
1. Der heilige Geist im Ereignis seines Daseins für den Menschen ist die alleinige Wirklichkeit von dessen Gottebenbildlichkeit. Diese ist also nicht und wird nicht eine Eigenschaft des geschaffenen Geistes, sondern sie ist und bleibt das freie nur als Gnade begreifliche, vom Menschen aus immer unbegreifliche Werk des Schöpfers an seinem Geschöpf.
2. Christliches Leben ist das durch den heiligen Geist für das Wort Gottes geöffnete Menschenleben. Der heilige Geist bedeutet also in seinem Dasein und Wirken die subjektive Seite im Ereignis der Offenbarung. Das durch Schrift und Erfahrung vermittelte Wissen des Menschen um das, was sein Schöpfer von ihm fordert (›Schöpfungsordnungen‹), ist nicht, sondern wird ihm (durch das Wort gegeben) im heiligen Geiste je und je zu eigen gemacht.

II. Der heilige Geist als Versöhner
1. Der heilige Geist als Geist der Gnade streitet gegen die Gnadenfeindschaft oder Werkgerechtigkeit des Menschen als gegen dessen eigentliche, alleinige, vom Menschen nicht wegzuschaffende und darum auch nicht wegzudenkende Sünde.
2. Christliches Leben ist das im heiligen Geist wirkliche Leben des Menschen in der Rechtfertigung durch das Wort oder um Christi willen: in der Rechtfertigung durch den Glauben als Buße und als Vertrauen. Weil die Rechtfertigung die Rechtfertigung des wirklichen Menschen ist, darum fällt sie zusammen mit seiner Heiligung, deren Wirklichkeit sein eigener Gehorsam im heiligen Geiste, aber auch nur im heiligen Geiste entspricht.

III. Der heilige Geist als Erlöser
1. Der heilige Geist ist dem Menschen in Gottes Offenbarung gegenwärtig als Geist der Verheißung. Im heiligen Geist, d.h. in der Letztlichkeit und Zukünftigkeit des prinzipiellen Jenseits seiner Existenz, ist er neue Kreatur: Gottes Kind.
2. Christliches Leben ist das aus dem heiligen Geist gezeugte neue Leben in der Hoffnung. Mit Christus in Gott verborgen hat der Mensch je und je ein Gewissen,

das ihn in alle Wahrheit leitet, ist er je und je in Dankbarkeit und darum in Freiheit an Gott gebunden, betet er und ist erhört je und je, indem er betet.«

G. Sauter, Die Kirche in der Krisis des Geistes, in: W. Kasper / G. Sauter, Kirche – Ort des Geistes, Herder Verlag, Freiburg 1976, S. 57–106, hier 60. 64. 73. 80. 85. 87. 90. 94. 100 (Thesen):

»I. Kirche ist, wo der Geist Gottes wirkt

1. ›Kirche ist allein dort, wo Gottes Geist wirkt.‹ Dieser Satz darf nicht so umgekehrt werden: ›Gottes Geist wirkt allein dort, wo Kirche ist.‹ Aus dieser Grundregel ergab sich der Kirchenbegriff der reformatorischen Theologie. Sie verweigert sich der Spekulation über das Beharrungsvermögen und die Ohnmacht der Kirche, über ihre Bindungen und Freiheiten, um sehen zu lernen, was wirklich ist – aus Gott in der Welt.
2. Nur der Heilige Geist identifiziert Gottes Gegenwart in der Welt. Wer daraus eine unmittelbare Geistbegabung einzelner ableitet, muß nach außerordentlichen Phänomenen suchen und verschleiert dadurch die Wirklichkeit der Menschen und ihres Zusammenlebens.
3. Wer unter ›Geist‹ das Prinzip dynamischen Lebens versteht, das gegen institutionelle und traditionale Erstarrung ins Feld zu führen ist, verkehrt die Konstitution der Kirche durch Gottes Geist zu der soziologischen Alternative von Institution und religiöser Bewegung.

II. Die Wortgebundenheit des Geistes

1. Der Heilige Geist ist an das Wort Gottes, an die Verkündigung Jesu Christi gebunden (›Identifikationsregel‹ der reformatorischen Theologie).
2. Die Identifikationsregel wird mißverstanden, wenn man die Wortgebundenheit des Geistes verwirklicht sieht in der Wiederholung eines immer gleich lautenden Gotteswortes in verschiedene Situationen hinein. Das Wort Gottes wäre dann auf bestimmte ›Bedeutungen‹ festgelegt. Gott würde in die Fremdheit einer Tradition verbannt, die durch die vergegenwärtigende Kraft des Geistes wieder aufgehoben werden muß. Dann wird der Geist zum Prinzip geschichtlicher Vermittlung (›Vergegenwärtigung Christi‹). Oder eine unbestimmbare Gegenwart wird zum Kriterium des Geistes.
3. Soll der Geist die geschichtliche Distanz zwischen Gott und Welt überbrükken, dann werden neue Geschichtserfahrungen nur gedeutet und auf überlieferte Deutungen reduziert.

III. Die Geistgebundenheit des Wortes

1. Gottes Geist öffnet für Fremdes (Neues) und für Fremde. Darin besteht die Geistesgebundenheit des Wortes (›Explikationsregel‹).
2. Der Geist gibt uns zu erkennen, daß Gott unserem Reden von ihm immer schon zuvorgekommen ist. Dadurch begründet er die Zuversicht des Glaubens, Gott in der Welt zu begegnen.
3. Die Ethik der Theologie des Geistes beschreibt die Einheit der Kirche als kommunikative Aufgabe, die sich gemeinsamer Erkenntnis, verbindlichem Urteil und der Teilhabe an dem der Willkür entrissenen Leben zuwendet.«

Die beiden Thesenreihen stimmen darin überein, daß sie bestimmte Grundaussagen über den Heiligen Geist aus der theologischen Tradition aufnehmen. K. Barth expliziert in unmittelbaren Aussagen das Wesen des Heiligen Geistes im Blick auf die

Entstehung des Glaubens. Der Satz »Der heilige Geist im Ereignis seines Daseins für den Menschen ist die alleinige Wirklichkeit von dessen Gottebenbildlichkeit« wird durch die folgenden Sätze entfaltet. Auch die trinitarische Gliederung der Leitsätze dient der Explikation: alle Sätze kreisen um dasselbe Thema. – G. Sauter versucht, über das rechte Reden vom Heiligen Geist Rechenschaft abzulegen, im Blick auf bestimmte praktische Probleme, die sich an diesem Reden erkennen lassen. Er geht so vor, daß er theologische Sätze formuliert und dann darlegt, wie diese Sätze als Regeln für die Formulierung weiterer theologischer Aussagen dienen (z. B. These I.1 in Beziehung zu I.3).
Es versteht sich, daß solche Thesen nur im Zusammenhang mit dem Text verstanden werden können, dem sie vorangehen. Für unseren Zweck genügt jedoch die Demonstration eines typisch verschiedenen Ansatzes theologischer Argumentation, der nicht von positionellen Differenzen, sondern von Unterschieden der Denkweise herrührt.

1.3 Urteilsbildung als Ziel des Studiums der Systematischen Theologie

Bei der Gegenüberstellung der beiden Denkweisen, die für die Systematische Theologie zu veranschlagen sind, waren wir von der propädeutischen Absicht geleitet, in die tatsächliche Arbeit der Theologie mit ihrer Mannigfaltigkeit und Vielgestalt einzuführen, statt uns den theologischen Bewegungsspielraum durch übereilte Vorentscheidungen und unrealistische Vorstellungen einengen zu lassen. Dezidierte Sachauskünfte können erst später folgen. Zuvor muß Klarheit darüber herrschen, was in der Systematischen Theologie erarbeitet werden und was dementsprechend von ihr erwartet werden kann. Dieser Klärung bedarf es auch, um einen sinnvollen Studienplan zu entwerfen und das eigene Studium nicht an irreführenden Zielvorstellungen scheitern zu lassen.

1.31 Die Systematische Theologie im Ganzen der Theologie

Warum und woraufhin studiert man Systematische Theologie? Sicherlich der Kenntnisse wegen, die ihre einzelnen Arbeitsgebiete (Dogmatik, [Sozial-]Ethik bzw. Moraltheologie, des weiteren Religionsphilosophie, Kirchen- und Konfessionskunde, Kir-

chenrecht) zu vermitteln versprechen. Aber darüber hinaus und oft vordringlich rechnet man beim systematisch-theologischen Studium mit einer Einführung in die Grundfragen der Theologie im ganzen und mit einer zusammenfassenden Krönung alles dessen, was in den anderen theologischen Disziplinen verhandelt wird – eben mit einer »systematischen« Leistung (im Unterschied etwa zu historischem Wissen und als Resümee theologischen Denkens im Gegenüber zu praktischen Aufgaben). Derlei Erwartungen entspringen jedoch zumeist den persönlichen Wünschen nach Fundierung des eigenen existenziellen und intellektuellen Verhältnisses zur Theologie und nach Integration des Vielerlei an Informationen, Fragen und Anforderungen, die der Theologe aufzunehmen hat. So berechtigt diese Interessen sind, die sich hauptsächlich an der Entwicklung des Theologe-Seins orientieren – wer sich nur auf sie versteift, wird nachhaltigen Enttäuschungen nicht entrinnen können. Um nicht von vornherein fehlzugehen, muß sich der Blick auf die *theologischen Verbindlichkeiten* richten, mit denen die Systematische Theologie es zu tun hat: im Wissen, das gelehrt werden kann, und durch Fähigkeiten, die zu erlernen sind. Das Können beschränkt sich dabei ebensowenig auf die reine Rezeption und Wiedergabe von Wissen wie die Wissensgewinnung auf bloß formale Fertigkeiten. Können und Wissen sind unter der Direktion der theologischen Wahrheitsfrage miteinander verbunden: sie umfaßt die verantwortende Auskunft über das, was theologisch gilt, und gleicherweise die methodische Rechenschaft über dieses Urteil, das selber einen Wissensbestand ebenso impliziert wie die gezielte Beurteilung von Sachverhalten. Dies alles ist in der *Urteilsbildung* enthalten, die wir deshalb als Ziel des systematisch-theologischen Studiums auffassen können.
Mit dem Stichwort »Urteilsbildung« nehmen wir eine Formel aus der Studienreformdebatte auf. Die »Ausbildung zu selbständiger Urteilsbildung« ist zum allgemeinen Ziel des Theologiestudiums erklärt worden (Formulierung der Kommission für Grundsatzfragen, in: Reform der theologischen Ausbildung IX, Stuttgart/Berlin 1972, S. 41). Diese Zielsetzung kümmert sich allerdings, wie ihre bisher zur Diskussion gestellten Erläuterungen zeigen (Beispiele s.u.), weitgehend um eine Integration des Studiums in den verschiedenen theologischen Disziplinen, sie hebt also eine Aufgabe hervor, die – wie wir sagten – gern der Systematischen Theologie übertragen wird; dementsprechend lesen sich auch die Ausführungsbestimmungen wie systematisch-theologische Pro-

gramme. Die Systematische Theologie bekommt dadurch eine Rolle im Ensemble theologischer Fächer zugewiesen, die sie verleiten könnte, diese Disziplinen als Hilfswissenschaften in Anspruch zu nehmen. Dann aber ist sie selbst keine Disziplin mit einem klar umgrenzten Forschungsgebiet mehr, sie verliert mehr und des Zusammenspiels ihrer Fächer, das spezielle Gegenstands-Fragestellungen und Ergebnissen der Theologie beizutragen. Darum ziehen wir vor, statt einer vielleicht sehr eindrucksvollen, aber nicht praktizierbaren Gesamtkonstruktion der Theologie und des Zusammenspiels ihrer Fächer das spezielle Gegenstandsfeld der Systematischen Theologie und ihre spezifischen Verfahrensweisen zu bedenken und auf sie das Ziel der »Urteilsbildung« in systematischer Hinsicht zu beziehen.

Beispiele:
Für Zielbestimmungen der Theologie mit systematisch-theologischem Charakter und unverkennbar positioneller Eigenart enthalten die Diskussionsvorlagen der Grundsatzkommission zur Reform des Theologiestudiums paradigmatische Erläuterungen (a.a.O., S. 53–61, in Auszügen):

– »Das Ziel des Theologiestudiums ist primär durch die Sache der Theologie gegeben. Eine Umschreibung ist daher von deren unterschiedlichem Verständnis abhängig . . . M. E. läßt sich die Sache der Theologie skizzenhaft so umschreiben: Christliche Theologie versucht, die Selbsterschließung Gottes zur Gestaltung menschlichen Lebens in Gemeinschaft mit ihm, wie sie prinzipiell endgültig durch Jesu Wirken und Weg erfolgte, in Konfrontation mit der jeweiligen geschichtlichen Situation so zu explizieren, daß sie sachgemäß vermittelt werden kann.« *(Leonhard Goppelt)*

– »Der Student soll am Ende seiner Ausbildung fähig sein, von der Offenbarung Gottes in Christus in einer der jeweiligen kontingenten Bewußtseinslage angemessenen Weise verantwortlich öffentlich Rechenschaft abzulegen. Dieses Ziel enthält Elemente, die prinzipiell nicht lehrbar (z. B. die Anerkennung der Möglichkeit von Offenbarung überhaupt, die Anerkennung der Christusoffenbarung als der wahren Wirklichkeit, den mit solcher Anerkennung notwendig verbundenen Entschluß der verantwortlichen öffentlichen Rechenschaftsablegung) oder grundsätzlich nur partiell lehrbar sind, d.h. trotz fortdauernder Übung nicht garantiert unverlierbare, sondern konstitutiv mit dem Risiko des Scheiterns behaftete Fertigkeiten bezeichnen (z.B. die Fähigkeit, einer kontingenten Bewußtseinslage angemessen zu entsprechen).« *(Günter Klein)*

– »Der Theologiestudent soll« am Ende seines Studiums »befähigt sein, das Thema der christlichen Theologie in seinem Wahrheitsanspruch und seinem Gegenwartsbezug in einem wissenschaftlichen Begründungszusammenhang zu erfassen und von hier aus die Aufgabe des von ihm angestrebten Berufes in der Gesellschaft zu bestimmen.« Das Thema der christlichen Theologie ist »das durch Gott in Jesus für die Welt erschlossene Heil«. *(Georg Kretschmar)*

– »Ziel des Studiums der Theologie insgesamt ist es, die Fähigkeit zu erwerben, selbständig und produktiv an der Aufgabe der Theologie teilzunehmen. Ziel des

Studiums ist die Teilnahme an einer Aufgabe, die durch die christliche Tradition vorformuliert ist und von einem gegenwärtigen christlichen Interesse lebt. Die christliche Tradition ist gegenwärtig präsent in der doppelten Gestalt von normativen Ansprüchen (Antworten) und von unerfüllten Erwartungen (Fragen). Die normativen Ansprüche werden durch die Erwartungen zu Aufgaben der Theologie. Die Erwartungen werden durch die Orientierung an der Tradition mit einer bestimmten Tendenz aufgenommen.« *(Trutz Rendtorff)*

– »Ziel des theologischen Studiums ist es, die Fähigkeit zu selbständiger Teilnahme an Theologie zu erwerben. Theologie ist hier verstanden als die Gesamtheit ihrer gegenwärtigen Positionen. Sie erscheint damit als Prozeß einer Theorie des Christentums, in dem Einverständnis und Widerspruch, Subjektivität und Allgemeinbewußtsein, Tradition und gegenwärtiges Denken, institutioneller und Weltbezug unterschiedlich vermittelt sind. Theologie ist deshalb grundsätzlich mehrdeutig, kontrovers und pluralistisch.« *(Dietrich Rössler)*

Aufgabe:
Versuchen Sie zu kennzeichnen, was diese Voten über Verhaltensweisen und Einstellungen des Theologiestudenten zur Theologie sagen und welche Auskunft sie über Arbeitsweisen Systematischer Theologie und über die Zusammenarbeit in den theologischen Disziplinen geben.

Anmerkung:
Unsere Bemerkungen scheinen die Frage »*Was ist Theologie?*« und ihre Beantwortung außer acht zu lassen. So unverzichtbar und maßgebend eine solche dezidierte Bestimmung der Theologie auch ist – innerhalb der Propädeutik müssen wir doch davon die Wahrnehmung dessen, was man in der Systematischen Theologie *tut* und *wie* man sie treibt, unterscheiden. Diesem zweiten Aspekt werden wir uns auch weiterhin widmen. Dennoch soll der Frage »Was *ist* Theologie?« auch hier nicht ausgewichen werden, obwohl sie besser als ein grundlegendes Thema und Problem der Theologie aufzufassen und in den Prolegomena zu verhandeln wäre (s. 1.113 und 1.122 f.). Von der Antwort auf diese Frage hängt jedoch auch die Arbeitsmöglichkeit der Systematischen Theologie ab, denn die Frage »Was ist Theologie?« hat mit den »Gegebenheiten« der Theologie zu tun.
Bevor wir kurz auf diese Gegebenheiten zu sprechen kommen, muß deutlich sein, daß unser Versuch, sie zu beschreiben, nichts mit einer »bloß neutralen« Bestandsaufnahme zu tun hat. Nicht zwischen einem »engagierten Glaubensstandpunkt« und einer »indifferenten Deskription« gilt es hier zu wählen, sondern die Frage ist, auf welche Vor-Gegebenheiten sich der Theologe in seiner Arbeit guten Gewissens einlassen darf und soll – oder ob er meint, erst einmal alles ihm Vorgegebene hintergehen zu

müssen, um produktiv zu werden und erst daraufhin verantwortlich theologisch reden zu können. Über diese Alternative muß Klarheit bestehen, denn sie ist von größter Tragweite, auch und gerade für eine theologische Propädeutik. Es ist die Alternative zwischen einer virtuell gemeinsamen theologischen Tätigkeit, die bestimmte Aufgaben im Horizont der Verheißungen des Glaubens wahrzunehmen hat – und einer religiösen Subjektivität, die die Gegebenheiten selbst hervorbringt, auf die sie sich dann reflektierend bezieht. Nach allem bisher von uns Gesagten kann nicht zweifelhaft sein, daß wir uns nur im Rahmen der erstgenannten Möglichkeiten, Theologie zu verstehen, bewegen können.

Was sind nun die »Gegebenheiten«, von denen die Theologie *ausgeht* und die sie *argumentierend voraussetzt?* Sind es etwa Grundlagen, die unmittelbar dingfest zu machen wären, sei es die Existenz Gottes, oder das religiöse Erschlossensein einer sinnhaften Wirklichkeit, oder das Christentum als geschichtliche Tatsache, oder bestimmte Geschichtsereignisse mit universaler Geltung? Oder ist die Frage nach Vorgegebenheiten und Voraussetzungen so ganz falsch gestellt? In der Tat: Ein solcher Rekurs auf etwas vorher (d. h. unabhängig von jeder Argumentation) Gegebenes führt – wie hier nicht gezeigt werden kann – zu grundsätzlichen Aporien. Wollen wir die Frage nach den Gegebenheiten, auf denen Theologie beruht, wissenschaftlich sinnvoll stellen, dann müssen wir nach dem *Gegenstand der Theologie* fragen. Wenn wir dabei so umsichtig verfahren, wie es sich bei der gegenwärtigen Unklarheit über diese Frage empfiehlt, und zugleich so zielsicher wie nötig, dann sollten wir uns an der Sprache als dem Phänomen orientieren, das von keinem Denken und Argumentieren hintergangen werden kann; das heißt freilich nicht, daß die Sprache und sprachlich Beschreibbares ein Letztes und Ursprüngliches, die letztgültige Wirklichkeit selber wäre! Im Gegenteil: es liegt im wohlbegründeten Interesse der Theologie, auf den fundamentalen Unterschied zu achten zwischen der Faktizität des Redens und dem, was dem Ausgesprochenen zugrunde liegt, ohne jenseits der Sprache ausfindig gemacht werden zu können, und dem, was das Ausgesprochene zur Voraussetzung nimmt. Diese Differenz von *Grund* und *argumentativer Voraussetzung* wäre sprachphilosophisch weiter zu verfolgen, denn sie ist nicht nur für die Theologie – wenn auch für sie in besonderem Maße – konstitutiv; solche Beobachtungen führen aber auch zu ontologischen Problemen, die gesondert erörtert werden müßten. Für unseren Zweck kommt es allein darauf an, die Frage nach dem Gegenstand der Theologie richtig stellen zu können, und das heißt: innerhalb der Grenzen, die uns als endlichen Wesen gesetzt sind und die wir nur um den Preis der uns gewährten Menschlichkeit überspringen könnten, von denen wir aber auch nicht derart fasziniert zu sein brauchen, daß wir ständig über unsere Grenzenhaftigkeit nachdenken und dadurch schon über sie hinaus zu blicken vermeinen.

Die Frage nach dem Gegenstand der Theologie nötigt zu sagen, wo und womit die theologische Arbeit *anfängt.* In diesem Sinne ist der Gegenstand der Theologie das *Reden von Gott,* wie es für den Konsensus des Glaubens konstitutiv ist, genauer: das kirchliche Reden von Gott, wobei »Kirche«, »Glaube« und »Theologie« in einer bestimmten (hier nicht weiter darzulegenden) Beziehung zueinander stehen. Mit dieser Auskunft soll hervorgehoben werden, daß die Theologie nicht beliebig vorgehen kann, daß auch nicht der Standpunkt des Theologen ausschlaggebend ist, sondern daß Theologie immer von Vorgegebenem ausgeht, wobei sie darauf verweist, daß sie mit allen ihren intellektuellen und sprachlichen Bemühungen nicht einzuholen vermag, was ihr voraufliegt und zuvor gesetzt ist. Das hat unzweifelhaft mit dem zu tun, was wir früher als Fragestruktur der Theologie anzuvisieren versuchten (1.123) und was die theologische Argumentation und Urteilsbildung immer wieder zu »letzten« und »ursprünglichen« Fragen zurückführt. Diese sind nirgendwo anders als im konstatierbaren Reden von Gott enthalten, an dem der theologische Diskurs Anteil hat und das er beschreibend, kritisch klärend, die Voraussetzungen aufzeigend in den Blick zu nehmen hat. Um gleich ein mögliches Mißverständnis auszuräumen: »Voraussetzung« meint hier natürlich nicht eine empirische Basis, sondern den Ausgangspunkt für die Schritte der Argumentation, in funktionaler Beziehung für den Argumentationsvorgang – so sehr dieser auch konstatierbar ist. Das Reden von Gott ist nicht etwa gleichzusetzen mit einer Kirchensprache als Objekt statistischer Bestandsaufnahme. Freilich sind wir, wenn wir das Reden von Gott wahrnehmen wollen, auf empirische Tatbestände angewiesen, und diese haben auch durchaus ihr Gewicht, aber man kann das Reden von Gott nicht von diesem oder jenem faktischen Zugang abhängig machen.

Fragen wir also derart, was Theologie ist im Blick darauf, wie sich theologische Arbeit vollzieht, dann müssen wir *über* sie reden. Das hat nichts mit der Differenz von »Form« und »Inhalt« zu tun, auf die wir gleich noch zu sprechen kommen (1.32), sondern ist wissenschaftstheoretisch begründet: die direkte (objektsprachliche) Kennzeichnung von Sachverhalten erfolgt, sprachlogisch gesehen, auf einer anderen Ebene als die (metasprachliche) Beschreibung von Argumentationsabläufen und ihren Voraussetzungen. Indem wir so die Frage »Was ist Theologie?« aufgenommen und beschrieben haben, haben wir bereits versucht, mit einem exemplarischen Fall theologischer Urteilsbildung vertraut zu machen.

Hinweis:
G. Sauter, Theologie als Beschreibung des Redens von Gott. Die verfängliche Frage nach dem Gegenstand der Theologie, in: W. Pannenberg / G. Sauter / S. M. Daecke / H. N. Janowski, Grundlagen der Theologie – ein Diskurs, Stuttgart 1974, S. 42–57. – Ders., Der Wissenschaftsbegriff der Theologie, EvTh 35, 1975, S. 283–309 (dort weitere Literaturangaben).

1.32 Glaube und Theologie

Die einzelnen Schritte theologischer Urteilsbildung werden beim Aufbau systematisch-theologischer Argumentation (2.1; 2.3) zur Sprache kommen. Zuvor sollen noch durch einige Grundunterscheidungen die Grenzen abgesteckt werden, an deren Beachtung sich theologische Urteilsfähigkeit bewährt.

1.321

Unterschieden und demgemäß zu unterscheiden sind Glaube und Theologie: Glaube als »etwas«, das nur im Reden vom Glauben in Erscheinung tritt, Theologie als Rechenschaft darüber und deshalb als intellektuelle Bemühung, die nicht mit dem Rekurs auf den Glauben als ungegenständlichen, ungreifbaren und unbegreiflichen »Akt« erledigt werden kann. In der Tradition entspricht dies der Unterscheidung von subjektiver und objektiver Seite der Theologie, die sich aber als äußerst mißverständlich erwiesen hat, weil sie ein theologisch unangemessenes Erkenntnismodell in Anspruch nimmt.

1.322

Unterschieden und demgemäß zu unterscheiden sind Glaubensgrund (»der Glaube als Werk Gottes, zu dem unser Glauben sich nur als Antwort verhalten kann«) *und theologische Begründun-*

gen, die sich – als menschliche Bemühungen – auf dieses Begründetsein beziehen. Dies ist mit der traditionellen Unterscheidung von »Inhalt« und »Form« der Theologie zu vergleichen; theologisch sachgemäßer ist es, von der Differenz zwischen theologischer Aussage und dem in ihr Ausgesagten zu sprechen. Eine Aussage kann begründet werden und ist zu verantworten, das Ausgesagte kann aber nicht von menschlichem Reden hervorgebracht werden, denn theologisches Reden beruht auf ihm.

1.323

Unterschieden und demgemäß zu unterscheiden sind der Ursprung menschlichen Redens von Gott, von dem allein aufgrund göttlicher Verheißung geredet werden kann und der nicht selber begründbar ist, da er unser Gegründetsein in der Wahrheit Gottes betrifft, *und der Anfang theologischer Argumentation,* der in Voraussetzungen besteht, von denen theologisches Reden und Denken diskursiv ausgeht. Der Ursprung des Redens von Gott wird beispielsweise durch den Satz markiert: »Niemand kann Jesus den Herrn heißen ohne durch den Heiligen Geist« (1. Kor 12,3b), während die theologische Argumentation (in der Christologie) sich auf das Reden von Jesus Christus als dem Herrn bezieht. Bei dieser Unterscheidung geht es um die Mitteilbarkeit des Glaubens, auf der die Theologie beruht und die nach Theologie verlangt, und zwar in der Spannung von Geheimnis und Verständlichkeit (Rationalität) des Redens von Gott.

1.33 Urteilsfindung

Urteilsbildung haben wir bisher als Fähigkeit, die für die Theologie maßgebenden Unterscheidungen zu treffen, in den Blick genommen. Worin besteht nun aber der *systematische* Charakter dieser Urteilsbildung? Er zeigt sich in der Zusammenstellung von Aussagen, die einen *Zusammenhang* bilden (kohärent sind) – beispielsweise Aussagen über den Tod und die Auferstehung Jesu Christi und unsere Hoffnung, über Gottes Gerechtigkeit und Gottes schöpferisches Handeln, über die Versöhnung als Gemeinschaft Gottes mit dem vorher friedlosen Kosmos und die Berufung von Menschen, dem Gottesfrieden Raum zu geben. Das heißt: Die Aussagen der Systematischen Theologie gehören zusammen, weil und sofern sie sämtlich Aussagen über einen und denselben Gegenstandsbereich sind. Nur weil diese Kohärenz besteht, die uns als Aussagenzusammenhang begegnet, können

Behauptungen, Feststellungen, Vermutungen als theologisches Reden qualifiziert werden. Ohne diesen Zusammenhang wäre »Theologie« ein zielloses, zerstreutes, von Impressionen verschiedenster Herkunft gesteuertes Umherschweifen, unfähig zu klarer Wahrnehmung. Sie wäre ohne Urteilskraft. Theologisch urteilen heißt jedoch: wissen, ob und wie man theologisch über einen bestimmten, begrenzten Sachverhalt zu reden vermag – m. a. W. daß man über ihn eine theologische Aussage formulieren und ihn dadurch theologisch identifizieren kann – oder ob man irgendwie anders über ihn räsoniert, ihn auf andere Weise in den Blick nimmt, ihn in dieser anderen Hinsicht deutet und darum auch zu anderen Konsequenzen gelangt.
Es bedarf des Urteils, wenn z.B. gesagt wird, eine bestimmte Situation sei unheilvoll; ein Handeln sei Ausweis christlicher Freiheit, ein anderes gerade nicht; ein Verhalten sei der Vollmacht Jesu gleichförmig; eine Gemeinschaftsform entspreche dem Bund Gottes mit den Menschen, andere politische Formationen widersprächen ihm, usw. Wie wird ein Urteil über derlei Behauptungen gefunden? Was sie aussprechen, muß als zusammengehörig mit den Sachverhalten erkannt werden, auf die sich theologische Aussagen richten. *Urteilsfindung* beschreitet also einen *Erkenntnisweg*, der immer einzelne Aussagen einander zuordnet. Dadurch geht die ausgesprochene Erkenntnis über eine unmittelbare Intuition, einen individuellen Eindruck hinaus und erweist sich als transsubjektiv. Bestimmte Aussagen haben dabei die Funktion, andere als wahr oder falsch zu erweisen und die gültigen Aussagen zu *begründen* (s. 2.3). Jene Aussagen bilden einen Zusammenhang, auf den jede theologische Argumentation zurückgeht und von dem sie weitere Aussagen ableitet, wobei sie andere ausschließt, wieder andere als Elemente der Argumentation einbezieht. Darum schlagen wir für diesen Konnex verbindlicher theologischer Aussagen den Terminus *»Begründungszusammenhang«* vor.

Hinweis:
Zur Einführung des Terminus »Begründungszusammenhang« s. *G. Sauter* u.a., Wissenschaftstheoretische Kritik der Theologie, München 1973, S. 308 ff.

Wir berücksichtigen an dieser Stelle nur die Funktion des Begründungszusammenhanges für die Urteilsfindung, nicht aber seine Konstitution, die den Konsensus des Glaubens betrifft, an dem die Kirche erkennbar wird.

Urteilsbildung in dem eben erst skizzierten, später (in 2.1 und 2.3) auszuführenden Sinne hat nichts mit einer bloßen Bewertung gemein, die die Lebenswelt und Lebenspraxis deutend usurpiert. Im Gegenteil: Sie will helfen, daß wir alltägliche Erfahrungen aufnehmen, daß wir uns ungewohnten Widerfahrnissen aussetzen können und zu neuen Erkenntnissen kommen, daß wir überhaupt Erkenntnis aussprechen – denn Erkenntnisse sind ohne einen geordneten Zusammenhang verbindlicher Aussagen nie mitteilbar. Deshalb wäre es auch völlig verkehrt, hier die Selbständigkeit des Theologen in dem Sinne fordern zu wollen, daß jeder, der theologisch redet, jede seiner Äußerungen ab ovo zu entwickeln habe. Selbständigkeit theologischen Urteils erweist sich vielmehr in der Fähigkeit, in den eigenen Aussagen mit dem Begründungszusammenhang der Theologie kritisch übereinzustimmen, d. h. die Fragen, denen wir begegnen, Beobachtungen und Erwägungen in Aussagen umzuformulieren, die in den Zusammenhang theologischer Sätze gestellt werden können. Jener Zusammenhang ist indessen nicht ein für allemal fix und fertig, abgeschlossen, präpariert, in gängige Münze umzusetzen – die geschwätzige Virtuosität mancher Theologen, die zu allem und jedem sogleich dogmatische Begriffe und Verweise wie am Schnürchen parat haben, verrät meist wenig Urteilskraft! Die Formulierung dieses Zusammenhanges verbietet, traditionelle Einsichten nur wiederholen und aktualisieren zu wollen. Aber ebensowenig kann man gleichsam aus dem Stand, zusammenhanglos, vorgehen.
Schließlich ist noch anzumerken, daß der Begründungszusammenhang nicht mit einem theologischen Gesamtbild der Wirklichkeit verwechselt werden darf, das in einem System von Sätzen abzubilden wäre. Und man wird ihn ebenso verfehlen, wenn man damit rechnet, all das sei zu komplettieren und zu harmonisieren, was die Theologie im Laufe ihrer Geschichte an bedeutsamen Einsichten angesammelt hat oder was sich an fundamentalen Überzeugungen heute auffinden läßt. Der theologische Begründungszusammenhang tritt allein in dem Prozeß der Mitteilung von Erkenntnis zutage, der Zuordnungen ebenso wie Unterscheidungen, Trennschärfe von Alternativen gleicherweise wie die Intention der Einheit in der Wahrheitsformulierung, Insistieren auf dem als gültig Erkannten wie die Bereitschaft zum Weiterschreiten umfaßt.
Man könnte einwenden, daß die Wahrheitsprüfung, die wir uns hier angelegen sein lassen, doch nur die Sache Gottes und der

von ihm Beauftragten, aber nicht eine erlernbare Fähigkeit sei. Das aber hieße eine Autorisierung, die wahrlich kein Studienziel sein kann, mit der Verantwortung des faktischen theologischen Redens verwechseln, dessen Alternative nur völliges Schweigen oder Wortmagie sein könnte. Auch diese Unterscheidung zu treffen und ihre Kriterien anzugeben, gehört zur theologischen Urteilsbildung.

2 Der Aufbau systematisch-theologischer Argumentation

2.0 Vorbemerkung

Der erste Schritt der Urteilsbildung ist: Bescheid wissen, worüber man spricht und womit man zu beginnen hat, woraufhin man fragt und was theologisch erreicht werden kann.
Wie die Biblische Exegese und die Historische Theologie ist die Systematische Theologie vorwiegend mit Texten beschäftigt. Sie ist an den systematisch-theologischen Aussagen dieser Texte interessiert und befaßt sich mit den Begriffen, aus denen Aussagen gebildet werden und die Themen und Probleme markieren. An der Textinterpretation zeigt sich der Unterschied zwischen den Arbeitsweisen Systematischer Theologie und den Verfahren anderer theologischer Disziplinen am deutlichsten. Dieser Unterschied bereitet manchem, der Systematische Theologie zu studieren beginnt, erhebliche Schwierigkeiten, vor allem wenn ihm der Zugang in den exegetisch-historischen Arbeitsweisen leichter fällt, während ihm Argumentationsstrukturen, Elemente der Logik und andere Merkmale systematischen Denkens noch fernstehen.
Weil nachweislich vielen Studenten der Übergang von der Exegese und der Historischen Theologie zur systematisch-theologischen Arbeit schwer fällt, bietet sich an, zunächst auf die Texte und deren Interpretation in der Systematischen Theologie einzugehen, dann erst die Aussagen in den Blick zu nehmen und schließlich in die Begriffsbildung einzuüben. Anders hätten wir zu verfahren, wenn wir ganz elementar beginnen wollten. Dann müßten wir zunächst von allem absehen, was wir bisher – vielleicht nur als ungewohnte »Eindrücke« – kennengelernt haben. So entstünde eine »künstliche Lernsituation«, die häufig als ideal angesehen wird, weil sie eine abgestufte Entwicklung von Wissen und methodischem Können zu gewährleisten verspricht. Wir würden dann von einfachen zu komplexen Einheiten fortschreiten, in der Reihenfolge: Begriffe – Aussagen – Texte – Systeme. In unserer Einführung haben wir jedoch den Weg »von außen nach innen« gewählt, um in die Werkstatt der Systematischen

Theologie einzutreten und mit den einzelnen Arbeitsgängen schrittweise vertraut zu machen. So werden wir auch im folgenden vorgehen.

2.1 Systematische Arbeit an Texten

2.11 Rekonstruktion und Interpretation

Die Systematische Theologie ist in allen ihren Arbeitsgängen auf Formulierung und ggf. Neuformulierung dessen gerichtet, *was theologisch verbindlich ist.* Wir sagen absichtlich: sie ist darauf gerichtet, denn sie stößt nicht immer sogleich auf solche Formulierungen und dringt zumeist erst allmählich zu ihnen vor. Nur wenn es sich um Aussagen der Dogmatik und dogmatische Textzusammenhänge handelt, hat sie unmittelbar mit Verbindlichkeiten zu tun. Aber in vielen anderen Fällen bildet sich das systematisch-theologische Urteil erst an zahlreichen und vielfältigen Informationen, Behauptungen, Erwägungen, Anfragen heraus, die nicht immer schon theologisch ausgesprochen worden sind. Darum können wir die Texte der Systematischen Theologie nicht so eindeutig abgrenzen wie etwa die Materialien der neutestamentlichen Exegese. Spezifisch ist vielmehr das Erkenntnisinteresse, das unsere Disziplin leitet: die Argumentation, die zu einem Urteil über theologisch Verbindliches führt, die – nicht allgemeine, sondern fallweise und konkrete – Antwort auf die Frage, was theologisch wahr ist und darum gilt. Dieser Intention entspricht die Interpretationshinsicht, die den systematisch-theologischen Umgang mit Texten bestimmt.

2.111 Texte

Als Texte der Systematischen Theologie kommen in Betracht: in erster Linie Aussagen und Aussagenkomplexe, die uns mit dem Anspruch theologischer Verbindlichkeit begegnen, allen voran der Kanon der Heiligen Schrift; die Ergebnisse der Dogmenentwicklung, wie sie auch die Reformationskirchen in der Aufnahme der altkirchlichen Symbole rezipiert haben; Bekenntnisformulierungen, die als theologische Normen gelten; sodann dogmatische Lehrbildungen; schließlich Literatur aller Art, die Geltungsansprüche und -probleme des christlichen Glaubens formuliert. Ein solcher Text braucht nicht immer schon literarisch fixiert zu sein.

Beispiele:
Die für die katholische Dogmatik verbindlichen Entscheidungen des kirchlichen Lehramtes sind chronologisch zusammengestellt bei *H. Denzinger / A. Schönmetzer (Hg.)*, Enchiridion symbolorum, definitionum et declarationum de rebus fidei et morum, Freiburg und Barcinone 1973[35]; deutsche Übersetzung der wichtigsten Quellen bei *J. Neuner / H. Roos (Hg.),* Der Glaube der Kirche in den Urkunden der Lehrverkündigung (neu bearb. von K. Rahner / K.-H. Weger), Regensburg 1971[8].
Der Normcharakter kirchlicher Lehrbildungen in den Reformationskirchen wird in der lutherischen Tradition anders eingeschätzt als auf reformierter Seite. Im Luthertum gelten die Bekenntnisschriften als bindende Norm theologischer Lehre (als »norma normata« gegenüber der Heiligen Schrift als der »norma normans«), ihre Kodifizierung wird als (relativ) abgeschlossen betrachtet; kritische Ausgabe: Die Bekenntnisschriften der evangelisch-lutherischen Kirche, hg. vom Deutschen Evangelischen Kirchenausschuß (1930), Göttingen 1967[6]. – Die reformierte Theologie versteht die Bekenntnisbildung als geschichtlich offenen Prozeß; Bekenntnisdeklarationen sind zumeist der Niederschlag theologischer Klärungen in einer Territorialkirche, sie haben deshalb begrenzte Bedeutung und sind grundsätzlich revidierbar; auch aus jüngster Zeit sind Neuformulierungen zu verzeichnen (Kirchenordnung der Niederländischen Reformierten Kirche 1950; Bekenntnis der Vereinigten Presbyterianischen Kirche in den USA 1967). Die wichtigsten Texte sind gesammelt bei *E. F. K. Müller (Hg.),* Die Bekenntnisschriften der reformierten Kirche, Leipzig 1903, und bei *W. Niesel (Hg)*, Bekenntnisschriften und Kirchenordnungen der nach Gottes Wort reformierten Kirche (1938), Zürich 1948[3].

Hinweis:
Die Entstehung verbindlicher theologischer Aussagen, die verschiedene theologische Probleme und Entscheidungen kirchlicher Praxis betreffen, läßt sich an der »Barmer theologischen Erklärung« und der Diskussion über ihre Funktion als »Bekenntnis« studieren. Text: *K. Kupisch (Hg.),* Quellen zur Geschichte des deutschen Protestantismus 1871–1945, München und Hamburg 1965, S. 273–281, bes. S. 274–277; zur Diskussionslage vgl. *E. Wolf,* Barmen (1957), München 1970[2], für die ethischen Konsequenzen: Zum politischen Auftrag der christlichen Gemeinde (Barmen II), hg. von A. Burgsmüller, Gütersloh 1974.

Aufgabe:
Kennzeichnen Sie die Merkmale der in den »Bekenntnisschriften der evangelisch-lutherischen Kirche« gesammelten Texte und berücksichtigen Sie dabei die Verbindlichkeitserklärung in der Vorrede zum Konkordienbuch.

2.112 Interpretationsregeln
Die Texte der Systematischen Theologie sind (mehr oder minder ausgedehnte) Ausführungen theologischer Aussagen, die entweder für die christliche Theologie in Geltung stehen, oder einen Geltungsanspruch besitzen, oder normativ interpretiert werden können, oder sich auf Verbindliches beziehen (d.h. zu ihm hinführen oder daraus abgeleitet werden). Den Zugang dazu, die Geltung solcher Texte darzulegen und kritisch zu erörtern, eröffnen die theologischen Begriffe, Themen und Probleme, die in ihnen entweder enthalten sind oder mit deren Hilfe sie interpretiert werden können (vgl. 1.12).
Die Interpretation hat (mindestens) zwei Regeln zu folgen, wenn sie den Anforderungen systematischen Denkens genügen soll.

2.1121
Die *erste Interpretationsregel* ist formaler Art, aber von erheblichem materialen Gewicht: Weil jeder systematisch-theologische Diskurs auf *Argumente* angewiesen ist, müssen aus Texten Argumente erhoben werden, wenn diese Texte nicht bereits argumentativ aufgebaut sind; in solchen Fällen ist die systematische Organisation des Textes aufzuzeichnen.
Diese Regel legt fest, was sich eigentlich von selbst verstehen müßte: diskursives Denken, das von Voraussetzungen ausgeht und schrittweise erörternd zu Schlüssen gelangen will, braucht dazu Argumente, d.h. Aussagen, die in einem klaren, geregelten Gedankengang aufeinander bezogen und geeignet sind, sich in einer Erörterung zu bewähren. Argumente heben sich von Impressionen und Expressionen ab. Sie können auch in Behauptungen, Absichtserklärungen, Bemerkungen zur Auseinandersetzung, Meinungsäußerungen, reflexiven Erwägungen vorkommen, aber dann müssen sie zuallererst herausgeschält werden. Das ist eine oft mühevolle Interpretationsarbeit, die systematischer Aufmerksamkeit und analytischer Sorgfalt bedarf, auf die es aber für die theologische Verständigung je länger je mehr ankommt, weil die Texte der Theologie (vor allem aus neuerer Zeit) immer häufiger eine wirklich argumentative Disposition vermissen lassen.

Wie wichtig die genannte Interpretationsregel ist, zeigt sich noch deutlicher, wenn man außerdem die kommunikative Eigenart theologischer Äußerungen berücksichtigt und sie mit der Kommunikationsstruktur anderer Wissenschaften vergleicht. Theologische Äußerungen literarischer oder mündlicher Art sind durch eine große Redundanz gekennzeichnet, d.h durch eine Überfülle sprachlichen Materials, das über die bloße Mitteilung von Sachverhalten hinausgeht. Theologische Mitteilungen sind in der Regel sehr komplex, sie umfassen neben dem reinen Mitteilungsgehalt (Information) gleichsam Ober- und Untertöne, die mitschwingen und erst den vollen Klang ergeben. Das erklärt sich zum einen daraus, daß sie meist in einem assoziationsreichen Sinnzusammenhang stehen, der sich aus Überlieferungen und aus vielschichtigen Beziehungen zur Alltagswelt ergibt, zum anderen daraus, daß die Theologie zur sog. *expressiven Kommunikation* zu rechnen ist, die im Unterschied zu einer ausschließlich instrumentellen Kommunikation nicht nur Tatsachen feststellt, sondern Deutungen, Werte und Normen zum Ausdruck bringt.
Diese redundante Eigenart theologischer Mitteilungen zeigt sich darin, daß nicht auf präzise Aussagen über begrenzte Sachverhalte Wert gelegt wird, sondern daß Äußerungen den Leser, Hörer und Gesprächspartner zur Einstimmung auffordern sollen. Gelingt dies nicht sogleich, treten Verständigungsschwierigkeiten auf. Eine theologische Äußerung gilt dann als unverständlich. Dies hängt oft nicht mit der logischen Struktur der Äußerung zusammen, sondern ist von den Kommunikationsbedingungen und -abläufen abhängig, in denen sich die Verständigung vollzieht. Wir müssen also jeweils versuchen, das kommunikative Beziehungsnetz aufzudecken, in das eine Äußerung einbezogen ist, um ihren argumentativen Gehalt unabhängig von diesem Kontext ermitteln zu können – erst dann ist er einer weiteren Erörterung zugänglich. Das Argument darf also nicht einfach aus dem Kommunikationsablauf abgeleitet werden.

Hinweis:
Zu den logischen Voraussetzungen und Konsequenzen des Argumentierens vgl. *D. Gerhardus / S. M. Kledzik / G. H. Reitzig,* Schlüssiges Argumentieren, Göttingen 1975. – *S. Toulmin,* Der Gebrauch von Argumenten, Kronberg i. Ts. 1975.

Beispiel:
Die im letzten Jahrzehnt in der Theologie verbreitete Anschauung vom »Tode Gottes« enthält mehrere verschiedenartige

Komponenten, die einen starken kommunikativen Reiz ausgeübt haben. Verwiesen wird auf eine »Erfahrung« der Abwesenheit Gottes: im Sinne der Beziehungslosigkeit des überlieferten Glaubens an ein Eingreifen Gottes zu dem Geschehenszusammenhang, wie er sich dem kritischen Bewußtsein unserer Zeit erschließt. Die Rede vom »Tode Gottes« meint, daß wir Gott in unserer Wirklichkeitserfahrung nicht auffinden können und daß diese Wirklichkeitserfahrung nicht in das Wissen um ein »Jenseits« eingebettet ist. Dies scheint ein theoretisches Problem zu sein; tatsächlich handelt es sich aber um eine praktische Fragestellung, nämlich um die Frage nach der Begründung und Begrenzung menschlichen Handelns. Der Rekurs auf den Tod Gottes will mit dem Verweis auf unmittelbar ansprechende Lebenserfahrungen die Verantwortung des Menschen für sein Handeln durch die These steigern, daß ihm die Unterscheidung zwischen seinem Tun und dem Handeln Gottes versagt sein soll. Die Möglichkeiten theologischen Redens werden nun danach bemessen, wie sie sich in der Dimension menschlichen Lebens unmittelbar bewähren. Worte wie Glaube, Hoffnung, Vertrauen und Liebe müssen sich in Handlungsorientierungen umsetzen lassen, um nicht als »leer« und bedeutungslos bewertet zu werden.

An diesem Beispiel läßt sich sehr gut die Komplexität von Äußerungen ablesen, die vornehmlich Aussagen über ein Orientierungsproblem unserer Zeit und über die Schwierigkeiten der Übersetzung des überlieferten Redens von Gott enthalten – wobei diese Schwierigkeiten selbst sehr vielschichtig sind. Sie sprechen nämlich gar nicht unmittelbar eine Erfahrung aus. Eine genauere Analyse würde vielmehr zeigen, daß das Motiv »Tod Gottes« dazu dienen soll, eine bestimmte Erfahrung überhaupt erst ausdrücken zu können: das Auf-sich-selbst-Gestellt-Sein des heutigen Menschen, die von vielen Zeitgenossen empfundene Nötigung, sich im Gesamt der Wirklichkeit einen sich und ihren Möglichkeiten gemäßen Ort zu suchen und diesen Standort selbständig zu verantworten. Wie sich dies zu Aussagen über Gott verhält (beispielsweise zur theologischen Rede von der Verborgenheit und vom Schweigen Gottes, von Gottesferne und Gottesfinsternis), bleibt bei alledem noch offen. Ja, es ist fraglich, inwiefern hier überhaupt eine Aussage über Gott intendiert ist; das gilt jedoch weniger für die »a-theistische Haltung« derer, die den Tod Gottes proklamieren, als für die Zurückhaltung (um nicht zu sagen: Weigerung) mancher »Theologen«, sich dem

Problem des Redens von Gott anders als durch prinzipielle, apodiktische Verneinung zu stellen.

Wie in diesem Beispiel sind in einem komplexen Text, der verschiedene Mitteilungsintentionen verfolgt, die theologischen Aussagen hervorzuheben. Dazu bedarf es der *Rekonstruktion* des Textes – nicht in einem sozusagen genetischen Sinne, wobei es auf die Ermittlung der Entstehungsbedingungen ankäme, sondern in systematischer Hinsicht: gefragt wird nach den Elementen des Textes, die theologisch erörtert werden können – in Abgrenzung von anderen Eindrücken, Erwägungen und Einsichten, die durchaus nicht weniger Gewicht zu haben brauchen, deren Geltung aber anders (auf andere Weise, in einem anderen theoretischen Kontext und darum mit einem darauf bezogenen, insofern anderen Ergebnis) festgestellt wird. Die Rekonstruktion dieser im jeweils vorliegenden Text verwobenen Beziehungen soll dabei nicht die theologischen Gedanken aus ihrer Verbindung mit anderen Komponenten gleichsam herausdestillieren, um ein rein theologisches Konzentrat zu erhalten. Rekonstruiert werden die Aussagen in ihrem Konnex, dessen Aufbau und argumentatives Gefälle nachgezeichnet werden muß, um Aussagen prüfen und beurteilen zu können, statt nur den vorgestellten Meinungen zu folgen und sich von ihnen »ansprechen« zu lassen. Situationsdeutungen, der Niederschlag von Auseinandersetzungen mit Traditionen, Theorie/Praxis-Probleme, Auslegung theologischer Begriffe u. a. m. müssen im einzelnen festgestellt und in ihrer argumentativen Beziehung zueinander erläutert werden. Erst dann ist ein theologischer Diskurs darüber möglich, der kommunikative Wirkungen von wahrheitsfähigen Aussagen zu unterscheiden weiß – ohne daß behauptet werden soll, beides könne und dürfe sich nicht miteinander vertragen. Die Konsequenzen aus dieser Unterscheidung, die durch die erste, auf die Diagnose von Argumenten gerichtete Interpretationsregel erst vorbereitet werden, treten in einer zweiten Phase der Interpretation zutage, die jetzt beschrieben werden soll.

2.1122

Die *zweite Interpretationsregel* steht am Übergang von der Klärung zur Prüfung von Argumenten. Sie ermittelt *wahrheitsfähige Aussagen:* Aussagen, die als wahr oder falsch beurteilt werden können.

Um diese Prüfung systematisch-theologisch vornehmen zu können, müssen diese Aussagen als *theologische* Aussagen kenntlich sein. Das ist nicht immer so einfach festzustellen, wie es scheint. Denn durchaus nicht alles, was die Texte der Theologie beinhalten und was Theologen sagen, sind theologische Aussagen. Ja, es ist oftmals strittig, welche Aussagen überhaupt als theologische zu gelten haben. Die Auseinandersetzung darüber kann sehr allgemein in den Prolegomena zur Dogmatik geführt werden, wo man die Kriterien der Theologie festzulegen versucht. Ob eine Aussage wirklich auch als theologische formuliert worden ist, kann jedoch meistens erst im Einzelfall geprüft und entschieden werden.

Auf die Frage »Was ist eine theologische Aussage?« erhalten wir aus der Geschichte christlicher Theologie differente Auskünfte, von denen wir einige paradigmatische Definitionen bedenken sollten, um zunächst einmal zu ermessen, worauf es bei einer solchen Festlegung ankommt und welche Folgerungen sich aus ihr ergeben.

Beispiele:

– Die Frage, was eine theologische Aussage sei, präzise zu stellen und unmißverständlich zu beantworten, hat sich besonders *F. Schleiermacher* zur Aufgabe gemacht. Nach Schleiermacher hat eine Aussage dann und nur dann als eine theologische zu gelten, wenn sie von der Gottesbeziehung des Menschen handelt, und zwar in dem Sinne, wie Schleiermacher diese Gottesbeziehung bestimmt: als religiöses (»schlechthinniges«) Abhängigkeitsgefühl. Das heißt jedoch nicht, daß die Theologie nur über dieses Abhängigkeitsgefühl zu sprechen habe. Im Gegenteil: Schleiermacher möchte bei jeder verbindlichen theologischen Aussage drei Perspektiven gewahrt wissen, nach denen sich die Formen theologischen Redens richten: »Alle Sätze, welche die christliche Glaubenslehre aufzustellen hat, können gefaßt werden entweder als Beschreibungen menschlicher Lebenszustände, oder als Begriffe von göttlichen Eigenschaften und Handlungsweisen, oder als Aussagen von Beschaffenheiten der Welt; und alle diese Formen haben immer nebeneinander bestanden.« (Leitsatz zu § 30 der »Glaubenslehre«, Berlin 1830^{2}). Methodisch gesehen müssen jedoch diese drei »Formen der Reflexion über die frommen Gemütserregungen« immer aufgrund der »unmittelbaren Beschreibung der Gemütszustände« durchgeführt werden (a.a.O., Leitsatz zu § 31), sie sind also zu formulieren in

Aussagen über das Abhängigkeitsgefühl bzw. über das wahrhaft menschliche Selbst-Bewußtsein, wie es sich durch das Abhängigkeitsgefühl gesetzt sieht.

– *K. Barth* hat seine ebenfalls sehr dezidierte Vorstellung u.a. in der Antithese zu Schleiermacher entwickelt, ohne sie ebenso bündig wie Schleiermacher zu definieren. Die von ihm nur implizit, aber nachdrücklich vertretene Erklärung umschreibt H. Scholz so: »Eine Aussage soll dann und nur dann eine theologische Aussage heißen, wenn sie eine Aussage über Gott ist oder äquivalent in eine solche Aussage geformt werden kann.« (*H. Scholz,* Was ist unter einer theologischen Aussage zu verstehen? [1936], wieder abgedruckt in: Theologie als Wissenschaft, hg. von G. Sauter, München 1971, S. 265–278, hier 271 f.). Scholz fragt weiter, wie Aussagen, die diese Anforderung noch nicht erfüllen, zu theologischen Aussagen werden können, und erläutert diese Aufgabe: »Die Frage ist so zu verstehen, daß für jede solche Aussage eine Regel verlangt wird, durch welche bestimmt wird, wie dies zu geschehen hat. Es müßte also z. B. für jede theologische Aussage, in deren Formulierung zwar das Wort ›Kirche‹ auftritt, aber nicht das Wort ›Gott‹, eine Regel existieren, durch deren Anwendung diese Aussage äquivalent umgeformt werden kann in eine Aussage, in deren Formulierung das Wort ›Gott‹ auftritt.« (a.a.O., S. 272 f.). Scholz nennt diese Forderung »unbequem«, weil sie nicht nur der Formulierungskunst, sondern zugleich auch der gedanklichen Anstrengung bedarf, aber er hält sie für unabdingbar: »Denn sonst ist für die stilistische Einheit der theologischen Aussagen gerade das nicht gewonnen, worauf es hier ankommt; und mit der stilistischen Einheit steht und fällt in diesem Falle die gedankliche Einheit, die unser eigentliches Anliegen ist.« (a.a.O., S. 273). Was Scholz hier unter der stilistisch-gedanklichen Einheit versteht, die theologische Aussagen sprachlich konstituiert, haben wir oben (1.33) als Aussagenzusammenhang bezeichnet.

– In der Anmerkung zu 1.31 haben wir vorgeschlagen, als Gegenstand der Theologie das Reden von Gott zu bestimmen. Demnach wären theologische Aussagen als Aussagen über das Reden von Gott definiert.

Zusammenfassung der drei Beispiele:
Jede Definition theologischer Aussagen (als Antwort auf die grundsätzliche Frage »Was ist eine theologische Aussage?«) impliziert Formulierungs- und Umformulierungsaufgaben, die

zugleich auf das theologische »Sachproblem« hinweisen: der Gegenstand der Theologie ist allein in bestimmten, miteinander zusammenhängenden Aussagen zu formulieren.
Dieser Aussagenzusammenhang ist jetzt von jeder möglichen Kompilation von Äußerungen, die für den Theologen und den theologisch Interessierten »ansprechend« sein mögen, klar unterschieden. Außerdem dürfte jetzt deutlich geworden sein, daß die Formulierung theologischer Aussagen sich nicht in der Entfaltung von »Themen der Theologie« erschöpfen kann, auch wenn diese Themen für den christlichen Glauben »zentral« sein sollten. Denn wer von »zentralen« (und entsprechend auch von »peripheren«) Themen der Theologie spricht, nimmt eine Vorstellung von der »Mitte der Theologie« in Anspruch. Will er diese Mitte zur Sprache bringen, dann ist er auf theologische Aussagen angewiesen und muß überhaupt erst wissen, was eine theologische Aussage ist.
Mit alledem sind die sprachlich/logischen Voraussetzungen genannt, die es erlauben, wahrheitsfähige Aussagen (in dem oben schon genannten Sinne) zu erhalten, um sie der *Wahrheitsprüfung* unterziehen zu können. Die Wahrheitsprüfung selbst wird erst später (2.3) zu beschreiben sein.
Versuchen wir jetzt noch, die Unterschiede der drei genannten Auffassungen am Paradigma »Versöhnungsaussagen« kurz zu markieren:
– Schleiermacher redet von »Versöhnung« in Aussagen über das Bewußtsein der Gottesgemeinschaft in Rückbeziehung zum Bewußtsein der Sünde (Glaubenslehre, § 101).
– Barth spricht in seiner Versöhnungslehre über das gemeinschaftstiftende Handeln Gottes (»Gott mit uns!«), welches in seiner Selbstbestimmung eingeschlossen ist, und davon, wie beides in Jesus Christus offenbar wird (Die Kirchliche Dogmatik IV, bes. IV/1, §§ 57 f.).
– Folgen wir der Bestimmung, Gegenstand der Theologie sei das Reden von Gott, dann sind theologische Versöhnungsaussagen Aussagen über menschliches Reden von Gott im Stande des Versöhnt-Seins, wie er uns als Verheißung zugesprochen und darum für uns wirklich ist (vgl. *G. Sauter*, Versöhnung und Vergebung. Die Frage der Schuld im Horizont der Christologie, EvTh 36, 1976, S. 34–52).

2.12 Interpretationshinsichten

Bisher haben wir zwei Regeln genannt, die die systematisch-theologische Interpretationsweise charakterisieren. Diese Regeln umfassen nicht schon den gesamten Vorgang der Interpretation. Ihn können wir hier nicht in abstracto darstellen, wohl aber die wichtigsten Aspekte nennen, die ihn von anderen Arbeitsweisen unterscheiden, wie sie auch in der Theologie in Gebrauch sind.

2.121 Systematische und historische Interpretation

Wer mit dem Studium der Systematischen Theologie beginnt, wird in der Regel die Verfahren (Methoden) und die Ziele historischer Interpretation kennengelernt haben. Deshalb empfiehlt es sich, an diese Eindrücke anzuknüpfen und von ihnen aus die *Unterschiede zwischen systematischer und historischer Interpretation* zu beleuchten. Auch hier beschränken wir uns auf propädeutische Gesichtspunkte – fragen also nach der Arbeitsweise –, ohne etwa grundsätzlich auf das Verhältnis der Systematischen Theologie zur Biblischen Exegese und zur Kirchen- und Theologiegeschichte und ihren theologischen Arbeitsgebieten einzugehen; auf die Praktische Theologie können wir ohnehin erst später (2.122) zu sprechen kommen. Konsequenzen aus der Arbeitsweise sind auch am ehesten geeignet, die Beziehungen der theologischen Fächer zueinander so zu sehen, wie es sich aus der gegenwärtigen Studiensituation ergibt, und nicht aus der Konstruktion einer organischen Arbeitsteilung, die meist eher theoretischen Vorstellungen (Frage nach der Einheit theologischer Wissenschaft) als praktischen Erfordernissen und Schwierigkeiten folgt.

Die historische Interpretation von Texten in der Theologie verfolgt seit der Ausarbeitung der historisch-kritischen Methode das Ziel, Situationen, Äußerungen und Dokumente, die für die Geschichte von Kirche und Theologie bedeutsam sind (dies läßt sich an ihrer Auswirkung ermessen), in ihrer Entstehung zu *rekonstruieren.* Die optimale Rekonstruktion sucht, wenn möglich, alle Entstehungsbedingungen in Erfahrung zu bringen, um so das Zustandekommen eines Textes künstlich zu wiederholen und nach Möglichkeit zu »erklären«, was der Text enthält und wie es zu diesem Text kam. Die Weiterentwicklung und Ausdifferenzierung der historisch-kritischen Methode führte einerseits dazu, immer mehr Entstehungsbedingungen zur Erklärung heranzuziehen: nicht nur den nachweisbaren Überlieferungsprozeß von

Tatsachenbeschreibungen und Äußerungen verschiedenster Art, sondern auch politische, soziale, ökonomische Umstände, die sich als erklärungskräftig erwiesen (soweit sie durch speziellere Methoden festgestellt werden können). Andererseits hatte sie zur Folge, daß das jeweilige Subjekt der Interpretation, der Interpret selber, zum Gegenstand einer weiterführenden Reflexion über den Interpretationsvollzug wurde, sofern dieser als Verstehensprozeß verständlich gemacht werden kann. Dieser Interpretations- und Reflexionsprozeß wird in der Theorie des Verstehens, der Hermeneutik, verhandelt. Sie spricht u.a. von dem »hermeneutischen Zirkel«, der Interpretationsbewegung, in der Interpret und Text einander nicht mehr als Subjekt und Objekt gegenüber stehen, sondern in der das »Vorverständnis« des Interpreten die Interpretation sowohl beeinflußt als auch durch sie (d. h. durch den »Anspruch« des Textes) korrigiert wird.

So hat die Besinnung über die historische Interpretation Geltungsprobleme eigener Art entwickelt, die sich auf die Frage konzentrieren, wie überhaupt vom Standpunkt der Gegenwart (vom Interpreten her) ein Text »verstanden« werden könne. Häufig erscheint ein gelungenes Verstehen schon als Antwort auf die Geltungsfrage: Was wir heute verstehen können, ist auch in irgendeiner Weise für uns gültig, und ein Geltungsanspruch kann überhaupt nur wahrgenommen werden aufgrund geglückten Verstehens. Sonst bleibt ein Text uns fremd und ist als unverständliches Dokument allenfalls Demonstrationsobjekt für die Schwierigkeiten, sich mit der Tradition auseinanderzusetzen.

Dieser Fragestellung ist auch die Systematische Theologie im sog. Historismus und in der hermeneutischen Theorie des Verstehens (Hermeneutische Philosophie, Hermeneutische Theologie) unterworfen worden. Dort wird die systematische Interpretation reduziert auf die *gegenwärtige* Interpretation der Überlieferung und ihr Verstehen, also auf den jeweils jüngsten Abschluß des historischen Interpretationsprozesses. Systematische Theologie wird so zur Verantwortung theologischer Tradition für die jeweilige Gegenwart. Diese Sicht ist durch das historische Bewußtsein bestimmt, durch die Vorstellung von einem Geschichtsverlauf, an dessen jeweiligem Ende wir stehen (*diachronische Abfolge* von Vergangenheit, Gegenwart und Zukunft, Geschichte als Verlaufsform, die zur zeitlichen Einordnung und Ortsbestimmung nötigt).

Dagegen ist die systematische Interpretation auf die *synchrone*

Struktur von Aussagen ausgerichtet; eine historische Konstellation, in der ihre Geltung erhoben wird, erscheint dabei nicht als Bedingung für ihre Wahrheitsfähigkeit. Die Wahrheitsprüfung von Aussagen muß demnach von ihrer historischen Rekonstruktion und Erklärung abgehoben werden. Diese methodische Alternative schließt freilich nicht aus, daß der historische Erklärungsaspekt zu beachten ist. Seine theologische Berücksichtigung muß freilich eine theologische Begründung erfahren.

Der methodische Unterschied zwischen historischer und systematischer Interpretation übergreift grundsätzlich die Disziplinen der Theologie und kommt in der Exegese, in der Kirchen- und Theologiegeschichte ebenso zum Zuge wie in der Systematischen Theologie. Als fachspezifisch läßt sich zunächst nur die unterschiedliche Zielrichtung angeben: Die systematische Interpretation richtet sich nicht auf eine möglichst vollständige Rekonstruktion der Entstehung eines vorliegenden Textbestandes, sondern ist auf den argumentativen Aufbau eines Textes konzentriert (»Wie begründet er selbst, was er sagt?«). Sie will nicht die Geltung eines Textes nur feststellen oder (genetisch) erklären, sondern sie befragt den Text selbst, welchen Geltungsanspruch er erhebt, welche Gründe er für seine Aussagen anführt, welche Intentionen er ausspricht. Die systematische Interpretation nimmt den Text – in diesem Sinne – »beim Wort«. Sie beschreibt nicht die Geschichte des Textes, sondern den Text selbst, um nach der Wahrheit seiner *Aussage(n)* zu fragen, nicht nach der Geltung des Textes unabhängig von der Wahrheit seiner Aussagen. Derart konzentriert die systematische Interpretation die Geltungsfrage auf die Wahrheitsprüfung von Aussagen (s. 2.3). – Der historisch interessierte Interpret wird demgegenüber die Konditionen für die nachweisbare Geltung eines Textes darlegen, indem er beispielsweise Verstehensbedingungen aufzeigt oder Vorgänge der Autorisierung von Texten nachzeichnet. So ist etwa ein Text aus den paulinischen Briefen bestimmten Geltungsproblemen unterworfen, die historisch zu ermitteln sind: es ist zu fragen, ob er tatsächlich von Paulus stammt, warum er zum Neuen Testament gehört, welche Traditionen er aufnimmt und wie er sie verarbeitet, wie der Text im weiteren rezipiert worden ist, usw. – und dies unabhängig von der Prüfung, ob und warum seine Aussagen theologisch verbindlich sind.

Die verschiedene Ausrichtung und Zielsetzung der Interpretation wird freilich faktisch nicht immer konsequent eingehalten: weder in einer Bibelauslegung, die explizit theologische Geltungsansprüche zu erheben versucht und auf diese Weise zu einer verkappten Systematischen Theologie wird, noch auch in einer zur Unterdisziplin historischer Forschung abgesunkenen »Systematik«, die nur noch größere historische Zusammenhänge beachtet, »systematisierend« Schwerpunkte und Tendenzen hervorhebt und sich im übrigen der jeweils jüngsten Phase der Theologiegeschichte zuwendet, weil sie der Gegenwart am nächsten liegt.

2.122 Problemorientierung

Die historische Interpretation wird auch bei Texten, die für die Systematische Theologie wichtig sind, die Entstehung ihres Geltungsanspruches zu rekonstruieren suchen. Sie wird ermitteln, worauf sich dieser Anspruch bezieht: etwa auf die Überlieferung und verbindliche Neuformulierung eines theologisch grundlegenden Themas (z.B. bei einer Bekenntnisbildung oder bei den Vorgängen, die der Formulierung eines Dogmas vorausgehen) oder auf ein »aktuelles«, d.h. zeitlich (vielleicht auch territorial) begrenztes Problem (z.B. das Auftreten einer Häresie, eine politische oder geistige »Herausforderung« an die Kirche, tiefgreifende historische Veränderungen usw.). Eine solche *Problemorientierung* ist, wie gesagt, historisch meist einigermaßen genau möglich, je nachdem, ob hinreichende Quellen und das geeignete methodische Instrumentarium für ihre Erschließung zur Verfügung stehen. Inwiefern hierbei aber auch ein Problem Systematischer Theologie – in dem unter 1.123 definierten Sinne – vorliegt, ist häufig schwer zu erkunden, weil es bisher kaum methodisch gesicherte Zugänge gibt, um die Feststellung und Lösung eines Problems im Zuge einer systematisch-theologischen Interpretation zu verfolgen. Wenn es sich speziell um kirchliche Problemkonstellationen handelt, wäre überdies die Praktische Theologie angefragt. Gerade diese Zusammenarbeit läßt jedoch meist sehr zu wünschen übrig; wir werden darauf noch eingehen.

Auch hier ist ein Paradigma am ehesten geeignet, mit der Aufgabe bekannt zu machen, vor die sich die Systematische Theologie hier gestellt sieht und die sie unter einem bestimmten Aspekt ihrer Interpretation zu bewältigen hat.

Beispiel:

In der Lehre von der Taufe spielt die Frage des Taufdatums (Kindertaufe contra Erwachsenentaufe) eine – in jüngster Zeit wieder intensiv erörterte – Rolle. Der dogmatische Differenzpunkt wird meist mit der Alternative formuliert: »Gottes Gnadentat in der Taufe, – d.h. unabhängig von der Disposition des Empfängers, wobei es im Blick auf das souveräne Zuvor des göttlichen Heilshandelns gleichgültig ist, ob der Täufling vorher seinen Glauben hat bekennen können oder nicht« – »Taufe als Bekenntnisakt des Glaubenden, – d.h. als Zeichen der Verpflichtung zum christlichen Leben, wobei das öffentlich vor der Gemeinde ausgesprochene Credo, ohne das die Taufe nicht als Akt am Täufling zu vollziehen ist, der Taufe voranzugehen hat«. Beiden Aussagen über die Taufe ist gemeinsam, daß die Heilsverheißung (Heilsmitteilung) und der Glaube als zusammengehörig gesehen werden sollen. Gleichwohl werden diametrale Konsequenzen gezogen, die auch Differenzen im Glaubensbegriff erkennen lassen. Eine klare systematische Distinktion wird jedoch nur dann möglich sein, wenn man nicht die Texte dem Schema »Taufe als Zuvor des Glaubens« oder »Glaube, der der Taufe vorhergeht« unterwirft, sondern die Probleme formuliert, die in dieser Alternative mitgemeint sind.

Für die reformatorischen Theologen ergaben sich derlei Probleme einerseits aus ihrer Auseinandersetzung mit der katholischen Sakramentspraxis und -lehre (Taufe als Tilgung der Erbsünde), in der sich eine Auffassung von der Konstitution der Kirche spiegelte, die auch das Verhältnis der Kirche zu ihrer Umwelt zu definieren hatte (Kirche als Institution des Heils, Kirchenzugehörigkeit). Die andere Front bildete die Täuferbewegung mit ihrer radikalen Institutionenkritik, die die Taufe nur als Verpflichtungszeichen anerkennen konnte.

Mit dieser Kontroverse, die auch soziologisch beschrieben werden kann, wurde die Frage berührt, wie Heil in unserer Welt in Erscheinung tritt, wie göttliches und menschliches Handeln sich zueinander verhalten und sich miteinander konkretisieren, wie der Glaube als begründet wahrgenommen werden kann und ob das Hineingestelltwerden in eine Gemeinschaft Vorrang vor dem eigenen aktiven Eintreten hat oder nicht.

Dieses Syndrom von Problemen ist in den Reformationskirchen nicht einheitlich berücksichtigt worden. Auf lutherischer Seite wurden einige Fragen für dominant erklärt, die bei den Reformierten mehr in den Hintergrund rückten (außerdem traten auch Differenzen zwischen Zwingli und Calvin zutage). In den lutherischen Bekenntnisschriften ist die Aufmerksamkeit auf die Gnaden- und Rechtfertigungslehre konzentriert worden – auf Aussa-

gen über die Prädominanz des Handeln Gottes und die Darstellung der sola gratia in der Taufe. Daraus wurde die Heilsnotwendigkeit der Säuglingstaufe gefolgert, womit ein auch empirisch deutlicher Konnex von theologischer Problemlösung (Theologumenon) und Ritus ausgesprochen war.
Was hat sich demgegenüber in unserer Zeit geändert? Die Kritiker der Kindertaufe weisen häufig auf die gewandelte kirchliche Situation hin: auf die Krise einer erstarrten Volkskirche, die den Taufakt zur bloßen Sitte ohne deklarativen Wert absinken läßt, auf die verkümmerte Bekenntnisbereitschaft und auf die Privatisierung des Glaubens. Es ist jedoch fraglich, ob diese Diagnose ausreicht, um festzustellen, welche Probleme sich tatsächlich ergeben haben. Es wäre beispielsweise zu fragen, inwiefern sich die kirchliche Situation verändert hat, oder ob sich hier der Skrupel einiger Theologen meldet, die in ihrer Taufpraxis unsicher geworden sind und nun nach einer »glaubwürdigeren« Praxis suchen – in der Erwartung, daß diese Praxis auch theologisch aussagekräftig ist, oder ob eine allgemein verbreitete antiinstitutionelle Skepsis auf Kirche und Theologie übergreift, oder ob sich der Glaubensbegriff verändert, oder ob sich das Reden vom Handeln Gottes wandelt.
Diese Erwägungen können an dieser Stelle nur angedeutet werden; die Problemfeststellung – sowohl die historische wie die zeitgenössische – müßte durch eine ausgedehnte Analyse geleistet werden.

Hinweise:
E. Hirsch, Hilfsbuch zum Studium der Dogmatik (1937), Berlin 1964[4], §§ 220 f. 356–366. 386 f. 396–398. 599 f. 702–705. – Die Bekenntnisschriften der evangelisch-lutherischen Kirche (1930), Göttingen 1967[6], S. 63. 246 f. 450. 535. 700 ff. 823. 1094. – *C. H. Ratschow,* Die eine christliche Taufe, Gütersloh 1972 (Bibliographie).

Was ist bei dem skizzierten Beispiel Aufgabe und Ziel systematisch-theologischer Interpretation? Aus den Texten ist das theologische Problem zu erheben, das hier zur Entscheidung steht. Es sind die Aussagen kenntlich zu machen oder erst zu formulieren, die theologisch beurteilt werden müssen. Was faktisch erörtert wird und was, weil bisher verdeckt, vielleicht erst zur Erörterung gebracht werden muß, was zum Dissensus führt und in vielfältiger Hinsicht (exegetisch, historisch, soziologisch usw.) zu legitimieren versucht wird, ist in den Zusammenhang theologischer

Aussagen zu stellen, um die vorhandenen Behauptungen und Anweisungen theologisch prüfen zu können.
Um derart die theologischen Probleme festzustellen, bedarf es der Zusammenarbeit mit der Praktischen Theologie. Ihre Erforschung des kirchlichen Handelns vermag den empirischen Ort theologischer Probleme ausfindig zu machen und den *Geltungsbereich* theologischer Aussagen zu umreißen. Sie kann feststellen, welche theologischen Probleme (im Sinne des in 1.123 Gesagten) maßgebend sind und welche faktische Relevanz sie unter den angegebenen Umständen besitzen. Bei unserem Beispiel zeigt sich u.a., daß zum Dissens über die Taufpraxis das theologische Problem des expliziten Redens von Gott gehört, verbunden mit dem Problem der Gestaltwerdung dieses Redens in einem bestimmten Handlungsvollzug, einer bekenntnishaften Sprachhandlung. Diese Erkundungen dürfen nicht empirisch nachweisbare Schwierigkeiten zu theologischen Problemen umstilisieren wollen. Sie haben die theologischen Probleme dort aufzusuchen, wo sie zur Sprache kommen – oder zur Sprache kommen müssen, wenn sie nicht bloß in akademischen Vorschriften für die Kirche, sondern in kirchlich-theologischer Verständigung gelöst werden sollen.

2.123 Erklärungshilfen

Bisher ist die systematisch-theologische Interpretation von Texten von den Interpretationshinsichten abgehoben worden, die die historischen Disziplinen der Theologie und die Praktische Theologie leiten. Nun gilt es, noch weitere Aspekte zu berücksichtigen, die in anderen Wissenschaften entwickelt worden sind und die erst allmählich Eingang in die Theologie finden. Mit diesen Interpretationsweisen, -methoden und -theorien wird zugleich das Verhältnis der Theologie zu anderen Wissenschaften (soweit sie sich mit theologischen Texten befassen) zur Diskussion gestellt. Hier sollen uns nur die arbeitspraktischen Fragen und Konsequenzen beschäftigen, die sich aus dieser Anwendung »außertheologischer« Methoden ergeben. Dagegen sollen die wissenschaftstheoretischen Probleme im Verhältnis der Theologie zu anderen Wissenschaften – also das sog. »interdisziplinäre Gespräch« mit seinen Möglichkeiten und Schwierigkeiten – außer Betracht bleiben. Wir beschränken uns also auch hier auf die propädeutisch wichtigen Hinweise.
Die Texte der Systematischen Theologie können – ebenso wie jeder andere Text auch – historischen, soziologischen, politologi-

schen, psychologischen und anderen Methoden unterworfen bzw. durch diese Methoden zugänglich gemacht werden. Es ist bei solchen Versuchen nicht ratsam und trägt für eine gründliche und qualifizierte Urteilsbildung, wie wir sie als das Ziel des systematisch-theologischen Studiums geschildert haben, wenig aus, wenn solche Unternehmungen von vornherein mit der Frage belastet werden, ob sie die Theologie fördern oder in ihrer Eigenart behindern. Ebensowenig sinnvoll wäre es, vorweg nach dem Mehr oder Weniger nichttheologischer Verfahren gegenüber theologischen Interpretationen zu fragen, ohne zuvor die hier herangezogenen Methoden und Theorien zur Kenntnis zu nehmen und ihre Leistungskraft zu prüfen. Geschieht das nicht, so wird eine sich als theologisch lupenrein wähnende Interpretation, die für methodische Unterschiede blind ist, Gefahr laufen, sich unter der Hand andere Erklärungsprinzipien anzueignen, als sie im Anspruch, »reine Theologie« zu treiben, für sich gelten lassen möchte.

Wie unterscheidet sich nun eine systematisch-theologische Interpretation, wie wir sie bisher skizziert und definiert haben, von solchen anderen Interpretationsabsichten und -aspekten? Der Unterschied läßt sich am besten mit Hilfe einer *Kontrollfrage* erkennen, die wir an eine bereits vorgenommene Interpretation anlegen oder der wir uns selbst beim eigenen Interpretationsversuch stellen: Soll die Interpretation das (empirische) Beziehungsgefüge theologischer Texte ermitteln, ist sie also darauf gerichtet, die *Konditionen* theologischer Aussagen zu erhellen – oder soll die Interpretation die *Konstitution* eines theologischen Argumentationsganges herausarbeiten? Handelt es sich um die Konditionen theologischer Texte und Aussagen, dann soll in aller Regel die Entstehung eines theologischen Textes erklärt werden, nämlich aus den historisch, soziologisch oder psychologisch feststellbaren Ursachen bzw. im Rückschluß auf die ebenso konstatierbaren Wirkungen. Wird indessen die Konstitution eines theologischen Argumentationsganges oder -zusammenhanges in den Blick genommen, dann bereitet Interpretation die theologische Wahrheitsprüfung von Aussagen vor (s. 2.31). Die Interpretation richtet sich also auf die Aussageintention der Texte selber. Diese ist nicht an den Geltungsproblemen interessiert, die die Geschichtswissenschaft, die Soziologie, die Psychologie usw. für ihre eigenen Tatsachenfeststellungen entwickelt haben. Sie bezieht sich vielmehr auf das Geltungsproblem der Theologie, genauer: auf die theologische Wahrheitsfrage. Das muß durchaus nicht heißen, daß soziologische, psychologische und andere Beobachtungen für eine umfassende Rekonstruktion theologischer Texte belanglos wären. Im Gegenteil: Weil beim Zustandekommen eines theologischen Textes in der Tat viele und vielfältige Faktoren mitwirken, kann es seiner Rekonstruktion nur zugute kommen, wenn diese Faktoren festgestellt und in ihrer Tragweite recht eingeschätzt werden. Die systematisch-theologische Interpretation faßt jedoch nur ein begrenztes Ziel der Rekonstruktion von Texten ins Auge, nämlich den theologischen Diskurs. So komplex ein theologischer Text auch sein mag – im Hinblick auf die anthropologischen, soziologischen, politischen Faktoren, die für ihn und in ihm eine Rolle spielen –, so wenig können diese Faktoren ermittelt und in ihrer Geltung überprüft werden, wenn das theologische Feststellungsverfahren mit einem soziologischen und vielleicht außerdem noch mit einem psychologischen vermischt wird. Ein Phänomen kann durchaus komplex sein und muß dementsprechend in verschiedener Hinsicht betrachtet werden – die Betrachtungsweisen selbst aber müssen klar voneinander geschieden werden, um zu der Beurteilung zu kommen, die dem jeweiligen Aspekt angemessen ist, und um dann insgesamt zu einer umfassenden, im echten Sinne systematischen Urteilsbildung zu gelangen.

Beispiel:
Bei dem im letzten Abschnitt (2.122) umrissenen Paradigma wurde angemerkt, daß die Taufkontroverse der Reformationszeit auch soziologisch beschrieben werden könne. Eine solche Betrachtung geht zunächst auf das Verhalten verschiedener Gruppen jener Zeit ein und registriert die Konflikte zwischen ihnen im Gesamt des damaligen sozialen Beziehungsgefüges (mit Rücksicht auf Institutionen, die Neubildung religiöser Gemeinschaften, die soziale Determination ihrer Führer und Glieder, Formationen und Fluktuationen, Sozialisationsfaktoren usw.). Auf dieses Material stützt sich die religionssoziologische Fragestellung, die ihr historisches Bild mit Hilfe bestimmter Vorstellungen vom Entstehen und von der Entwicklung religiöser Gruppen entwirft: Religion tritt als gemeinschaftliches und gemeinschaftsbildendes Verhalten in Erscheinung, in dem die Einstellung zur Wirklichkeit (der sozialen Umwelt wie aller erfahrbaren und durch geregelte Handlungen – z.B. Riten – zugänglichen Realität) zum Ausdruck kommt. Eine noch speziellere Auskunft verspricht die Wissenssoziologie. Ihre Forschungshypothese lautet: Wissen ist

die gemeinschaftliche Form der Daseinsbewältigung, die sich in der Auseinandersetzung mit der erfahrenen und als Gegenstand eigener Tätigkeit begegnenden Wirklichkeit herausbildet. Religiöses Wissen kommt zustande, wenn diese Wirklichkeit als universaler, allumfassender (also auch das Jenseits alltäglicher Realität umgreifender) Sinnzusammenhang begriffen wird; es entsteht ein Zugang zur Wirklichkeit, der sich in sozial wirksamen Handlungsweisen manifestiert. Taufpraxis und Tauflehre können dementsprechend geschildert und in ihren Wandlungen erklärt werden: als rituelle Bestimmung religiöser Gruppenzugehörigkeit, in der sich eine bestimmte religiöse Wirklichkeitsdeutung ausspricht, wie sie sich je nach dem Sozialverhalten der Gruppe, ihrer Mobilität oder ihrem Beharrungsvermögen, verändert.

Was ist bei derartigen Interpretationshinsichten, die durch soziologische, politologische, psychologische, psychoanalytische und andere Theorien erschlossen werden, zu beachten?

– Zunächst gilt es festzustellen, in welchem Verhältnis die derart beschriebenen Phänomene zu der theologischen Argumentation stehen, der – nach unserer bisherigen Bestimmung – das systematisch-theologische Interpretationsinteresse gilt. Schwerlich genügt eine bloße Sammlung und Sichtung von empirischen Daten, Vorgängen, Funktionen. Zu theologischen Diskursen werden solche Fakten erst in Beziehung gesetzt, wenn sie die theologische Argumentation hinsichtlich ihrer Ursachen, Wirkungen und Bedingungen erhellen können, wenn sie also für theologische Aussagen erklärungskräftig sind, indem sie die Konditionen dieser Aussagen rekonstruieren. Auf diese *Erklärungsabsicht* gilt es also zu achten, um abzuschätzen, inwiefern eine systematisch-theologische Rekonstruktion und Interpretation durch sie bereichert oder aber auch blockiert werden kann.

– Sodann sind die erklärungskräftigen Faktoren selbst kenntlich zu machen; solche Faktoren können entweder in den Texten selbst genannt werden, oder aber sie müssen indirekt erschlossen werden, um diese Texte in ihrem Zustandekommen, nach Maßgabe der vorausgesetzten Theorie und der angewandten Methode, anschaulich zu machen.

– Schließlich und vor allem kommt es darauf an, im Einzelfall den Regelkreis von Theorie, Methode und Gegenstandsfeld ausfindig zu machen und den Vorgang der Tatsachenfeststellung zu verfolgen. Was beispielsweise mit Hilfe einer sozialwissenschaftlichen Theorie als Faktum festgestellt wird, richtet sich nach der im einzelnen verwendeten Theorie, die ihrerseits die Methode steuert, mit der bestimmte Sachverhalte in bestimmter und methodisch nicht austauschbarer Weise kenntlich gemacht werden. Eine wissenssoziologische Befragung wird andere Ergebnisse erbringen als etwa eine systemtheoretische oder kommunikationstheoretische Analyse.

Es gehört zur systematisch-theologischen Urteilsbildung, über die Erklärungsabsichten Bescheid zu wissen, die von Wissenschaften vertreten werden, deren Theorien und Methoden in die Theologie Eingang finden, oder die sich theologischer Texte interpretierend annehmen. Mit diesen Erklärungsabsichten sind je spezifische Geltungsprobleme verbunden, die durch solche Theorien formuliert werden. Das z.B. durch die Soziologie insgesamt aufgeworfene und in den einzelnen soziologischen Theoriebildungen verschieden ausgelegte und ausgeführte Geltungsproblem besteht, summarisch gesprochen, in der Relevanz sozial fixierbarer Ursachen und Wirkungen, anders gesagt: in der Möglichkeit, durch die Rekonstruktion solcher Ursachen und Wirkungen nicht nur Einblick in vergangene soziale Prozesse zu erhalten, sondern auf gegenwärtige Prozesse Einfluß zu nehmen und durch die Kenntnis sozial bedeutsamer Faktoren die Mittel zu sozialer Steuerung in die Hand zu bekommen. An dieser Stelle wird der Boden der Propädeutik verlassen; wir müßten solche Positionsansprüche mit dem Selbstverständnis der Theologie vergleichen und wissen, auf welchem Feld wir uns jeweils befinden und welche Absicht wir verfolgen und verfolgen können. Bleiben wir jedoch im Rahmen der Propädeutik, so gewinnt die Erklärungshilfe der genannten Wissenschaften, ihrer Theorien und Methoden für die Systematische Theologie in zweierlei Hinsicht mittelbare Bedeutung für die eigene Interpretation und die Klärung ihrer Intentionen:

– Einmal gilt es zu bedenken, daß empirische Theoriebildungen im Laufe der neuzeitlichen Entwicklung der Wissenschaften immer häufiger als »plausibel« angesehen wurden und darum für die Beziehungen der Wissenschaften untereinander einen Anspruch auf die überzeugende Darstellung der Wirklichkeit einzulösen vermochten. Eine soziologische Beschreibung »zählt« für viele – auch innerhalb der Theologie – heute mehr, als ein klar durchgeführter theologischer Diskurs, auch wenn eine solche Beschreibung ausnehmend abstrakt und in ihren theoretischen Grundlagen wenig geklärt sein mag – sie vermittelt gleichwohl den Eindruck der Anschaulichkeit und Konkretheit. Mit diesem

Eindruck und seinem eigensten Geltungsproblem wird sich jede systematisch-theologische Interpretation auseinandersetzen müssen, wenn sie auch keinen Anlaß hat, deswegen kopfscheu zu werden.

– Zum anderen ist aber kaum zu bestreiten, daß die Faktoren, die der Erklärungsabsicht nichttheologischer Theorien und Methoden dienlich sind, in den Kontext theologischer Aussagen und Argumentationen gehören. Aus diesem Kontext sollte die systematische Interpretation nicht nur die theologischen Aussagen herausschälen, um sie theologisch zu prüfen (wozu methodisch eine Isolierung dieser Aussagen von ihren Entstehungsbedingungen nötig ist), sondern sie wird auch ihre faktische Verflechtung mit ihrem Kontext zu bedenken haben. Nicht etwa, um dem höchst allgemeinen, konturlosen und programmatischen Interesse an der »Geschichtlichkeit« und dem »Erfahrungsbezug« der Theologie Genüge zu tun! Das würde verlangen, soziale, anthropologische und andere Konditionen zu bedenken, um Theologie nicht abseits von der sog. Realität im Ghetto zu halten. Es gibt indessen Faktoren genug, die kommunikativ zusammen mit theologischen Argumenten und oft in einer schwer durchschaubaren Verflechtung mit ihnen in Erscheinung treten und die diagnostiziert werden müssen, um ihnen nicht unbesehen zu verfallen. Kommunikationsverzerrungen können entstehen, wenn mit dem Anspruch theologischer Argumentation in Wirklichkeit soziale Geltungsprobleme so gelöst werden, daß z.B. ein überaus sorgfältig geknüpftes Gedankengeflecht nur der sozialen Selbstbehauptung eines Theologen dient. Die Wahrheitsfrage der Theologie stellen zu können, setzt auch voraus, sich über solche Konditionen im klaren zu sein, sie abzuwägen und von ihnen nicht abzusehen, sondern auf sie einzuwirken. Oft genug kann der konkrete Weg zur theologischen Prüfung von Aussagen, zur theologischen Wahrheitsfrage also, nur gebahnt werden, indem die Bedingungen aufgedeckt und überwunden werden, die es verhindern, sich dieser Frage auch wirklich auszusetzen.

Hinweise:
J. B. Metz / T. Rendtorff (Hg.), Die Theologie in der interdisziplinären Forschung, Düsseldorf 1971. – *G. Sauter u.a.*, Wissenschaftstheoretische Kritik der Theologie, München 1973.

Bisher sind (in 2.112–2.123) Regeln und Kontrollfragen für die systematisch-theologische Interpretation genannt worden. Sie sollen theologische Argumente gewinnen und sie von Eindrük-

ken, assoziativen Äußerungen, Meinungen und Wertungen unterscheiden helfen. Derlei Mitteilungsweisen mögen reizvoll, fruchtbar, rhetorisch wichtig oder gar ausschlaggebend sein – sie können nur immer wieder von neuem bewertet werden, sind aber einer systematischen Beurteilung solange nicht zugänglich, als sie nicht in theologische Aussagen umgeformt werden können. Diese Rekonstruktion und Interpretation will nicht Wortgebilde präparieren unter Ausschluß der Menschen, von denen sie stammen, und der Situation, die ihr Reden geprägt hat. Aber die Wahrheit theologischen Redens kann von diesen Bedingtheiten nicht abhängig gemacht werden.
Die Wahrheitsfrage stellt sich vielmehr angesichts der Aussagen eines Textes, die selbst (nicht kraft der Autorität des Autors) Geltung beanspruchen. Um jedoch einen *Text* auch insgesamt *als Aussage* zur Kenntnis zu nehmen, eignet sich ein Interpretationsverfahren, das im folgenden vorgestellt werden soll. Es verspricht, das indirekte Gefüge der Beziehungen zu erschließen, in dem die Einzelaussagen stehen.

2.13 Strukturale Textanalyse als Verfahren der systematischen Theologie

2.130 Vorbemerkung

2.1301
Interpretation von Texten spielt nicht nur in den historischen Disziplinen der Theologie eine Rolle, sondern auch in der Systematischen Theologie. Der Interpretation kirchlich verbindlicher Lehrtexte kommt dabei eine besondere Stellung zu; vor allem in der katholischen Theologie ist dies ein wichtiges und zugleich sehr konfliktträchtiges Arbeitsfeld.

2.1302
Was die Interpretationsmethode betrifft, so haben die Verfahren der historisch-kritischen Methode auch in die Arbeit der Systematischen Theologie Eingang gefunden. Es hat jedoch den Anschein, daß dem Interpretationsinteresse der Systematischen Theologie damit noch nicht voll Genüge getan ist. Was man hier häufig als »Spekulation«, »Hermeneutik« usw. bezeichnet, geht darüber hinaus, ohne daß jedoch immer klar und eindeutig wäre, was damit methodisch gemeint ist.

2.1303
Zur Weiterentwicklung des systematischen Methodeninstrumentariums wird darum hier der Vorschlag gemacht, Verfahren, die in der strukturalen Textlinguistik entwickelt worden sind, auf das Problem des Umgangs mit Texten in der Systematischen Theologie anzuwenden. Dafür spricht einerseits die wachsende Bedeutung, die diesen Verfahren im Rahmen der Literaturwissenschaften zukommt, und zwar in Anwendung auf die verschiedensten Textarten; andererseits eine gewisse Affinität der strukturalen Textanalyse zu den Aufgaben der Systematischen Theologie. In der strukturalen Textanalyse spielen Kategorien wie System, Modell, Struktur, Funktion usw. eine wichtige theoretische und methodische Rolle, die bereits fruchtbare interdisziplinäre Beziehungen zwischen Sprach- und Literaturwissenschaften einerseits, Kultur- und Sozialwissenschaften andererseits möglich gemacht haben. Es ist zu vermuten, daß dies auch für die Arbeit der Systematischen Theologie von Bedeutung sein könnte.

2.1304
Dabei ist die Schwierigkeit nicht zu übersehen, die darin liegt, daß es sich bei der sog. strukturalen Textanalyse noch nicht um eine in jeder Weise durchorganisierte und wissenschaftlich allseits anerkannte Methode handelt, sondern eher um ein Bündel von Verfahren, das weiterentwickelt und erprobt werden muß. Der experimentelle Charakter des Folgenden ist darum deutlich zu unterstreichen.

2.131 Methodische Grundsätze
2.1311 Vorrang der Synchronie
Als erstes Grundcharakteristikum der strukturalen Textsemantik ist der Vorrang der Synchronie vor der Diachronie anzusehen. Das heißt: Das primäre Interesse gilt nicht der Vorgeschichte / Nachgeschichte des Textes bzw. einzelner Textelemente, sondern der in der Gleichzeitigkeit des vorliegenden Textes gegebenen komplexen Bedeutungseinheit. Es wird der Versuch gemacht, den Text zunächst als ein in sich funktionierendes Ganzes zu begreifen.
Erst danach ist der diachrone Gesichtspunkt von Interesse, auf Grund dessen Textstrukturen verglichen, ihre Kongruenzen und Differenzen herausgearbeitet werden. Der Text wird also gewissermaßen als »Monade«, als in sich kohärente Einheit behandelt. Die Aufmerksamkeit schweift nicht über den vorliegenden Text

hinaus, sondern ist voll und ganz konzentriert auf das umgrenzte Phänomen des Textes. Mit diesem Erkenntnisinteresse setzt sich die Textlinguistik ab von der traditionellen historisch-kritischen Methode, insofern diese die Bedeutung des Textes zu ermitteln sucht, indem sie ihn auf seine historische Genese und seine historischen Umstände und Bedingungen bezieht. Sie läßt ebenfalls zunächst den hermeneutischen Zirkel außeracht. Der Hörer/Leser läßt sich nicht ein in das kreisende Wechselspiel eines fortschreitenden Verstehensprozesses, sondern er distanziert den Text bewußt von seinen persönlichen Rezeptionsinteressen und -bedingungen. Die textimmanente Resonanz steht im Vordergrund des Interesses, nicht die Resonanz auf den variablen Hörer/Leser.

Bei komplexen Phänomenen – und Texte sind komplexe und vieldimensionale Phänomene – die Untersuchungsbedingungen und -interessen einzuschränken, ist ein legitimes wissenschaftliches Vorgehen. Nur muß man sich der beschränkten Gültigkeit eines solchen Vorgehens bewußt bleiben. Die Kritik setzt zu Recht ein, wenn die strukturanalytische Methode sich reduktionistisch als alleinseligmachende einrichtet. Panstrukturalistische Heilslehren vermeidet man am besten, indem man strukturanalytische Verfahren in ihren Grenzen legitimiert und durch andere Verfahren ergänzt und relativiert.

2.1312 Semantische Kohärenz

Die strukturale Textsemantik geht davon aus, daß der zu untersuchende Text eine relativ in sich geschlossene Bedeutungsgesamtheit darstellt, in der kein Element bedeutungslos ist. Die semantische Kohärenz des Textes ist vorausgesetzt. Die Voraussetzung gilt keineswegs nur für überschaubare Mikrotexte (Gleichnis, Psalm, Erzählung, Symbolum usw.), sondern auch für Makrotexte (Evangelium, Brief), ja auch für umfangreichere Textkomplexe (z.B. das Corpus der Paulinischen Briefe, den Pentateuch, die Schriften Augustins usw.). Hierbei stellt sich natürlich das Problem der Beziehung zur historisch-kritischen Methode. Einen Text als semantisch einheitlich zu supponieren, ist problemlos, wenn durch außertextliche Informationen gewährleistet ist, daß es sich um einen Textkomplex handelt, der als Einheit behandelt werden kann (z.B. historisch eindeutig überlieferte Identität des Autors). Schwieriger ist es, wenn, wie bei vielen biblischen aber auch theologiegeschichtlichen Texten, die Einheit oder Abgrenzung von Texten unsicher oder umstritten ist. Hier kehrt sich das Verhältnis von historischer und strukturaler Methode um. Nicht die historische Wissenschaft ermittelt aufgrund textexterner Nachrichten, daß es sich um einen als Einheit anzunehmenden Text handelt, sondern die strukturale Analyse setzt bei einem bestimmten Textkomplex hypothetisch semantische Einheit voraus. Möglicherweise läßt sie sich nicht nachweisen oder die semantischen Spannungen des Textes lassen sich nur auf einer hohen, sehr allgemeinen Ebene noch als kohärent aufzeigen. Sind die semantischen Spannungen von Textstücken zueinander oder zum Ganzen sehr stark, so können diese semantischen Textinkohärenzen Anlaß sein, innerhalb einer sich anschließenden historischen Analyse zu prüfen, ob es sich hier um die Folgen eines bestimmten geschichtlichen Entstehungsprozesses handelt. Strukturanalytische und historische Forschung sind also durchaus aufeinander angewiesen und bezogen.

2.1313 Rekonstruktion des Textes

Die semantische Kohärenz des Textes wird in der strukturalen Methode hypothetisch vorausgesetzt, und die strukturale Analyse zielt darauf, diese Hypothese zu bewähren, d.h. die semantische Einheit des Textes sichtbar zu machen. Sie versucht das, indem sie den Text in semantische Einheiten zerlegt und deren Korrelationen ermittelt. Es handelt sich um eine Rekonstruktion des Textes, die zutage treten lassen soll, nach welchen Regeln er komponiert ist und funktioniert. Damit ist keine kausale Erklärung dafür gemeint, wie der Text faktisch historisch entstanden ist; es geht nur um die innere semantische Organisation des Textes.

2.1314 »Welt« des Textes

Bei der semantischen Rekonstruktion wird der Text gleichsam als »Welt«, als »Mikrouniversum« betrachtet, als Raum, in dem Wirklichkeit in bestimmter Weise modelliert und strukturiert wird. Während nun z.B. Erzähltexte Wirklichkeit in der Weise modellieren und strukturieren, daß sie Zustände einer Welt und Ereignisse in einer Welt erzählen, scheint es auch Texte zu geben, die auf die Strukturen von Wirklichkeitsmodellen selbst, auf ihre Klärung, Fixierung, Neuorganisation usw. gerichtet sind. Es hat den Anschein, daß viele theologie- und dogmengeschichtliche Texte hierzu zu rechnen sind.

2.1315 Diachroner Vergleich – Dialektik

Als Grundcharakteristikum strukturaler Textsemantik wurde der Vorrang der Synchronie vor der Diachronie herausgestellt. Es handelt sich um einen Vorrang, nicht etwa um die Tilgung des diachronen Moments. Es ist vielmehr sinnvoll und notwendig, die »Welt« des Textes mit anderen »Welten« zu vergleichen; das Anliegen der strukturalen Methode ist es nur, daß Strukturen, Modelle miteinander in Beziehung gesetzt und verglichen werden und nicht isolierte Elemente (einzelne Worte oder Sätze). So kann die »Welt« eines Textes eingebettet werden in die soziokulturelle »Welt« seiner Zeit, oder auch der Gegenwart; dabei kommen Ansätze einer strukturalen Kultur- und Gesellschaftstheorie, Wissenssoziologie usw. ins Spiel. Sie kann auch systematisch verglichen werden mit der »Welt« früherer oder späterer Texte. Dabei können Entsprechungen und Divergenzen hervortreten, die nicht bloß als Phasenmomente auf einer historischen Entwicklungslinie einzutragen sind, sondern ebensosehr die systematische Bedeutung typischer Alternativen gewinnen können. Sofern man sich nun nicht mit der distanzierten Beschreibung eines Feldes solcher Alternativen begnügen will, sondern zur reflexiven gegenwärtigen Aneignung von Sinn übergeht, geraten die Alternativen auch in Konflikt zueinander, zeigen ihre Stärken und Schwächen. In der Dialektik der Modelle vollzieht sich der Kampf um den Sinn, der mit keinem Modell endgültig und ein für allemal zur Deckung zu bringen ist. So stünde die modelltheoretische Methode der Systematischen Theologie in der Nachfolge der »erkenntnistheoretischen« Passagen 1. Kor 13,9–13.

2.132 Exemplarische Analyse 1. Teil

2.1321 Zur Auswahl des Textes

Zur exemplarischen Demonstration der strukturalen Textanalyse ist der auf dem Konzil von Trient verabschiedete Lehrtext über die Erbsünde ausgewählt; ein Text, der historisch in der evangelisch-katholischen Kontroverse des 16. Jhdts. seinen Ort hat und der zugleich in der modernen katholischen Theologie selbst wiederum sehr umstritten ist. Vielleicht kann gerade an einem solchen Text am besten erprobt werden, ob bestimmte Methoden zu einer nüchternen, selbständigen theologischen Urteilsbildung beitragen können, die ja das Ziel der Systematischen Theologie ist.

2.1322 Text des dogmatischen Lehrentscheids
Konzil von Trient, 5. Sitzung: Dekret über die Erbsünde. Lateinischer Text bei *H. Denzinger / A. Schönmetzer (Hg.)*, Enchiridion symbolorum, definitionum et declarationum de rebus fidei et morum, Freiburg und Barcinone 1973[35], 1511-1516; deutsche Übersetzung nach *J. Neuner / H. Roos (Hg.)*, Der Glaube der Kirche in den Urkunden der Lehrverkündigung (neu bearb. von K. Rahner / K.-H. Weger), Regensburg 1971[8], Nr. 220–226.

Kanon 1
Wer nicht bekennt: Nachdem Adam, der erste Mensch, das Gebot Gottes im Paradies übertreten hatte, verlor er sogleich die Heiligkeit und Gerechtigkeit, in die er eingesetzt war, und zog sich durch die Beleidigung dieses Sündenfalls den Zorn und die Ungnade Gottes und somit den Tod zu, den Gott ihm vorher angedroht hatte, und mit dem Tode die Haft unter der Macht dessen, der daraufhin die Herrschaft des Todes innehatte, d.h. des Teufels, und der ganze Adam wurde durch diese Beleidigung des Sündenfalls an Leib und Seele zum Schlechtern gewandelt: der sei ausgeschlossen.

Kanon 2
Wer behauptet: Adams Sündenfall hat nur ihm, nicht aber seiner Nachkommenschaft Schaden zugefügt, und er hat die von Gott empfangene Heiligkeit und Gerechtigkeit, die er verloren hat, nur für sich, nicht aber für uns verloren; oder: befleckt durch die Sünde des Ungehorsams hat er nur den Tod und die körperlichen Strafen auf das ganze Menschengeschlecht übertragen, nicht aber auch die Sünde, die der Tod der Seele ist: der sei ausgeschlossen. Denn er widerspricht dem Apostel, der sagt: »Durch den einen Menschen ist die Sünde in die Welt eingetreten und durch die Sünde der Tod, und so kam der Tod über alle Menschen, in ihm haben alle gesündigt« (Röm 5,12).

Kanon 3
Wer behauptet: Diese Sünde Adams, die in ihrem Ursprung *eine* ist und durch Abstammung, nicht durch Nachahmung, übertragen, allen innewohnt und jedem zu eigen ist, kann durch die Kräfte der menschlichen Natur oder durch ein anderes Heilmittel hinweggenommen werden, als durch das Verdienst des einen Mittlers, unseres Herrn Jesus Christus, der uns in seinem Blut mit Gott wiederversöhnt hat, »da er für uns Gerechtigkeit, Heiligung und Erlösung wurde« (1. Kor 1,30); oder wer leugnet, daß eben dies Verdienst Jesu Christi durch das Taufsakrament, das richtig in der Form der Kirche gespendet wird, den Erwachsenen sowohl wie den Kindern mitgeteilt wird: der sei ausgeschlossen.
Denn »kein anderer Name ist den Menschen unter dem Himmel gegeben, in dem wir Heil finden sollen« (Apg 4,12). Daher jenes Wort: »Schaut da Gottes Lamm, das die Sünden der Welt hinwegnimmt« (Joh 1,29) und jenes andere: »Ihr alle, die ihr getauft seid, ihr habt Christus angezogen« (Gal 3,27).

Kanon 4
Wer leugnet, daß die neugeborenen Kinder getauft werden müssen, auch wenn sie von getauften Eltern stammen; oder wer sagt, daß sie zwar zum Nachlaß der Sünden getauft werden, aber sich nichts von einer Erbsünde von Adam her zuziehen, was zur Erreichung des ewigen Lebens im Bad der Wiedergeburt getilgt werden müßte, woraus sich ergibt, daß bei ihnen die Form der Taufe »zum

Nachlaß der Sünden« nicht im wahren, sondern im falschen Sinn verstanden wird: der sei ausgeschlossen. Denn was der Apostel gesagt hat: »Durch den einen Menschen ist die Sünde in die Welt eingetreten und durch die Sünde der Tod, und so kam der Tod über alle Menschen, in ihm haben alle gesündigt« (Röm 5,12), das darf man nicht anders verstehen, als wie es die katholische Kirche, die überall verbreitet ist, immer verstanden hat. Wegen dieser Glaubensregel nämlich werden nach apostolischer Überlieferung auch die Kinder, die selbst noch keinerlei Sünden begehen konnten, deshalb wahrhaft zur Vergebung der Sünden getauft, damit in ihnen durch die Wiedergeburt (regeneratio) gereinigt werde, was ihnen durch die Zeugung (generatio) anhaftet. Denn »wer nicht wiedergeboren ist aus dem Wasser und dem Heiligen Geist, der kann nicht eintreten in Gottes Reich« (Joh 3,5).

Kanon 5
Wer leugnet, daß durch die in der Taufe verliehene Gnade unseres Herrn Jesus Christus die Schuld der Erbsünde nachgelassen wird, oder auch behauptet, nicht alles werde hinweggenommen, was das wirkliche und eigentliche Wesen der Sünde ausmacht, sondern sagt, diese werde nur obenhin abgeschabt oder nicht angerechnet, der sei ausgeschlossen. Denn in den Wiedergeborenen haßt Gott nichts, weil »nichts Verdammenswürdiges in denen ist«, die wirklich »mit Christus durch die Taufe in den Tod mitbegraben sind« (Röm 6,4), »die nicht nach dem Fleische wandeln« (Röm 8,1), sondern den alten Menschen ausgezogen und den neuen angezogen haben, der nach Gott geschaffen ist (Eph 4,22; Kol 3,9), ohne Fehl, unbefleckt, rein, schuldlos und so von Gott geliebte Söhne geworden sind, Erben Gottes, Miterben Christi (Röm 8,17), so daß sie gar nichts mehr vom Himmel zurückhält. Daß aber in den Getauften die Begierlichkeit oder der »Zündstoff« (fomes = Zunder) zurückbleibt, das bekennt und weiß die heilige Kirchenversammlung. Da sie aber für den Kampf zurückgelassen ist, kann sie denen, die nicht zustimmen, sondern mannhaft durch Christi Jesu Gnade Widerstand leisten, nicht schaden. Vielmehr: »Wer recht kämpft, wird gekrönt werden« (2 Tim 2,5). Wenn der Apostel diese Begierde gelegentlich Sünde nennt, so erklärt die heilige Kirchenversammlung, daß die katholische Kirche ihre Benennung als Sünde niemals so verstanden hat, daß in den Wiedergeborenen wirklich und eigentlich Sünde wäre, sondern weil sie aus der Sünde stammt und zur Sünde geneigt macht. Wer das Gegenteil denkt, der sei ausgeschlossen.

Kanon 6
enthält die Erklärung, daß Maria von den Erklärungen dieses Erbsündendekrets ausgenommen ist.

2.1323 Gliederung und Rahmenformel

Der dogmatische Text über die Erbsünde ist gegliedert in sechs Kanones. Abgesehen von dem eine Vorbehaltsklausel enthaltenden sechsten Kanon, ist jeder Kanon gerahmt durch die stereotype Formel:

»Wenn jemand nicht bekennt
Wenn jemand leugnet
behauptet – so sei er im Banne (Anathema sit).«

Der Text formuliert Bedingungen für den Bann, d. h. für den Ausschluß aus der Gemeinschaft der Kirche. Der Konzilstext betrachtet die Kirche als eine Institution, deren Mitglieder durch das Ja oder Nein zu bestimmten Sätzen gebunden sind. Die Leugnung (bzw. Zustimmung) zu bestimmten theoretischen Lehren, d. h. zu einer in Aussagesätzen formulierten Sinnwelt wird mit juristischen Sanktionen belegt. Diese Textgattung entstammt einem akuten Abgrenzungsbedürfnis und zielt auf Grenzziehung und Profilierung gegenüber rivalisierenden Gruppen (beim Trienter Konzil sind das vor allem die verschiedenen reformatorischen Gruppen). Die Verwischung der Grenzen erscheint als bedrohlich.

Innerhalb der Textwelt des Christentums stellen solche Texte nur einen Teil, aber eben einen institutionell höchst wirksamen und folgenreichen Teil dar. Gegenüber Texten, die Erfahrungen artikulieren, mitteilen, ermöglichen (Erzählungen, Lieder, Gebete, Sprüche, Liturgien), sind dogmatische Texte deutlich sekundär. Wenn man an den elementaren religiösen Sünden- und Bußerfahrungen interessiert ist, so sollte man sich primär Erzählungen zuwenden, wie denen von Adam und Eva, Kain und Abel, David und Batseba, vom Verlorenen Sohn, Bußpsalmen und Liturgien. Dogmen treten erst dann auf, wenn ein bestimmter theologischer Lehrstreit für den sozialen Zusammenhalt der Kirche relevant zu werden scheint.

2.1324 Thematische Analyse der einzelnen Kanones

Der tridentinische Lehrtext über die Erbsünde ist in fünf Kanones gegliedert. Für die strukturale Textanalyse ist eine wichtige Frage, ob es sich hier um einen einheitlichen Text, d. h. um eine in fünf Teile gegliederte Gesamtaussage, oder um eine Summierung von Teilsätzen handelt. Das ist im Blick auf die gegenwärtige Auseinandersetzung von Bedeutung; diese entzündet sich zunächst an Einzelsätzen der Erbsündenlehre, und es liegt von daher nahe, anstößige Einzelsätze umzuinterpretieren oder als peripher einzustufen, um so das Ganze bzw. den substantiellen Kern verständlich und akzeptabel zu machen. Aus dem oben entwickelten theoretischen Ansatz der strukturalen Analyse ergibt sich, daß hier zunächst von der Hypothese einer zusammenhängenden Gesamtaussage ausgegangen wird. Diese Hypothese ist zu überprüfen durch den Versuch, ein Strukturmodell des Gesamttextes zu erstellen. Da der Lehrtext bereits in fünf Einheiten gegliedert ist, bietet sich als Verfahren die thematische Analyse der einzelnen Einheiten an. Die thematische Analyse zielt darauf, das Bedeutungsmerkmal oder Bündel von Bedeutungsmerkmalen festzustellen, das wie ein Magnet die Worte der betreffenden Textsequenz um sich versammelt und strukturiert. Aus dem Zusammenhang dieser Einzelthemen läßt sich dann die Thematik des Gesamttextes, die den Bedeutungsrahmen für alle einzelnen Elemente schafft, rekonstruieren.

Kanon 1
Thematische Mitte dieses Textstücks ist eine Grenzüberschreitung (transgressio): Adam, der erste Mensch, hat den Auftrag Gottes (mandatum) überschritten. Diese Mandatsüberschreitung wird zusätzlich als Pflichtverletzung und Verrat an der anvertrauten Sache (praevaricatio) und Beleidigung Gottes (offensa) interpretiert. Für Adam ist sie nicht Zugewinn, sondern Verlust und Minderung. Die ursprüngliche Konstitution Adams »in Heiligkeit und Gerechtigkeit« geht verloren; die Konstitution nach der Grenzüberschreitung ist im Gegensatz dazu bestimmt durch »Zorn und Unwillen Gottes« und in Konsequenz davon (atque ideo): Tod, Gefangenschaft unter der Macht des Teufels als des Machthabers des Todes, Schwächung und Minderung an Leib und Seele.

Kanon 2
Thematische Mitte dieses Kanons ist wiederum eine Grenzüberschreitung, diesmal eine Übertragung (transfusio): mit der anfänglichen Grenzüberschreitung und ihren schädlichen Folgen ist der erste Mensch nicht in den Grenzen seiner Person geblieben, sondern hat das ganze Menschengeschlecht geschädigt. Das Ereignis der Grenzüberschreitung Adams ist nicht das Ereignis einer partikulär – individuellen Geschichte, sondern ein die Situation der gesamten Menschheit konstituierendes Ereignis. Der durch dieses Ereignis eingetretene Zustand wird übertragen auf das ganze Menschengeschlecht; und zwar in allen seinen Dimensionen, sowohl in der Relation zu Gott (Zustand der Sünde und Schuld) wie in der Beschädigung der leiblich-seelischen Konstitution.

Kanon 3
Im ersten Teil des Kanons wird zunächst die in Kanon 2 eingeführte Übertragung noch näher bestimmt: 1. Die auf das gesamte Menschengeschlecht übertragene Adamssünde ist vom Ursprung her eine einzige, dennoch ist sie jedem Glied des Menschengeschlechts eigen; die Rückführung des Zustands des Menschengeschlechts auf die Sünde Adams wird nicht als Entschuldigung des einzelnen verstanden. 2. Die Übertragung geschieht: »propaga-

tione non imitatione«, d. h. durch Fortpflanzung, nicht durch Nachahmung/Beispiel/Vorbild/Erziehung. Sie geschieht nicht als soziale und pädagogische Einflußnahme, sie geschieht vorgängig zu jeder möglichen Freiheitsentscheidung. Der zweite Teil des Kanons bespricht die Aufhebung des übertragenen Sündenzustands. Er ist durch die Kräfte der menschlichen Natur oder sonst anderer Hilfsmittel nicht aufhebbar, sondern nur durch das Verdienst des einen Mittlers Jesus Christus. Der *eine* Mittler Jesus Christus entspricht dem *einen* Übertreter Adam. Das *eine* Ereignis der Versöhnung »in seinem Blut« entspricht der *einen* Übertretung und Erregung von Zorn und Unwillen Gottes durch Adam. Das versöhnende Verdienst Christi wird dem einzelnen zugewendet und auf ihn angewendet durch das Sakrament der Taufe. Das Sakrament der Taufe als Anwendungsvorgang des Verdienstes Christi entspricht der Übertragung der Adamssünde durch die Fortpflanzung. Daß diese Entsprechung intendiert ist, wird gestützt durch die Gegenüberstellung von »Geburt« und »Wiedergeburt« (= Taufe) im vierten Kanon. Daß hier das an sich zu erwartende Element »Glaube« fehlt, ist nicht Zufall (die Entstehungsgeschichte des Textes zeigt, daß die Erwähnung des Glaubens an dieser Stelle durchaus erwogen, dann aber bewußt verworfen wurde). Anstelle der freien und willentlichen Aneigung des Ereignisses Christi durch den Glauben des Subjekts steht die sakramentale Anwendung. So wie der einzelne sich die Adamssünde vorgängig zu seiner Freiheit zugezogen hat, so wird das Verdienst Christi ihm vorgängig zu seiner Freiheitsentscheidung sakramental zugeeignet. Dabei wird zur Taufe eigens vermerkt, daß es sich um die in kirchlicher Form rechtmäßig erteilte Taufe handelt. Die Taufe wird nicht bloß als Zuwendung des Verdienstes Christi, sondern als rechtlich geregelter Akt der Inkorporation in die Kirche verstanden. Abschließend werden als Objekte der Zuwendung und Anwendung sowohl Erwachsene wie Kinder bezeichnet. Der Sinn dieser Differenzierung wird im Kanon 4 entwickelt.

Kanon 4

Thematische Mitte des Kanons ist die Taufe neugeborener Kinder. Sie müssen getauft werden, auch wenn sie in sich, also in eigener Freiheit und Verantwortung noch keine Sünde begehen konnten, da die Sünde Adams ja vorgängig zu jeglicher Freiheit auf sie übertragen wurde und zur heilsnotwendigen Tilgung dieses Sündenzustands die Taufe einziges Mittel ist. Aus demselben Grund kann auch das Getauftsein der Eltern nicht von der Notwendigkeit der Kindertaufe dispensieren.

Kanon 5

Thema dieses Kanons ist eine Grenzziehung, die in bezug auf die Ursünde durch die Taufe vorgenommen wird. In der Taufe wird alles nachgelassen und aufgehoben, was Sünde und Schuldverpflichtung ist im Komplex dessen, was durch die Grenzüberschreitung Adams eingetreten ist. Es handelt sich um eine wirkliche Aufhebung, nicht bloß um ein Abschaben oder Nicht-Anrechnen. Nicht aufgehoben wird das, was »Konkupiszenz« (Begehrlichkeit) genannt wird. Konkupiszenz ist nicht Sünde im eigentlichen Sinne, es ist etwas, was von der Sünde herkommt und zur Sünde neigt. Es ist die aus der Ursünde herkommende, durch die Taufe von dieser Herkunft abgetrennte, aber im Getauften bleibende Neigung zur persönlichen Sünde.

Dieses Phänomen wird hier in drei Symbolfeldern beschrieben:

(1) Als Konkupiszenz = Begehrlichkeit, d. h. als unwillentlicher Trieb, Drang, Sog, Lockung über die Grenze hinaus, als begehrliche Unruhe, sich das anzueignen und einzuverleiben, was man noch nicht hat.

(2) Als »Neigung« zur Sünde; hier wird das alte Symbol der Sünde als »Fall« aufgenommen; wer sündigt, gibt nach, rutscht ab, stürzt, fällt und dazu hat auch der Getaufte eine Schwäche und Neigung.

(3) Als »fomes peccati« = »Zunder der Sünde«. Hier wird das Symbolfeld von Feuer und Flamme aufgenommen. Durch die Taufe ist das Feuer gelöscht, aber der Brennstoff ist geblieben. Das Feuer kann von außen auf den Getauften überspringen; es findet Zündstoff, der Getaufte bleibt für die Sünde entflammbar und erregbar.

Die Symbolik von »Konkupiszenz – Neigung – Zunder« gibt zu verstehen, daß es sich hier um eine komplexe Erfahrung des spannungsgeladenen Vorfelds von Sünde und Schuld handelt, die je nach Zeit, Ort und Person mit unterschiedlichen Dominanten realisiert wird. Von der Konkupiszenz wird erklärt, sie sei dem Getauften zum Kampf (ad agonem) gelassen. Für die, die nicht zustimmen und mannhaft durch die Gnade Christi Widerstand leisten, ist sie unschädlich. Schädlich wird sie für die Getauften nur über die Freiheit. Durch die Trennung von Sünde/Schuld und Konkupiszenz wird der Getaufte in eine Kampfexistenz eingesetzt, wobei die Gnade Christi zugleich als Stärkung der

Widerstandskraft verstanden wird. Die Differenz von Sünde/Schuld und Konkupiszenz im Kanon 5 entspricht der Differenz, die im Kanon 1 schon erkennbar ist. Doch ist im Gesamttext nicht eindeutig ausgeführt, wie sich Tod, Herrschaft des Teufels als des Machthabers des Todes, Schwächung von Leib und Seele zu Konkupiszenz/Zunder/Neigung verhalten.

Kanon 6 ist eine Vorbehaltsklausel; der Fall Marias wird bewußt ausgeklammert.

2.1325 Gesamtthematik und Modell

Betrachtet man den abschließenden sechsten Kanon als angehängte Klausel, so wird die Thematik in fünf Kanones entwickelt, wobei der mittlere dritte Kanon die thematische Mitte darstellt. Von hier wird das zentrale Beziehungsfeld des gesamten Lehrtextes aufgebaut:

Adam	Christus
Mandatsverletzung	Verdienst
Ursünde	Versöhnung
Übertragung durch Fortpflanzung	Anwendung durch Sakrament der Taufe
Menschengeschlecht	Kirche

Der Text baut ein Weltbild, ein universales, die Gesamtwirklichkeit strukturierendes Modell auf. Dieses Weltmodell enthält eine grundlegende Grenze, die den universalen Raum der Wirklichkeit in zwei verschiedene Teile teilt, die in Opposition zueinander stehen. Die strukturale Mythen- und Kulturforschung hat gezeigt, daß eine solche binäre Organisation ein Charakteristikum vieler kultureller Weltmodelle ist. Die Gliederung ist erschöpfend, sie enthält eine Ortsanweisung für jeden, niemand steht außerhalb dieser Gliederung. Jeder (Kinder nicht ausgenommen) gehört entweder dem einen oder dem anderen Teil an. Beide Teile sind mit elementaren Wertprädikaten versehen: der eine ist die Region des Unheils, der andere die Region des Heils; der Übergang von der ersten in die zweite ist aus eigener Kraft nicht möglich. Das Sakrament der Taufe ist das Ereignis des Grenzübergangs. Dieses Weltmodell enthält – wie jedes kulturelle Wirklichkeitsmodell – eine Orientiertheit; es ist das Weltmodell der Text-Träger. Die Perspektive der Text-Träger (hier: die Kirchenversammlung des Konzils) gibt dem Weltmodell die Orientierung nach dem Schema:

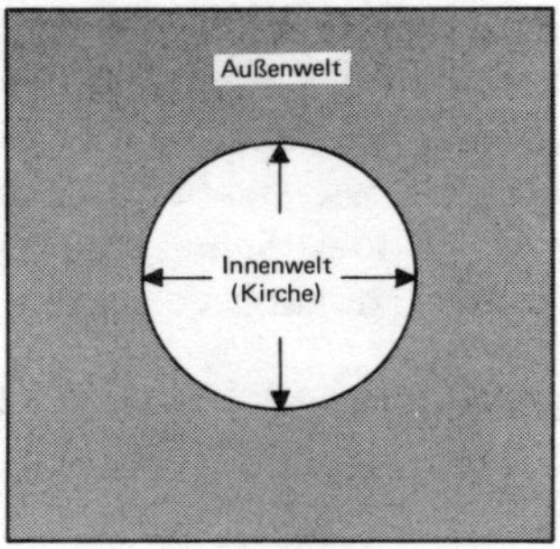

Innenwelt – Wir / Kirche / Region des Heils / Bereich Christi
Außenwelt – Sie / Menschengeschlecht / Region des Unheils / Bereich Adams
Die beiden Teilräume stehen jedoch in einem dynamischen Verhältnis zueinander. Jeder gehört primär aufgrund von Geburt der Außenwelt an und wird erst sekundär aufgrund der Taufe (als Wiedergeburt) in die Innenwelt inkorporiert. Die Opposition zwischen Innenwelt und Außenwelt wird nur, was den durch Fortpflanzung übertragenen Schuldzustand betrifft, schwarz/weiß gesehen:

Was das komplexe Gesamtphänomen angeht, wird nur der Schuld/Sünde-Anteil durch die Taufe aufgehoben, die Konkupiszenz bleibt. Der Konkupiszenzbegriff stellt sich also als wichtiger Begriff zur Beschreibung der Gemeinsamkeit von Innen- und Außenwelt heraus.

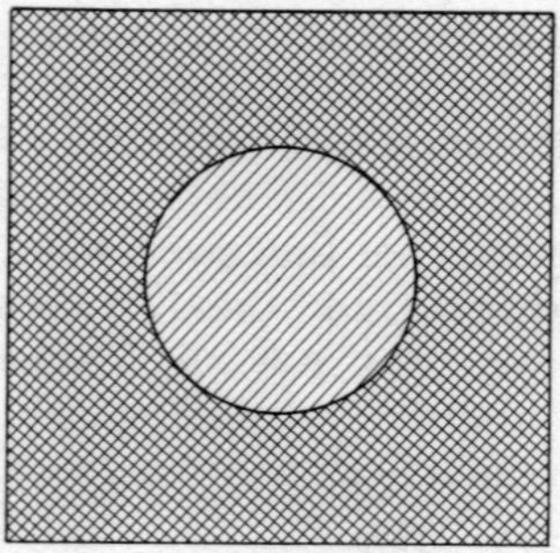

2.1326 Interesse-Erfahrungen-Glaube

In unserer Strukturanalyse hat sich ein relativ geschlossenes Weltmodell rekonstruieren lassen. Die einzelnen thematischen Elemente sind nicht je für sich als isolierte Begriffe und Sätze, sondern als funktionale Elemente in diesem Modell von Bedeutung. Bei der Behauptung oder Bestreitung von Einzelsätzen muß man das in Rechnung stellen.

Das rekonstruierte Weltmodell ist aus der Perspektive der Text-Träger, d. h. der Väter des Trienter Konzils als der offiziellen Repräsentanten der Kirche orientiert. Das Abgrenzungsinteresse der Rahmenformel zeigt sich auch als immanentes Interesse des Gesamttextes. Die kirchlich gültig erteilte Taufe fungiert als Grenzübergang zwischen Unheil und Heil. Darin artikuliert sich:

a) Der universelle und exklusive Heilsanspruch der Repräsentanten der Innenwelt: außer der Kirche kein Heil (extra ecclesiam nulla salus).
b) Die entscheidende Funktion der sakramentalen Heilsvermittlung. Die mittelalterliche Kirchengeschichte, speziell die Dogmengeschichte (Abendmahlsstreitigkeiten usw.), die Frömmigkeitsgeschichte (Reliquienkult usw.), die Missionspraxis (nicht zuletzt bei der parallel zum Trienter Konzil betriebenen Eroberung Lateinamerikas) zeigt das dominierende Interesse der mittelalterlichen Christenheit an der leiblich-sichtbar-realistischen Heilsvermittlung.

Dieses in der Taufe verankerte doppelte Interesse fungiert als Kristallisationskern der adamologischen und christologischen Aussagen, aus denen der Sinn- und Begründungshorizont der Texte aufgebaut ist. Kirche, Taufe, kirchliche Ansprüche und Forderungen sind soziale Tatbestände der jedermann möglichen

Alltagserfahrung. Das Modell der adamologisch-christologischen Aussagen integriert diesen Tatbestand in eine symbolische Sinnwelt, gibt ihm Legitimation und mythische Tiefe. Diese symbolische Sinnwelt ist nur als geglaubte »wirklich«; für den, der außerhalb des Glaubens der Innenwelt steht, ist sie nicht »wirklich«. »Wirklich« drinnen und draußen ist aber nach der Meinung des Konzilstextes das, was mit Konkupiszenz bezeichnet wird. Hier ist eine erfahrbare Realität gegeben, die – auch wenn sie unterschiedlich integriert wird – den Getauften mit dem Nicht-Getauften gemeinsam ist.

2.133 Exemplarische Analyse 2. Teil

2.1330 Vorbemerkung

Der in den vorangegangenen Kapiteln vorgestellte und am Beispiel des Erbsünde-Dogmas exemplifizierte Typ systematischer Textanalyse zielt darauf, die Beziehung zwischen der Bedeutungsstruktur des Textes und der »Welt«, dem sozialen und kulturellen Modell von Wirklichkeit, die im Text manifest werden, herauszuarbeiten. Das geschieht in einem modelltheoretischen Rahmen. Die Durchführung einer solchen modelltheoretischen Analyse auf der synchronen Ebene ist im Gang der hier ins Auge gefaßten systematischen Textinterpretation die Basis, von der aus auf die diachrone Analyseebene übergegangen werden kann (vgl. 2.1311). Was zu den Interpretationsschritten auf dieser Ebene theoretisch unter 2.1315 ausgeführt wurde, soll im folgenden – weiter am Beispiel des Erbsünde-Dogmas – wenigstens im Ansatz paradigmatisch demonstriert werden. In 2.1331 geht es darum, die in der gegenwärtigen theologischen Kommunikation begegnenden Einwände und Realisierungswiderstände gegen das Trienter Erbsünde-Dogma herauszuarbeiten und modelltheoretisch zu interpretieren. Das führt in 2.1332 dazu, Alternativmodelle auszuarbeiten. Da kirchliche Entscheidungen zumeist auf theologische Kontroversen bezogen sind, ist die Theologiegeschichte der Raum, in dem sich solche Alternativmodelle auffinden lassen. Im Falle der Erbsündenlehre führt das zum Rekurs auf Pelagius und Augustinus. Der abschließende Abschnitt 2.1333 soll exemplarisch zeigen, daß diese systematische Textinterpretation es am Ende nicht bei dem bloßen Nebeneinanderstellen von Modellen oder bei einer Art »Sinn-Darwinismus« (= die älteren Modelle sind durch die kirchen-, dogmen-, theologie-, kultur- und geistesgeschichtliche Entwicklung überholt und erledigt) beläßt, sondern sie in einen systematisch orientierten dialektischen Prozeß überführt, um ihnen und der Wahrheit zum Recht zu verhelfen.

2.1331 Krise des Erbsündendogmas

Das Erbsündendogma des Trienter Konzils ist heute in der katholischen Theologie sehr umstritten. Die zumeist vorgetragenen Einwände sind folgende:

a) Die historisch-kritische Exegese zeige, daß die als Argumente für das Dogma herangezogenen Bibeltexte, vor allem Gen 2,4–3,24 und Röm 5,12–21 nicht hinreichen.

b) Der im Erbsündendogma implizierte Monogenismus (= Lehre, daß alle Menschen von einem Menschen abstammen) und die Urstandslehre (= paradiesische Anfangsverhältnisse) seien aufgrund der heutigen paläontologischen Forschung nicht mehr haltbar.

c) Der Begriff Erbsünde sei ein logisches Monstrum, das einen biologischen Sachverhalt (Vererbung) und einen Sachverhalt, der nur als ein in Freiheit, Willen und personaler Verantwortung begründbarer denkbar sei (Sünde), miteinander kopple. Der Glaube an eine solche schicksalhafte Verstrickung im Rücken der Freiheit sei unerträglich.

d) Die Diskriminierung von Zeugung, Geburt, Sexualität, Natur, die im Erbsündendogma stecke, widerspreche schlicht der modernen Bewertung dieses Bereiches.

Diese und ähnliche Einwände haben in der Theologie zu vielerlei Neuinterpretationen und Modifikationen des überlieferten Dogmas geführt. Die vorgetragenen Einwände beziehen sich zunächst auf Einzelelemente der Erbsündenlehre, insofern diese mit dem gegenwärtigen Erkenntnisstand der Wissenschaften, dem neuzeitlichen Freiheitsbewußtsein und der Bewertung der Leiblichkeit kollidieren. Die Feststellung solcher Kollisionen ist wichtig: Es ist für die Geltung eines Dogmas nicht unwichtig, wenn die Begründung aus Schrift und Tradition, die herangezogen wird, wissenschaftlich nicht mehr haltbar ist; denn jedes Dogma erhebt ja den Anspruch, daß es nichts anderes tue, als die in der Offenbarung bereits enthaltene Wahrheit authentisch vorzutragen. Es ist ebenfalls für die Geltung eines Dogmas nicht unwichtig, wenn Einzelelemente der Lehre im Horizont des fortgeschrittenen Wissens und Bewußtseins auch den Gläubigen als nicht mehr realisierbar erscheinen. Dennoch handelt es sich bei den aufgeführten Einwänden um Bedenken gegenüber Teilstücken des Trienter Dekrets, die zwar bekunden, daß die naive

Selbstverständlichkeit und Plausibilität dieses Dogmas zerbrochen ist, die aber nicht das gesamte Weltmodell des Textes, in dem alle Teilsätze erst ihre Funktion haben, in die Reflexion einbeziehen. Eben dieses Weltmodell stößt aber heute bereits in seinem Kristallisationskern auf Realisierungswiderstände.

(1) Der Anspruch »außer der Kirche kein Heil«, wobei unter Kirche die sichtbar verfaßte Kirche, in die man durch das Taufsakrament inkorporiert wird, verstanden wird, wird im gläubigen Allgemeinbewußtsein kaum noch voll realisiert; und auch in der neueren Theologie begegnet das Axiom in Form von Modifikationen, die die Taufe nicht mehr als den entscheidenden Grenzübergang zwischen Heil und Unheil ansehen. De facto reagieren Kirche und Theologie auf die religiös-weltanschaulich-plurale Situation mit hierarchisch aufgebauten Verdichtungsmodellen (vgl. z. B. Vaticanum II, Erklärung über das Verhältnis zu den nichtchristlichen Religionen) oder mit Modellen, die mit den Kategorien »explizit-implizit« arbeiten (Anonyme Christen/Überlagerung der Ursünde durch eine von Christus herkommende, der Freiheit vorausgehende universelle Bestimmtheit aller Menschen = übernatürliches Existential usw.). Es handelt sich um Modelle, die es erlauben, den alten Alleinvertretungsanspruch bezüglich des Heils aufrechtzuerhalten und ihn zugleich so zu modifizieren, daß er mit gesellschaftlich hochrangigen Werten wie Toleranz und Kooperation vereinbar ist. Daß die missionarische Expansion der Kirche an die Grenzen des Wachstums gekommen ist, bzw. hier und da auch rückläufig ist, wird in solchen Sinnmodellen erträglich gemacht.

(2) Im gläubigen Allgemeinbewußtsein und in der Theologie wird weiterhin die Taufe als Inkorporation in die Kirche und als Initiation in das christliche Leben verstanden. Als Begründungszusammenhang fungiert jedoch weniger eine von adamologisch-christologischen *Herkunfts*aussagen bestimmte Sinnwelt als eine *Ziel*orientierung: die rechtlich-gesellschaftlichen und pädagogischen Konsequenzen der Taufe. Gerade der pädagogische Gesichtspunkt spielt eine wichtige Rolle: Taufe als Beginn des Prozesses der Erziehung und christlichen Sozialisation. Die gegenwärtige Gesellschaft ist im Unterschied zu anderen Kulturen und Epochen (z. B. zum Mittelalter) eine hochpädagogisierte Gesellschaft. Erziehungsprozesse und Erziehungsinstitutionen dominieren in ihrer Bedeutung gegenüber sakramental-rituellen Vorgängen und Institutionen. Das gilt nicht bloß für das Verhältnis von Schule und Kirche, sondern auch für das Binnenbewußt-

sein der Kirche selbst. Soweit man, in der katholischen Kirche wenigstens, an der rituell-sakramentalen Grundorientierung festhält, werden sakramental-rituelle Vorgänge zunehmend als Ausgangs- und Stützpunkte von Lern- und Erziehungsprozessen verstanden.
In den unter (1) und (2) vorgetragenen Überlegungen zeigt sich, daß die Kirche ihre Identität und Kontinuität zu wahren sucht, indem sie dominante Wirklichkeitsbestimmungen der gegenwärtigen Gesellschaft (weltanschauliche Pluralität und Toleranz; Pädagogisierung) ihrer Sinnwelt einzuverleiben sucht. Wenn eine solche Einverleibung gegenüber mächtigen Wirklichkeitsbestimmungen sozial wirksam werden soll, erfordert sie auch tiefgreifende Umstrukturierungen der eigenen überlieferten Sinnwelt. Die Theologie- und Frömmigkeitsgeschichte des Christentums bietet dafür viele Beispiele. An dieser Stelle entstehen jedoch auch elementare Identitätsängste, die Angst, von den rivalisierenden Wirklichkeitsbestimmungen einverleibt zu werden, anstatt sie sich einzuverleiben. Daß diese Angst eine reale Gefahr signalisiert, braucht man nicht zu leugnen. Wenn man jedoch aufgrund solcher Ängste die Umstrukturierung verweigert, so kann das zur sozialen Isolierung und zur Reduzierung der Wirksamkeit des überlieferten Sinnmodells führen.

2.1332 Alternativmodelle

Wenn man die »Lage« des Trienter Erbsünde-Dogmas im gegenwärtigen gläubigen Allgemeinbewußtsein modelltheoretisch aufarbeiten will, so legt es sich nahe, Alternativmodelle zu formulieren. Ein solcher Versuch kann anknüpfen an Alternativen, die in der Kirchen- und Dogmengeschichte bereits aufgetaucht sind, aber aus bestimmten Gründen nicht zum Zuge kamen und theoretisch verworfen wurden. In der Erbsündenlehre gibt es einen solchen Modellansatz in der Gnadenlehre des Pelagius. An sie anzuknüpfen, liegt deswegen besonders nahe, weil das Modell der pelagischen Gnade die Erziehung ist. Gerade dies ist aber – wie sich bei der Erörterung der Krise der tridentinischen Erbsündenlehre gezeigt hat – ein wichtiger Einsatzpunkt. Die Gnadenlehre des Pelagius (die mit der des späteren Pelagianismus nicht einfach identisch ist) läßt sich in folgenden Sätzen kurz beschreiben (die Zitate sind entnommen aus *G. Greshake*, Gnade als konkrete Freiheit, Mainz 1972): Der Mensch ist nach dem Bild Gottes (imago) geschaffen. Das ist nicht statisch-ontologisch, sondern dynamisch-praktisch zu verstehen: »Er soll gerecht, heilig und wahrhaftig sein wie Gott.« (55) »Weil er Bild Gottes ist, ist er frei, frei aber für das Ziel, das Bild Gottes in sich mehr und mehr zu verwirklichen.« (58) Durch die Sünde Adams wurde »ein neues normatives Bild . . . aufgerichtet, das ebenso wie das Bild Gottes im Innern eine werbende, drängende, provozierende Kraft ausübt.« (83) Beide Bilder, das Bild Gottes und das Bild Adams »eröffnen und qualifizieren einen Raum geschichtlicher Dynamik, der der freien Entscheidung des einzelnen vorgegeben ist.« (84) Die Sünde Adams wird nicht in Form eines Vererbungsprozesses übertragen, sondern als wachsende »Gewohnheitsmacht zum Bösen« (88) Gegen diese Gewohnheitsmacht wird schon durch das Gesetz des alten Bundes das ursprüngliche innere Bild Gottes von außen her neu aufgerichtet. Das Urbild Gottes erscheint schließlich in Christus, in seiner Lehre und in seinem Leben und Sterben, die als dynamische Gnadenmacht den Menschen wieder zur ursprünglichen Freiheit, Bild Gottes zu sein, befreien. Glaube heißt, sich dieser Dynamik anzuvertauen, Glaube ist »die indispensable Vorbedingung für die Taufe« (180). Nur zusammen mit dem Glauben wirkt die Taufe das Heil. Pelagius entwickelt seine Tauftheologie von der Erwachsenentaufe her. Die Kindertaufe hat nicht den Sinn, Sünden zu vergeben; eine vererbte Sünde kennt Pelagius nicht. Kinder werden durch die Taufe »in jenen Prozeß der ekklesialen Heilsvermittlung hineingestellt, in dem das Bild Christi zur Nachfolge normativ vorgestellt und so der Mensch von Kindheit an ständig auf dem Weg der Verähnlichung mit Gott gehalten wird« (109). Die Kindertaufe ist der Anfang christlicher Erziehung und christlichen Lebens als der »wirkmächtigen Weitergabe des Bildes Gottes in der Geschichte« durch Lehre und Beispiel; entsprechend »geschieht durch christliche Erziehung konkrete Gnadenvermittlung« (137). Auf diese Weise soll das normative Bild Christi und jedes Christen in der Geschichte aufleuchten und sich gegen das Bild Adams wirksam durchsetzen.

Der große Kontrahent des Pelagius war Augustinus. Er hat erst im Streit mit Pelagius das Verständnis von Erbsünde und Kindertaufe entwickelt, das sich großkirchlich gegen das pelagische durchgesetzt hat. Das augustinische Modell kann hier nicht im einzelnen entwickelt werden. Die theoretischen Differenzen zwischen Pelagius und Augustinus weisen zurück auf einen tiefgreifenden Unterschied in der Lebenserfahrung. Pelagius' Verständnis des Christentums ist getragen von einem starken Vertrauen in die Dynamik von Bildern, die durch Verkündigung, Lehre, Erziehung und das eindrucksvolle Beispiel der Lebenspraxis des Menschen geschichtlich vermittelt werden und seine Freiheit in dieser oder jener Richtung wirksam zu bewegen imstande sind. Demgegenüber ist Augustinus bestimmt von einer sehr sensiblen und differenzierten Erfahrung der Subjektivität. Das eigentliche Feld des Christentums ist für ihn nicht die äußere Welt der geschichtlichen Praxis und der sie bestimmenden Erziehungsmächte, sondern die innere Welt des Menschen, das dramatische Abenteuer der Seele mit Gott, so wie es Augustinus in seinen »Bekenntnissen« offenbart. »Auf den Weg der inneren Erfahrung als einzelner vor Gott gestellt, wird der Mensch nicht nur seiner abgrundtiefen Verlorenheit ansichtig, zugleich erfährt er das Wirken einer absolut souveränen Gnade, welche ihm wahre Freiheit verleiht und ihn einweist in die Gnade und Liebesgemeinschaft der Kirche.« (250) In der eigenen Lebens- und Bekehrungsgeschichte des Augustinus ist die Erfahrung verwurzelt, daß die Unfreiheit des Menschen nicht bloß von außen überwunden werden kann. Die Unfreiheit sitzt vielmehr im Inneren des Herzens selbst. Der Wille selbst ist in sich unfrei und bedarf der inneren, direkten Umwandlung durch die Gnade und Liebe Gottes: »Du Herr, du wandeltest mich . . . zu mir selbst herum, du holtest hinter meinem eigenen Rücken mich hervor, wo ich mich eingerichtet hatte.« (Conf. VIII, 12, 29) Vor aller Erziehung und unabhängig von allem guten oder bösen Einfluß von außen bestimmt diese innere Unfreiheit des Willens den heillosen und verlorenen Zustand der gesamten Menschheit: Erbsünde aufgrund von Zeugung.

2.1333 Dialektik der Modelle: Pelagius-Augustinus-Trient

Die großkirchliche Entwicklung der Gnaden- und Sündenlehre hat die augustinische Linie verfolgt. Das wird im Trienter Konzilstext deutlich vor allem in der Betonung der »Übertragung durch Fortpflanzung« und der Notwendigkeit der Kindertaufe zur Tilgung der Erbschuld. Dennoch ist im Text von Trient auch eine Absetzung von der augustinischen Linie festzustellen. In dieser Linie besteht eine starke Tendenz, Erbsünde und Konkupiszenz sehr eng zu verbinden, ja miteinander zu identifizieren. Luther hat eine solche Identifikation vertreten; wenn aber die Erbsünde/Konkupiszenz auch im Getauften bleibt, so ist der Getaufte »Sünder und gerecht zugleich« (simul iustus et peccator). Gegen diese in der augustinischen Linie liegende Existenzdialektik des christlichen Subjekts stellt das Tridentinum die scharfe begriffliche Trennung von Erbsünde/Schuld, die in der Taufe voll vergeben wird, und Konkupiszenz, die im Getauften bleibt, aber für ihn, wenn er nicht nachgibt, sondern Widerstand leistet, unschädlich ist: Taufe, verstanden als Einsetzung in einen durchaus erfolgversprechenden Kampf gegen die Tendenz zum Bösen; hierin kann man ein pelagisches Element des Trienter Konzilstextes sehen.

Was die beiden im Konzilstext verankerten augustinischen Elemente angeht, ist die Reserviertheit heute besonders groß und die Sympathie für ein pelagisches Modell stark. Dieses Modell scheint unter heutigen Denk- und Lebensvoraussetzungen plausibler und orientierungskräftiger. Das kann auch durch verbale Einschärfung der orthodoxen Lehre von Trient und Androhung des Bannes nicht geändert werden. Aus Furcht vor kirchenamtlichen Sanktionen den Text von Trient unter der Hand in eine pelagische Richtung zu drehen, wäre nicht redlich. Zu fragen ist, ob die augustinischen Elemente im Konzilstext gegenüber einem aktualisierten pelagischen Modell eine positive Funktion behalten.

Als Erfahrungskern der Erbsündenlehre des Augustinus zeigte sich die Erfahrung des unfreien Willens. Die Erfahrung, daß der auf das Glück und auf das Gute hingeschaffene Mensch das Böse nie absolut mit seiner eigenen Freiheit beginnt, sondern immer schon vorfindet; und nicht bloß vorfindet als Macht der gesellschaftlichen Zwänge und Gewohnheiten, der Sozialisation, der Erziehung, die von draußen, gezielt oder unkontrolliert, in den Menschen eingreifen und seine Freiheit gefangengehalten, sondern so, daß er sie in sich selbst schon vorfindet. Es ist die Erfahrung, daß der Mensch nicht bloß böse ist aufgrund einer bestimmten Erziehung und eines bestimmten gesellschaftlichen Milieus, so daß er durch pädagogische Einwirkung und Veränderung der gesellschaftlichen Verhältnisse zur vollen Freiheit und Selbstbestimmung gelangen könnte. Diese Erfahrung kann – das zeigt die Lebensgeschichte Augustins wie Luthers – durchaus zur Lähmung sozialkritischer, gesellschaftsverändernder Aktivitäten führen, für die sich Pelagius und seine Freunde erwiesenermaßen stark engagiert haben. Diese Gefahr muß man sehen. Dennoch ist die sensible augustinische Erfahrung der tiefsitzenden inneren Unfreiheit und vertrackten Verfangenheit des Menschen in sich selbst ein notwendiges Korrektiv gegen pädagogischen Optimismus und Emanzipationsenthusiasmus.

Unsere Überlegungen führen zu einer Dialektik der Modelle.

Kein Modell begreift für sich das Ganze der christlichen Erfahrung, weder das des Pelagius noch das des Augustinus. Das Modell Augustins hat sich in entscheidenden Grundzügen in der Großkirche theoretisch durchgesetzt. Das Trienter Konzil bestätigt das, wenn es auch gegenüber einem reinen Augustinismus deutliche Korrekturen anbringt. Wenn heute ein pelagisch orientiertes Modell mehr Plausibilität hat, so bleibt der Text des Konzils gerade in seinen augustinischen Elementen und ihrem Erfahrungsgrund als wichtiges Korrektiv. In dieser Dialektik können die überlieferten Texte der Erweiterung und Vertiefung der christlichen Erfahrung dienen, was wichtiger ist als die Einschwörung auf orthodoxe Formeln, unter deren Oberfläche dann das Leben seinen eigenen Gang geht.

Hinweise für die weitere Arbeit:
Was mit strukturaler Textanalyse in der Systematischen Theologie gemeint ist, konnte in 2.131 nur kurz entwickelt werden. Aus der umfangreichen strukturanalytischen Literatur sei in diesem Zusammenhang zur Ergänzung vor allem hingewiesen auf:
J. M. Lotman, Die Struktur literarischer Texte, München 1972, vor allem Kap. 8 und 9 (zu den Begriffen »Welt«, »Grenze«, »Textperspektive«). – Ders., Aufsätze zur Theorie und Methodologie der Literatur und Kultur, Kronberg i. Ts. 1974. – *P. Ricoeur,* Philosophische und theologische Hermeneutik, in: P. Ricoeur / E. Jüngel, Metapher. Zur Hermeneutik religiöser Sprache, EvTh Sonderheft 1974, S. 24–45 (zu den Begriffen »Textwelt«, »Aneignung«). – *P. Berger / Th. Luckmann,* Die gesellschaftliche Konstruktion der Wirklichkeit. Eine Theorie der Wissenssoziologie, Frankfurt/M. 1969 (zum Begriff »symbolische Sinnwelt«).
Die Analyse des Erbsünde-Dogmas wurde relativ ausführlich durchgeführt, um die Verfahrensschritte und Möglichkeiten strukturaler Textanalyse am konkreten Detail zu zeigen. Zur Vertiefung sei in diesem methodischen Zusammenhang vor allem verwiesen auf: *P. Ricoeur,* Die »Erbsünde« – Eine Bedeutungsstudie, in: P. Ricoeur, Hermeneutik und Psychoanalyse, München 1974, S. 140–161. Die Erörterung des Erbsünde-Themas selbst und der dazugehörigen theologischen Literatur hat natürlich ihren Ort nicht in der Propädeutik, sondern in der Dogmatik selbst.
Die Analyse des Erbsünde-Dogmas hat hier nur exemplarische Funktion. Stattdessen bzw. um den Gang des Verfahrens zu

übertragen und zu erproben, sind auch andere Texte heranzuziehen. Geeignete Texte wären z.B. die altkirchlichen Glaubensbekenntnisse. Eine Analyse des Glaubensbekenntnisses von Nizäa mit den hier vorgestellten Methoden findet sich in: *A. Stock,* Umgang mit theologischen Texten, Zürich 1974, S. 76–84.

2.2 Die Komposition der Dogmatik

2.20 Vorbemerkung

Bislang war von »Texten« in dem weiten Sinne die Rede, wie sie für das Studium der Systematischen Theologie in Betracht kommen. Ihre theologische Kontur zeigt sich im Zuge der Interpretation, die auf theologische Verbindlichkeit ausgerichtet ist. Verbindliches kann durchaus in »Gebrauchstexten« ausgesprochen werden, die aus einer begrenzten Situation und für eine bestimmte Gelegenheit entstanden sind; viele theologiegeschichtlich wegweisende Dokumente sind solche Gelegenheitstexte gewesen (man denke beispielsweise an die Mehrzahl der Texte der Kirchenväter und an die Schriften Luthers). Theologische Geltung haben sie nicht gewonnen, weil sie sich wirkungsgeschichtlich »durchgesetzt« haben, sondern ihre Wirkung beruht im Gegenteil darauf, daß sie eine gültige theologische Erkenntnis formuliert haben, sich daraufhin als tragfähig erwiesen und deshalb zur Basis weiterer Argumentation geworden sind. Ihre Aussage(n) wurde(n) anerkannt – nicht wegen irgendeines suggestiven Effektes, sondern wegen ihrer Argumentationskraft.
Nun sind aber auch immer wieder Texte verfaßt worden, die als abgeschlossen (wenn auch als prinzipiell durch eine neue, weiterführende Erkenntnis überholbar) angesehen werden wollten: die Texte, die man herkömmlich als »Dogmatik(en)« bezeichnet. Die Abgeschlossenheit einer Dogmatik kommt nicht (nur) in ihren einzelnen Aussagen zum Ausdruck, sondern darin, daß und wie sie als ganze das für den christlichen Glauben Wesentliche aussagt. Eine Dogmatik ist in dieser Beziehung und mit diesem Anspruch vollständig, auch wenn sie vielleicht nicht so ausgeführt ist, daß sie sämtliche Grundbegriffe und zentrale Themen der Theologie umfaßt. Sie mag material ergänzungsbedürftig, ja schon in ihrer Disposition fragmentarisch sein – systematisch ist sie abgeschlossen. Die Dogmatik ist diejenige Textform, die sich von sonstiger theologischer Literatur dadurch unterscheidet, daß

in ihr der Zusammenhang theologischer Aussagen zum literarischen Gliederungsprinzip gemacht wird. Darum ist sie, propädeutisch gesehen, ein vorzügliches Studienobjekt. Man kann an ihr ersehen und kritisch nachvollziehen, wie theologische Aussagen zustande kommen und wie über ihre Geltung Rechenschaft abgelegt wird. An der Komposition der Dogmatik, ihrer Anordnung und Verbindung von einzelnen Textelementen, lernt man die Konstruktion eines umfassenden Textes kennen. Beiläufig sei erwähnt, daß eine solche Analyse, die Dogmatiken als abgeschlossene Modelle theologischer Urteilsbildung auffaßt, den Übergang zu ethischen Aussagen in der Theologie offenhält, weil auch diese der theologischen Wahrheitsprüfung bedürfen und ihr zugeführt werden müssen. Erst wenn diese Komplexität gewahrt ist, kann sinnvoll von einer systematisch-theologischen Argumentation gesprochen werden. Dementsprechend ist der Systembegriff und die Vorstellung von »Systematik« in der Theologie zu differenzieren.
Wir haben bisher ohne nähere Erläuterung von der »Systematischen Theologie« gesprochen und uns dabei an den Disziplinentitel gehalten, der heute gebräuchlich ist. »Systematische Theologie« meint nicht unbedingt ein theologisches System. Immerhin legt die Bezeichnung »Systematische Theologie« es nahe, an einen *Zusammenhang* oder zumindest eine *Zusammenstellung* von Problemen, Themen und Begriffen zu denken. Dieser Eindruck wird durch die dogmatische Tradition bestätigt, der wir uns jetzt zuwenden wollen, soweit es propädeutisch erforderlich ist.

Hinweis:
Der Systembegriff wurde von *B. Keckermann,* Systema logicae, Hannover 1600, und Systema ss. theologiae, Hannover 1602, eingeführt und steht in Verbindung mit der analytischen Methode (s. u.). – Belege bei *O. Ritschl,* System und systematische Methode in der Geschichte des wissenschaftlichen Sprachgebrauchs und der philosophischen Methodologie, in: Göttinger gelehrte Anzeigen 1907, S. 9 ff. – Ders., Literarhistorische Beobachtungen über die Nomenklatur der theologischen Disziplinen im 17. Jahrhundert, in: Studien zur systematischen Theologie. Festschrift für Th. Haering, hg. von F. Traub, 1918, S. 76-85.

Der Systembegriff war zunächst auf die Dogmatik bezogen. Die Systematische Theologie greift heute jedoch über die Dogmatik hinaus. Gleichwohl läßt sich am besten an der Entwicklung der

Dogmatik studieren, wie Stoffauswahl und Stoffanordnung in der Theologie vorgenommen und methodische Gesichtspunkte berücksichtigt worden sind.

2.21 Vorstufen des dogmatischen Systems

Die christliche Kirche hat sich bei der Entfaltung ihres Glaubens (genauer formuliert: bei der Explikation der fides quae creditur, des Glaubensgehaltes; vgl. 3.71) seit jeher an dem Aufriß der durch die Alte Kirche formulierten Glaubensbekenntnisse (Symbole) orientiert und damit die Beziehung kirchlicher Lehre auf die gottesdienstliche und katechetische Praxis herausgestellt. Die altkirchlichen Bekenntnisse sind dreigliedrig aufgebaut und folgen damit der Trinitätstheologie: dem Reden von Gott, von Jesus Christus und vom Heiligen Geist. Daneben und oft in Verschränkung mit der *trinitarischen Gliederung* hat sich ein *heilsgeschichtlicher Aufriß* durchgesetzt, der mit der Schöpfung der Welt und dem Sündenfall des Menschen einsetzt, das Kommen Jesu Christi für das Heil der Menschheit in der Vermittlung durch die Kirche in den Mittelpunkt stellt und dann von der Endvollendung des Menschen und der Welt handelt.

Beispiele:
für diese Anordnung in einer noch nicht streng systematisch ausgeführten Form:
Petrus Lombardus, Sententiarum libri IV, ca. 1147–1154:
I Trinitätslehre
II Lehre von den Kreaturen
III Christologie und Soteriologie
IV Sakramentenlehre und Eschatologie

J. Calvin, Institutio Christianae Religionis, Fassung 1559:
I De cognitione Dei creatoris (Gotteslehre)
II De cognitione Dei redemptoris (Christologie)
III De modo percipiendae gratiae (Gnadenlehre)
IV De externis mediis vel adminiculis, quibus Deus in Christi societatem nos invitat, et in ea retinet (Ekklesiologie und Sakramentenlehre).

2.22 Die scholastische Summa

Beispiel: Die Summa theologica des *Thomas von Aquin*
Was die theologiegeschichtliche Bedeutung und Wirkung an-

langt, nimmt in der katholischen Theologie die Summa theologica des Thomas von Aquin den ersten Rang ein. Sie beeinflußt, wenn auch unter Modifizierungen, bis in die Neuscholastik des 19. und 20. Jahrhunderts hinein die Strukturierung der Dogmatik. (Deutsch-lateinische Ausgabe: Die deutsche Thomas-Ausgabe. Summa theologica Bd. 1–36, Salzburg/Leipzig 1933 ff.)
Aufbau der Summa theologica:

I. Teil (Prima pars)
Frage 1– 13: Gottes Dasein und Wesen
Frage 14– 26: Gottes Leben, sein Erkennen und Wollen
Frage 27– 43: Gott, der Dreifaltige
Frage 44– 64: Schöpfung und Engelwelt
Frage 65– 74: Das Sechstagewerk
Frage 75– 89: Wesen und Ausstattung des Menschen
Frage 90–102: Erschaffung und Urzustand des Menschen
Frage 103–119: Erhaltung und Regierung der Welt

II. Teil (Secunda pars)
I. Hälfte (Prima secundae)
Frage 1– 21: Ziel und Handeln des Menschen
Frage 22– 48: Die menschlichen Leidenschaften
Frage 49– 70: Grundlagen der menschlichen Handlung
Frage 71– 89: Die Sünde
Frage 90–105: Das Gesetz
Frage 106–114: Der Neue Bund und die Gnade
II. Hälfte (Secunda secundae)
Frage 1– 22: Glaube und Hoffnung
Frage 23– 33: Liebe (1. Teil)
Frage 34– 56: Liebe (2. Teil); Klugheit
Frage 57– 79: Gerechtigkeit
Frage 80–100: Die Tugend der Gottesverehrung
Frage 101–122: Tugenden des Gemeinschaftslebens
Frage 123–150: Starkmut und Mäßigkeit
Frage 151–170: Mäßigkeit (2. Teil)
Frage 171–182: Besondere Gnadengaben und die zwei Wege menschlichen Lebens
Frage 183–189: Stände und Standespflichten

III. Teil (Tertia pars)
Frage 1–15: Die Menschwerdung Christi
Frage 16–34: Die Auswirkungen der Menschwerdung. Die Gottesmutter
Frage 35–45: Christi Leben
Frage 46–59: Christi Leiden und Erhöhung
Frage 60–72: Die Sakramente. Taufe und Firmung
Frage 73–83: Das Geheimnis der Eucharistie
Frage 84–90: Das Bußsakrament
Ergänzung zum III. Buch
(Supplementum)
Frage 1–16: Das Bußsakrament
Frage 17–40: Schlüsselgewalt der Kirche. Letzte Ölung und Priesterweihe

Frage 41–54: Die Ehe (1. Teil)
Frage 55–68: Die Ehe (2. Teil)
Frage 69–87: Auferstehung des Fleisches
Frage 88–99: Die Letzten Dinge

Die systematischen Gesamtdarstellungen der Theologie im Zeitalter der Scholastik werden teils »Sentential« oder »Libri sententiarum« (diese Bezeichnungen überwiegen im 12. Jahrhundert; am meisten verbreitet waren die »Libri sententiarum« des Petrus Lombardus), teils »Summa« (diese Bezeichnung überwiegt im 13. Jahrhundert) genannt. Die bedeutendste und theologiegeschichtlich folgenreichste »Summa« ist die »Summa theologica« des Thomas von Aquin, in den Jahren 1266–73 in Italien bzw. Paris verfaßt. Thomas hat dieses Werk geschrieben mit der didaktischen Absicht, den Theologiestudenten, insbesondere den Anfängern (incipientes, sacrae doctrinae novitii), ein systematisches Handbuch zur Verfügung zu stellen. Formal ist die Summa theologica gegliedert in drei Teile (Partes), die Teile in Fragen (Quaestiones), diese in Artikel (Articuli). Die Argumentationsform ist an der Form der Schuldisputation orientiert: jeder Artikel beginnt mit einer alternativ formulierten Frage (utrum . . .), die nach pro und contra durchdiskutiert und beantwortet wird; hierin unterscheidet sich die Summa z.B. von späteren neuscholastischen Dogmatiken, die von Thesen ausgehen und diese zu beweisen suchen.
Inhaltlich folgt die Gliederung des Stoffes (ordo disciplinae) nach Thomas der Struktur des Gegenstandes der Theologie (ordo rerum). Theologie ist für Thomas im strengen Sinne Theo-logie; sie handelt von Gott; alles, was außer Gott selbst zum Thema wird, wird in seiner Zuordnung zu Gott behandelt (sub ratione Dei).
Der erste Teil (Pars prima) handelt von Gott selbst, von Gott als Ursache der Geschöpfe und von der Erhaltung und Regierung der Welt. Der zweite Teil (Pars secunda) handelt vom Menschen, insofern dieser ein handelndes Subjekt ist (vgl. Prologus) und von der Bewegung des Menschen zu Gott hin. In der ersten Hälfte dieses Teils (prima secundae) wird vom Ziel des Menschen und von der Bewegung des Menschen zu diesem Ziel unter dem Einfluß von Gesetz und Gnade gehandelt; in der zweiten Hälfte wird der gesamte Fragenkomplex der Ethik im Anschluß an das Schema der theologischen und der Kardinaltugenden sowie der Stände und Ämter verhandelt. Der dritte Teil (Pars tertia) handelt von Christus, seiner Person, seinem Leben und

Wirken und von den Sakramenten. Eine über die Sakramentenlehre hinausgehende, ausgebaute Ekklesiologie gibt es, im Unterschied zu neueren Dogmatiken, an dieser Stelle bei Thomas nicht. Der dritte Teil ist ergänzt durch das sog. Supplementum, das aus anderen Werken des Thomas durch seinen Schüler Reginald von Piperno zusammengestellt und hinzugefügt wurde; es führt die Behandlung der Sakramente zu Ende und beschäftigt sich abschließend mit dem Themenbereich der Auferstehung.
Fragt man nach dem Strukturprinzip dieses Aufbaus, so stößt man auf das, was die Thomasforschung das »Egreß-Regreß-Schema« nennt. Dieses Schema ist so etwas wie eine theologische Weltformel, in der die grundlegende Struktur des Weltgeschehens als Prozeß des Ausgangs von Gott und der Rückkehr zu Gott verstanden wird. Von diesem Schema, das die christliche Theologie aus dem Neuplatonismus übernommen und christlich umgestaltet hat, ist die Systematik des ersten und zweiten Teils deutlich bestimmt (Gott als Ursache und Ziel). Viel diskutiert ist in der neueren Thomasforschung die systematische Zuordnung der erst im dritten Teil behandelten Christologie. Ohne darauf hier im einzelnen eingehen zu können, kann aus dem Prologus dieses Teils so viel entnommen werden: das Christusgeschehen wird als Inkarnation Gottes und zugleich als Erlösung des Menschen verstanden. Auf das »Egreß-Regreß-Schema« bezogen ist es die geschichtliche, leibhaft konkretgewordene »demonstratio« des Weges, auf dem der Mensch zu seinem Ziel hingelangen kann. Die Sakramente werden im unmittelbaren Anschluß an das Christusgeschehen behandelt als Zeichen der Gnade und sinnlich wahrnehmbare Hilfsmittel für den Menschen, sein Ziel zu erlangen.

2.23 Die altprotestantische Lehre

Eine Anordnung des dogmatischen Stoffes mit dem Anspruch auf Vollständigkeit, wenn auch noch ohne strenge systematische Gliederung, findet sich in den Anfängen der Altprotestantischen Orthodoxie. Sie hat eine Fülle von dogmatischen Darstellungen hervorgebracht, denen bei allen Unterschieden ein »heilsgeschichtliches Schema« gemeinsam ist, welches die Gliederung der Dogmatik bis heute weitgehend bestimmt, jedenfalls sofern die Dogmatik die dogmatische Tradition aufnehmen und verarbeiten will. Die hermeneutisch-didaktische Absicht dieser Komposition kann man so umschreiben: »Dieses Schema ermöglichte, mit den

wesentlichen heilsgeschichtlichen Daten die Grunderfahrungen und Grundprobleme des Menschseins in der den Menschen angehenden Wirklichkeit zur Sprache zu bringen: sein Woher und Wohin in Überkreuzung mit Unheil und Heil. Es wurde schließlich fundiert durch Vorbau einer Gotteslehre, in der oder zusätzlich zu der die theologische Erkenntnislehre in der Begegnung mit der Philosophie sich entwickelte.« (*G. Ebeling,* Der Grund christlicher Theologie, ZThK 58,1961, S. 238).
Man pflegt bei der altprotestantischen Dogmatik »Frühorthodoxie« und »Spätorthodoxie« zu unterscheiden.

2.231
Die (lutherische und reformierte) Dogmatik in der Frühzeit der protestantischen Orthodoxie stellt dogmatische Lehrstücke (Loci; Locus: Dogmatischer Hauptpunkt, Grundlehre) zusammen. Sie folgt damit den Loci communes von *Ph. Melanchthon* (erste Fassung 1521). Weil sie die einzelnen Loci ohne strenge systematische Ordnung aneinanderreiht, wird diese Anordnung meist *Local-Methode* genannt, obwohl die Bezeichnung »Methode« eigentlich nicht angemessen ist. Führt sie zu einer verhältnismäßig vollständigen und abgeschlossenen Darstellung des dogmatischen Stoffes, spricht man von der *synthetischen Methode,* in der die einzelnen Lehrinhalte aus biblischen Aussagen abgeleitet, aber nicht einer sie umgreifenden systematischen Absicht unterworfen werden.

Beispiele:
L. Hutter, Compendium Locorum theologicorum ex Scripturis sacris et libro Concordiae . . . collectum (1610), hg. von W. Trillhaas, Berlin 1961 – in Gegenüberstellung zu: *J. Wolleb*, Christianae theologiae Compendium, Basel 1626.

L. Hutter	*J. Wolleb*
	Vorbegriffe der christlichen Theologie
1. Von der Hl. Schrift	1. Von Gottes Wesenheit
2. Von dem Einen und Dreifaltigen Gott	2. Von den Personen der Gottheit
3. Von den beiden Naturen und ihrer hypostatischen Einigung in der einen Person des Heilandes Christus	3. Von Gottes Werken im allgemeinen und Gottes Ratschlüssen
4. Von der Schöpfung	4. Von der Prädestination
5. Von den guten und bösen Engeln	5. Von der Schöpfung
6. Von dem Ebenbilde Gottes im Menschen	6. Von der sich vollziehenden Vorsehung Gottes
	7. Von der Regierung über die Engel

7. Von Gottes ewiger Vorsehung
8. Von der Sünde
9. Vom freien Willen
10. Vom Gesetz
11. Vom Evangelium
12. Von der Rechtfertigung
13. Von der ewigen Prädestination oder Erwählung der Kinder Gottes zur Seligkeit
14. Von den guten Werken
15. Von der Buße und Beichte
16. Von kirchlichem Amt und kirchlicher Ordnung
17. Von der Kirche
18. Von der christlichen Freiheit, und von den kirchlichen Riten oder Adiaphora
19. Von den Sakramenten im allg.
20. Von der Taufe
21. Vom Abendmahl
22. Von den Opfern, wobei in Sonderheit von dem götzendienerischen Meßopfer der Römischen gehandelt wird
23. Vom Ärgernis
24. Vom Kreuz und den Tröstungen
25. Von der Anrufung Gottes
26. Von den Mönchsgelübden und evangelischen Räten
27. Von der Obrigkeit und den bürgerlichen Dingen
28. Von der Ehe, wobei auch in Sonderheit vom Coelibat der römischen Priester gehandelt wird
29. Vom Tod des Leibes und von der Unsterblichkeit der Seele
30. Vom Ende der Welt
31. Von der Auferstehung der Toten
32. Vom Jüngsten Gericht, und von der Wiederkunft Christi, zu richten die Lebendigen und die Toten
33. Von der Hölle, wobei auch in Sonderheit vom erdichteten Fegefeuer der Römischen gehandelt wird
34. Vom Ewigen Leben

8. Von der Regierung über den Menschen im Stande der Unschuld
9. Vom Fall der Stammeltern
10. Von der Erbsünde
11. Von den tätlichen Sünden
12. Von der Strafe der Sünde
13. Vom sittlichen Gesetz
14. Vom zeremonialen und vom rechtlichen Gesetz
15. Vom Evangelium
16. Von der Person des Gottesmenschen Christus
17. Vom Mittleramt Christi
18. Von Christi Erniedrigung
19. Von Christi Erhöhung
20. Von der Berufung, die den Erwählten und Verworfenen gemeinsam ist
21. Vom Gnadenbund
22. Von den Sakramenten im allg.
23. Von der Taufe
24. Vom heiligen Abendmahl
25. Von der Art der sichtbaren Kirche
26. Von der äußerlichen Verwaltung der Kirche
27. Von der falschen Kirche
28. Von der besonderen Berufung der Erwählten
29. Vom seligmachenden Glauben
30. Von der Rechtfertigung
31. Von der Heiligung
32. Von dem Verharren der Heiligen
33. Von der christlichen Freiheit
34. Von der Wiederkunft Christi und von der Auferweckung der Toten
35. Vom Jüngsten Gericht
36. Vom Ende dieser Welt und vom Ewigen Leben

(Dieser Überblick umfaßt nur den ersten Teil – De Deo cognoscendo – des Christianae theologiae Compendium; es folgt ein zweiter Teil – De deo colendo –, der die Ethik enthält)

(zitiert nach der Übersetzung von *E. Hirsch,* Hilfsbuch zum Studium der Dogmatik [1937], Berlin 1964⁴, S. 291 f. [Hutter] und 388 f. [Wolleb])

Fragt man nach dem Aufbau und der inneren Struktur des Hutterschen Kompendiums, so lassen sich zunächst einzelne Gruppen theologischer Loci unter inhaltlichen Gesichtspunkten zusammenfassen. In den Loci 4–7 geht es offensichtlich um die Lehre von der Erschaffung und Erhaltung der Welt unter Einbeziehung der Lehre von den Engeln und den Menschen (im Urstand). Für die Loci 8–15 läßt sich schwer ein durchgehendes Thema oder gar ein Anordnungsprinzip finden. Leichter erscheint es wiederum, für die Loci 16–28 ein gemeinsames Thema anzugeben: Kirche und Sakramente werden hier in Abgrenzung zum katholischen Verständnis erörtert (bes. Loci 22.26.28). Die Einordnung einzelner Loci wirft Schwierigkeiten auf, beispielsweise die des Locus 22 oder die Abfolge der Loci 23–25. Die Loci 29–34 enthalten die Lehre von den Letzten Dingen.
Auch im Detail lassen sich logische Verbindungen aufdecken. Zwischen den Loci 8 und 9 besteht der gedankliche Zusammenhang in der Frage, ob es nach dem Sündenfall noch einen freien Willen gibt; einleuchtend ist die Aufeinanderfolge von Gesetz und Evangelium (Loci 10–11). Die folgenden Loci 13–14 (bzw. 15) handeln von den theologischen Folgeproblemen der Rechtfertigungslehre.
Insgesamt kann ein lockerer innerer Zusammenhang entdeckt werden: An die Lehre von der Heiligen Schrift (ihr Ausbau gilt als die dogmatische Leistung der Orthodoxie) schließen sich die Trinitäts- und Zweinaturenlehre an. Weiterhin ist ein heilsgeschichtlicher Faden erkennbar (Schöpfung, Urstand, Fall), der bis zu der Lehre von den Letzten Dingen reicht. Breit ausgeführt sind die für die gegenwärtige heilsgeschichtliche Situation wichtigen Aussagen.
Deutlich ist auch der aktuelle Kontext, nämlich die polemische Auseinandersetzung mit der katholischen Lehre.
Schon aus dem Aufbau der beiden in ihrer Gliederung wiedergegebenen Dogmatiken lassen sich bei aller gebotenen Vorsicht auch Einsichten über theologische Akzente gewinnen: Der Lutheraner Hutter läßt die spezielle Prädestinationslehre auf die Rechtfertigungslehre folgen, während sie bei dem reformierten Dogmatiker Wolleb noch vor der Schöpfungslehre zu finden ist.

2.232

Die Dogmatik der Hoch- und Spätorthodoxie (seit ca. 1630) ist straffer komponiert, ihr Aufbau wird durch die *analytische Methode* bestimmt. Diese Methode wurde auf reformierter Seite durch B. Keckermann eingeführt und fand seit G. Calixt Eingang in die lutherische Dogmatik. Während die synthetische Methode (s. o.) von Gott und seinem Heilshandeln ausgeht und dieses in verschiedener Hinsicht aussagemäßig entfaltet, will die analytische Methode zum Ziel der Theologie, dem ewigen Leben, hinführen. Aufgrund dieses eher didaktischen Gesichtspunktes fragt sie zuerst nach dem »finis theologiae« (Gott und sein Heil), handelt dann vom »Subjekt der Theologie« (vom geschaffenen, gefallenen und gerechtfertigten Menschen) und legt schließlich die »Ursachen und Mittel des Heils« dar.

Aufgabe:
Erwägen Sie, welche Beziehung zwischen der analytischen Methode, dem gleichzeitig eingeführten Systembegriff und dem hier vorherrschenden Verständnis der Theologie als scientia practica besteht.

Der Grundriß dieses Typus der Dogmatik umfaßt:

Prolegomena: Theologiebegriff; Religion; Offenbarung; Glaube und Vernunft; Lehre von der Heiligen Schrift; Bedeutung der Glaubensartikel.

I Gotteslehre: Gott; natürliche und übernatürliche Gotteserkenntnis (Wesen und Eigenschaften Gottes); Trinitätslehre; Schöpfung; Vorsehung; Engellehre.

II Lehre vom Menschen: Urstand und Fall (status integritatis, status corruptionis).

III Gnadenlehre: Person und Werk Jesu Christi (De persona Christi; De officio Christi – status exinanitionis, status exaltationis); die Heilszuwendung durch das Werk des Heiligen Geistes.

IV Lehre von der Heilsvermittlung: Wort Gottes; Sakramente; die Kirche (auch als status ecclesiasticus im Unterschied zur weltlichen Obrigkeit [status politicus] und zur Familie [status oeconomicus]).

V Lehre von den Letzten Dingen: Tod und Auferstehung; Jüngstes Gericht; Endvollendung, Ewiger Tod und Ewiges Leben.

Hinweise:
Eine übersichtliche Materialsammlung zum Aufbau der altprotestantischen Dogmatik findet sich bei *E. Hirsch,* Hilfsbuch zum Studium der Dogmatik (1937), Berlin 1964⁴, S. 291 ff.

Weitere Textsammlungen (Auszüge in systematischer Anordnung): *H. Schmid,* Die Dogmatik der Evangelisch-Lutherischen

Kirche (1843), Frankfurt/M. 1893[7]. – *C. H. Ratschow,* Lutherische Dogmatik zwischen Reformation und Aufklärung, Gütersloh I 1962. II 1966. – *H. Heppe,* Die Dogmatik der evangelisch-reformierten Kirche (1861), hg. von E. Bizer, Neukirchen 1958[2].
Zur analytischen Methode:
H. E. Weber, Der Einfluß der protestantischen Schulphilosophie auf die orthodox-lutherische Dogmatik, Leipzig 1908 (Nachdruck Darmstadt 1969), S. 19 ff. – *P. Althaus,* Die Prinzipien der deutschen reformierten Dogmatik im Zeitalter der aristotelischen Scholastik, Leipzig 1914 (Nachdruck Darmstadt 1967), S. 26 ff.
Wie sehr der skizzierte Aufriß grundlegende theologische Wandlungen überdauern konnte, zeigt die Dogmatik des Rationalisten *J. A. L. Wegscheider,* Institutiones Theologiae christianae dogmaticae (1815), Halle 1844[8].

2.24 Die Dogmatik mit einem systematisch organisierenden Prinzip

Die von einem *theologischen Strukturprinzip* her entworfene Dogmatik entwickelt sich seit der Aufklärung. Da die Frage nach der Grundlegung der Theologie methodisch den Aufbau der Dogmatik bestimmt, erhalten die Prolegomena (1.113) immer mehr Gewicht. Die Dogmatik, die jetzt in allen ihren Anteilen Auskunft über den Reflexionsstand des christlichen Glaubens geben muß, hat die Aufgabe, seine Konstitution aufzuzeigen, d. h. meist: zu verdeutlichen, wie er entsteht, sich entfaltet und weiterentwickeln wird.

Beispiel:
F. Schleiermacher, Der christliche Glaube nach den Grundsätzen der evangelischen Kirche im Zusammenhange dargestellt (1830/31[2]), hg. von M. Redeker, 2 Bde., Berlin 1960[7].

§ 1–31	Einleitung	§§
	1. Erklärung	1
	2. Zur Erklärung der Dogmatik	2–19
	3. Von der Methode der Dogmatik	20–31
§ 32–61	Entwicklung des frommen Selbstbewußtseins, wie es in jeder christlich frommen Gemütserregung immer schon vorausgesetzt wird, aber auch immer mit enthalten ist	
	1. Beschreibung unseres frommen Selbstbewußtseins, sofern sich darin das Verhältnis zwischen der Welt und Gott ausdrückt	36–49

Die Systematik der Schleiermacherschen Glaubenslehre läßt sich in verschiedener Hinsicht erschließen. Hier sollen nur die ersten Beobachtungen skizziert werden:
Der *Titel* ist Wort für Wort zu interpretieren. In seine Formulie-

rung sind wichtige dogmatische Grundsatzentscheidungen eingegangen: Nicht die christliche Lehre wird aufgrund der Bibel und der Bekenntnisse dargelegt, sondern der christliche Glaube wird zum maßgebenden Thema der Theologie. Die Dogmatik wird zur Glaubenslehre, weil die Charakterisierung des Glaubens als das Schlüsselproblem der Theologie aufgefaßt wird, um dann im besonderen das Wesen des christlichen Glaubens zu bestimmen.
Der christliche Glaube soll im Zusammenhange dargestellt werden: Wird nicht eine Lehre vorgestellt, sondern der Glaube dargestellt, dann kann dies nur aufgrund beschreibbarer Glaubensphänomene erfolgen. Der Glaube selbst erscheint weder nur als Element unter anderen Bestandteilen theologischen Wissens noch auch als eine Perspektive für die Auslegung theologischer Tradition, sondern selber als das Ganze, auf das sich die Theologie bezieht. Der Verweis auf die »Grundsätze der evangelischen Kirche« zeigt an, daß die innerevangelischen konfessionellen Unterschiede gleichgültig geworden sind, während – gerade im Blick auf das Verständnis des christlichen Glaubens – ein fundamentaler Gegensatz zur katholischen Lehre aufrechterhalten wird. Daß christlicher Glaube auf Grundsätzen der Kirche beruht, bedeutet, daß die Theologie von einer Vorgegebenheit ausgeht. Dadurch wird sie als eine »positive Wissenschaft« bestimmt.
Aufschlußreich ist dann die *Einleitung* (§§ 1–31), die als Musterbeispiel für eine im strengen Sinne systematische Grundlegung der Dogmatik zu den klassischen Texten der neueren evangelischen Theologie gehört. Durch den Rekurs auf die Kirche gleich zu Beginn (§§ 3–6) verrät sie einen neuen positionellen Ansatz.
Schleiermacher nimmt die *Tradition der Dogmatik* in Form von »Lehrstücken« in die Glaubenslehre auf, die jedoch nicht die Gliederung der Glaubenslehre beeinflussen. Im Vergleich mit der altprotestantischen Dogmatik zeigt sich u. a. zwar, daß erstaunlich viele überlieferte Loci eingearbeitet werden und ihre Reihenfolge auch im Rahmen der systematischen Neugestaltung nur geringe Veränderungen erfährt. Um so gewichtiger erscheinen die unverkennbaren Abweichungen: die Trinitätslehre bildet den Abschluß der Dogmatik; die Gotteslehre im engeren Sinn (Ausführungen über das Dasein und das Wesen Gottes) wird nicht der Schöpfungslehre vorangestellt; die Lehre von den göttlichen Eigenschaften ist über die ganze Glaubenslehre verteilt; die Lehre von der Heiligen Schrift findet sich nicht in den Prolegomena, sondern in der Ekklesiologie; sogar die Eschatolo-

gie wird in die Ekklesiologie aufgenommen (unter dem Titel: »Von der Vollendung der Kirche« – Schleiermacher betrachtet ihre Hoffnungsaussagen nicht als Inhalte theologischer Erkenntnis, sondern bezeichnet sie als »prophetische Lehrstücke«, die nur regulative Funktion für den Glauben der Kirche besitzen).
Da diese Abweichungen von der »Normal-Dogmatik« keinesfalls willkürlich vorgenommen worden sind, ist die Eigenart der Glaubenslehre Schleiermachers zu ermitteln, indem man nach den Begründungen für diese Veränderungen und Umformungen fragt.
Doch erst die innere Struktur der Glaubenslehre Schleiermachers gibt Aufschluß über die besonders kunstvoll komponierte *Systematik* dieses Werkes.
In der Einleitung wird der Begriff der Dogmatik erklärt, d. h. (1) grundsätzlich geklärt, was Dogmatik sein kann, ferner (2) über die dogmatische Methode und (3) über die Anordnung des dogmatischen Stoffes Auskunft gegeben (§ 1).
(ad 1) Die Glaubenslehre wird als kirchliche Dogmatik ausgewiesen (vgl. auch § 19), die Kirche wiederum auf die Frömmigkeit zurückgeführt (§ 2), die in Abgrenzung zu Wissen und Tun als »eine Bestimmtheit des Gefühls oder des unmittelbaren Selbstbewußtseins« (§ 3) definiert wird. Als ihr Wesen wird angesehen, »daß wir uns unserer selbst als schlechthin abhängig oder . . . als in Beziehung zu Gott bewußt sind« (§ 4). So kann das Wesen des Christentums von anderen Frömmigkeitsgestalten oder Religionen abgehoben werden: »Das Christentum ist eine der teleologischen Richtung der Frömmigkeit angehörige monotheistische Glaubensweise, und unterscheidet sich von anderen solchen wesentlich dadurch, daß alles in derselben bezogen wird auf die durch Jesum von Nazareth vollbrachte Erlösung« (Leitsatz zu § 11, erläutert in §§ 12–14). Die dogmatischen Sätze werden methodisch aus Glaubenssätzen entwickelt, die selbst sprachliche Darstellungen frommer Gemütszustände sind (§§ 15–16); sie haben also nur abgeleiteten Wert und sind methodisch dem Ausdruck frommer Gemütszustände zu entnehmen.
(ad 2) Der Rekurs auf die Kirche verlangt zuallererst eine normative Bestimmung von »Kirchlichkeit«. Diese kann jedoch nicht einfach im Geltendmachen von Lehrtraditionen oder konfessionellen Eigenarten erfolgen, sondern wird aus der Wesensbestimmung des Glaubens selbst erhoben. Methodisch geschieht dies durch Ausscheidung der »Ketzereien«, bei denen Schleier-

macher nicht bei historisch herausragenden Ausformungen stehenbleibt, sondern auf die in ihnen hervortretende Typik der Glaubensverirrung (§ 22) hinweist. Sodann geht er auf den »Gegensatz zwischen Protestantismus und Katholizismus« ein (§§ 23–24), bevor (aus methodischen Gründen) die »christliche Sittenlehre« aus der christlichen Glaubenslehre ausgegrenzt wird (§ 26).

(ad 3) In der Regel sind die dogmatischen Sätze, weil es in ihnen um die Darstellung des christlichen Glaubens nach den Grundsätzen der evangelischen Kirche geht, an den Bekenntnisschriften zu bewähren. Nur falls dies nicht möglich erscheint, wird das Neue Testament zur Prüfung herangezogen, während das Alte Testament keine dogmatische Autorität besitzt. Die Wissenschaftlichkeit der Dogmatik zeigt sich vor allem in ihrem systematischen Vorgehen (vgl. § 28).

Weil in der christlichen Frömmigkeit alles auf die durch Jesus Christus vollbrachte Erlösung bezogen ist (§ 11) und dieser Erlösungsbegriff ohne den Gegenbegriff der Sünde sinnlos wäre, ergibt sich aus dieser Spannung die großflächige Gliederung der Glaubenslehre:

1. Entwicklung des frommen Selbstbewußtseins als »schlechthinniges Abhängigkeitsgefühl«, in dem sich der Mensch als zwischen Gott und Welt gestellt versteht,

2/1 Entwicklung des Bewußtseins der Sünde,

2/2 Entwicklung des Bewußtseins der Gnade,

wobei der gesamte zweite Teil darauf angelegt ist, den Übergang vom Sündenbewußtsein zur Gnadenerfahrung zu »entwickeln«. Der Gegensatz oder präziser die »Spannung« zwischen Sünde und Gnade ist indessen ohne das fromme Selbstbewußtsein für den Glauben weder wahrzunehmen noch denkbar.

Da (nach dem Leitsatz zu § 30) alle Sätze der christlichen Glaubenslehre »entweder als Beschreibungen menschlicher Lebenszustände, oder als Begriffe von göttlichen Eigenschaften und Handlungsweisen, oder als Aussagen von Beschaffenheiten der Welt« formuliert werden können, untergliedert Schleiermacher die genannten Hauptteile jeweils in:

- Sätze über das fromme Selbstbewußtsein des Menschen
- Sätze über Gott
- Sätze über die Welt.

Den Ausgangspunkt bildet in jedem Fall die unmittelbare Beschreibung religiöser Gemütszustände, die dann gleichsam transparent werden für Gott und die Welt, wie sie theologisch zu

erkennen sind. Im ersten Teil der Glaubenslehre ist die Reihenfolge dieser Schritte anders als im zweiten.
Das grundlegend Neue der Glaubenslehre Schleiermachers, das spürbar die systematischen Bemühungen in der evangelischen Theologie beeinflußt hat, zeigt sich in der Errichtung ihrer Fundamente, die mit methodischer Gründlichkeit durchgeführt wird. Im Unterschied zur altprotestantischen Dogmatik, deren Fundamente bereits als Antworten auf Problemstellungen ausgelegt werden, wird hier die Begründungsfrage der Theologie nicht nur aus didaktischen Erwägungen, sondern infolge eines dogmatischen Probleminteresses zur Grundfrage, deren Beantwortung eine Einordnung einzelner dogmatischer Aussagen in einen Begründungszusammenhang ermöglicht und ihr Beziehungsgefüge zu verdeutlichen vermag. Die Entscheidung für eine der möglichen Grundlegungen der Dogmatik bestimmt nun zugleich ihr *Strukturprinzip*. Bei Schleiermacher wird es aus der Analyse des christlich-frommen Selbstbewußtseins erhoben, das über den theologischen Gehalt Aufschluß gibt, in dem es gegründet ist. Ohne diese Selbstdarstellung des Glaubens würde dieser Gehalt nie in Erscheinung treten können.

Aufgabe:
Vergleichen Sie das Strukturprinzip und die Gliederung der »Glaubenslehre« Schleiermachers mit *K. Barth,* Die Kirchliche Dogmatik (Hinweis: Barths eigene Bemerkung in I/1, S. XII), und *P. Tillich,* Systematische Theologie.

2.25 Die heilsgeschichtliche Dogmatik

Was die Kompositionsformen der katholischen Dogmatik angeht, so stellt die sog. »Katholische Tübinger Schule« (J. S. Drey, J. B. Hirscher, J. A. Möhler, J. E. Kuhn, F. A. Staudenmaier u. a.) in der 1. Hälfte des 19. Jahrhunderts einen wichtigen neuen Ansatz dar, insofern in ihr, beeinflußt von der Romantik, von Schelling und Hegel, das Problem der geschichtlichen Entwicklung von Offenbarung und Christentum aufgenommen und durch systematische Konstruktion des Empirisch-Historischen aus einer Idee heraus zu begreifen gesucht wurde. Das Vordringen der Neuscholastik von der Mitte des 19. Jahrhunderts an hat dazu geführt, daß Ansätze der Tübinger Schule erst in der Mitte des 20. Jahrhunderts in »heilsgeschichtlich« konzipierten Dogmatik-Entwürfen wieder zur Geltung kamen.

Beispiel:

J. Feiner / M. Löhrer (Hg.), Mysterium salutis. Grundriß heilsgeschichtlicher Dogmatik I–V, Einsiedeln 1965 ff.:

I. Fundamentale Theologie der Heilsgeschichte
II. Gottes Handeln und Wort in der Heilsgeschichte
  1. Die Offenbarung
  2. Die bleibende Gegenwart der Offenbarung in Schrift und Tradition
  3. Die Vergegenwärtigung der Offenbarung durch die Kirche
III. Die Antwort des Menschen auf Gottes offenbarendes Tun und Wort
  1. Der Glaube
  2. Die Weisheit der Theologie durch den Weg der Wissenschaft
IV. Gott als Urgrund der Heilsgeschichte
  1. Der Zugang zur Wirklichkeit Gottes
  2. Die Selbsterschließung des dreifaltigen Gottes
  3. Lehramtliche Formulierungen und Dogmengeschichte der Trinität
  4. Eigenschaften und Verhaltensweisen Gottes im Licht der Heilsgeschichte
  5. Der dreifaltige Gott als transzendenter Urgrund der Heilsgeschichte
V. Der Anfang der Heilsgeschichte
  1. Allgemeine Grundlegung der Protologie und theologischen Anthropologie
  2. Die Schöpfung als bleibender Ursprung des Heils
  3. Der Mensch als Gottes Geschöpf
  4. Der Mensch als übernatürliches Ebenbild und der Urstand des Menschen
  5. Der Mensch in der Sünde
  6. Die Welt der Engel und Dämonen als heilsgeschichtliche Mit- und Umwelt des Menschen
VI. Geschichte der Menschheit vor Christus
VII. Das Christusereignis
  1. Die Heilstat des Vaters in Christus
  2. Das Christusereignis als Tat des Sohnes
  Alttestamentliche Grundlagen der neutestamentlichen Christologie
  Christologie des Neuen Testaments
  Dogmengeschichtliche und lehramtliche Entfaltung der Christologie
  Entwurf einer systematischen Christologie
  Die Heilsfunktionen Christi als Offenbarer, Herr, Priester
  Die Mysterien des Lebens Jesu
  Mysterium paschale
  Die Wirkung des Heilshandelns Gottes in Christus
  Marias Stellung und Mitwirkung im Christusereignis
  3. Das Christusereignis als Tat des Heiligen Geistes
    Das Christusereignis als Tat des Heiligen Geistes
    Das Christusereignis im Horizont der Welterfahrung
VIII. Das Heilsgeschehen in der Gemeinde Jesu Christi
  1. Strukturen der alttestamentlichen Ekklesiologie
  2. Ekklesiologie des Neuen Testaments
  3. Wandel des Kirchenbildes und dogmengeschichtliche Entfaltung
  4. Das neue Gottesvolk als Sakrament des Heils

5. Die Wesenseigenschaften der Kirche
6. Teilmomente der Institution Kirche (Kult, Sakramente, Kirchenordnung)
7. Eucharistie als zentrales Mysterium
8. Kirchliche Existenzformen und Dienste
9. Die Kirche als Geschichte

IX. Gottes Gnadenhandeln
1. Die Gnade nach dem Zeugnis der Hl. Schrift
2. Dogmengeschichtliche Entfaltung der Gnadenlehre
3. Gottes Gnadenhandeln als Erwählung und Rechtfertigung des Menschen
4. Das neue Sein des Menschen in Christus

X. Der Weg des erlösten Menschen in der Zwischenzeit
1. Glauben und Handeln
2. Die Umkehr als Anfang und Form des christlichen Lebens
3. Die Entfaltung des christlichen Lebens
4. Der Kampf des Christen mit der Sünde
5. Das christliche Sterben

XI. Die Vollendung der Heilsgeschichte
1. Allgemeine Grundlegung der Eschatologie
2. Biblische Grundlagen der Eschatologie
3. Systematische Entfaltung der Eschatologie

Diese mehrbändige Dogmatik ist ein Gemeinschaftswerk katholischer Theologen, das für die deutschsprachige Systematische Theologie im Umkreis des II. Vatikanischen Konzils in gewisser Weise repräsentativ ist. Die bibelwissenschaftlichen, patristischen und liturgiewissenschaftlichen Interessen und Erkenntnisse, die die katholische Theologie aus dem Bannkreis der neuscholastischen Theologie herausgeführt haben, sind auf vielfältige Weise in dieses Werk eingegangen.

Für den Aufbau sind wichtige Anregungen übernommen aus *K. Rahners* schon 1954 veröffentlichtem »Aufriß einer Dogmatik« (in: K. Rahner, Schriften zur Theologie I, Einsiedeln 1958^3, S. 9–47) und dem Art. Dogmatik (K. Rahner), LThK^2 III, Sp. 446–454, ohne jedoch Rahners transzendentaltheologisches Konzept in der ganzen systematischen Konsequenz zu übernehmen.

Der »speziellen« Dogmatik (IV–XI) geht im Entwurf von »Mysterium salutis« eine »fundamentale« Dogmatik voraus (I–III). Sie hat die Funktion, die allgemeinen und formalen Strukturen von »Heilsgeschichte« auszuarbeiten. Dies wird geleistet in einer Reflexion auf die wesentliche Geschichtlichkeit und Heilsgeschichtlichkeit des Menschen und auf die dialogische Vermittlungsstruktur, durch die »Heilsgeschichte« durchgängig bestimmt ist (Gottes Handeln und Wort – die Antwort des Menschen). Die »spezielle« Dogmatik ist die systematische Darstellung der »Heilsgeschichte« als solcher, d. h. der Geschichte der Offenbarung in ihrem Werden wie in ihrer kirchlichen Vermittlung; der Aufbau will die Phasenstruktur der Offenbarungsgeschichte hervortreten lassen. Die »heilsgeschichtlich« orientierte Gotteslehre ist von vornherein trinitätstheologisch angelegt, da die »Heilsgeschichte« als die Geschichte der Selbsterschließung des dreifaltigen Gottes verstanden wird.

Die traditionellen dogmatischen Themen »Schöpfung – übernatürliche Erhebung – Sündenfall« werden unter der Überschrift »Anfang der Heilsgeschichte« behandelt, wobei »Anfang« nicht verstanden wird als einzelnes erstes Ereignis, sondern als »Ursprung«, als Inbegriff der konkreten anthropologischen Vorgegebenheiten des Verlaufs der Heilsgeschichte. Die Darstellung dieses Verlaufs ist orientiert am »Christusereignis«. Was ihm vorangeht, wird dargestellt als »Menschheitsgeschichte vor Christus«. Da das »Christusereignis« heilsgeschichtlich als Selbstoffenbarung des dreifaltigen Gottes verstanden wird (vgl. IV), ist die Darstellungsform trinitätstheologisch. Die Ekklesiologie (VIII) entfaltet Wesen und Strukturen der Kirche; eine zentrale Bedeutung wird der Eucharistie zuerkannt. Die Sakramente der Ehe und Priesterweihe werden VIII, 8 behandelt. Unter der Überschrift »Gottes Gnadenhandeln« wird eine Anthropologie des erlösten Menschen entfaltet (IX). Kap. X entwickelt Grundstrukturen einer christlichen Ethik, wobei die Sakramente Taufe, Firmung, Buße, Krankensalbung den ihnen entsprechenden christlichen Lebenssituationen zugeordnet werden. Die Dogmatik schließt mit der Darstellung der Eschatologie.

Aufgaben:

– Vergleichen Sie den Aufbau der »Summa theologica« (2.22) mit dem von »Mysterium salutis«.

Worin weichen sie thematisch voneinander ab? Wo haben einzelne Themen eine unterschiedliche Stelle im Aufbau (achten Sie besonders auf die Stelle der Ethik und der Sakramentenlehre)? Was bedeutet das für die jeweilige theologische Konzeption? Vergleichen Sie die systematische Stringenz im Aufbau beider Werke. (Achten Sie besonders darauf, wie »Mysterium salutis« die Problematik der neuzeitlichen historischen Theologie »heilsgeschichtlich« verarbeitet.)

– Beziehen Sie in den Vergleich andere systematische Entwürfe der katholischen Theologie ein, z. B.:

J. S. Drey, Kurze Einleitung in das Studium der Theologie (Tübingen 1819), hg. von F. Schupp, Darmstadt 1971. – *M. J. Scheeben,* Die Mysterien des Christentums (1865), Freiburg 1950². – *M. Schmaus,* Der Glaube der Kirche. Handbuch Katholischer Dogmatik I.II, München 1969.
– Beziehen Sie in den Vergleich die oben (2.23 und 2.24) genannten Darstellungen evangelischer Dogmatik ein. Sind konfessionsspezifische Differenzen zu erkennen?

2.3 Die Prüfung der Verbindlichkeit theologischer Aussagen

2.30 Vorbemerkung

In 2.2 ist die Komposition der Dogmatik an einigen theologiegeschichtlich wegweisenden Beispielen geschildert worden, um umfassende Modelle systematisch-theologischer Texte gleichsam im Querschnitt kennenzulernen. Jetzt sollen gewissermaßen Grundriß und Aufriß systematischer Argumentation aufgezeichnet werden. Damit gelangen wir zu dem entscheidenden Schritt der Urteilsbildung, auf den wir durch zahlreiche Verweise schon vorbereitet sind: zur *Wahrheitsprüfung* theologischer Aussagen.
Die überlieferte Dogmatik, deren Gerüst trotz mancher z. T. tiefgreifender und folgenreicher Variationen in der Stoffanordnung konsistent geblieben ist, kann uns hierbei als Leitfaden dienen. Wenn man die Dogmatik als Textgattung und nicht als Ansammlung zeitloser Wahrheiten und als Legitimationsinstanz ansieht, zeigt sie sich als der *Zusammenhang theologischer Aussagen* (s. 1.33), der zugleich über Herkunft und Ursprung theologischen Redens, über die sog. Quellen theologischer Erkenntnis, verbindlich Auskunft geben und die *Verbindlichkeit theologischer Aussagen* aufweisen will. Anders gesagt: Mit Hilfe des Satzsystems der Dogmatik sollen theologische Aussagen, die auf sehr verschiedene Weise zustande kommen (s. 2.112), als wahr oder falsch beurteilt werden. Oder noch anders ausgedrückt: Der Geltungsanspruch theologischer Äußerungen wird als begründet bestätigt oder als unbegründet verworfen. Dies ist der Punkt, wo das Wort »Geltung«, das wir bisher im umgangssprachlichen Sinne verwendet haben (in Geltung stehen, sich auf Verbindliches beziehen, einen Geltungsanspruch besitzen usw.), theolo-

gisch präzisiert werden muß. »Geltung« bedeutet, »dogmatisch geurteilt«, dann theologische Verbindlichkeit, wenn theologische Aussagen sich in der Wahrheitsprüfung bewähren und dadurch als »wahre Sätze« für die Argumentation maßgebend werden. Solche Aussagen nennen wir *theologisch begründete Aussagen*. Auf sie stützt sich jede *theologische Begründung* weiterer Aussagen im Laufe systematisch-theologischer Argumentation.

2.31 Das Begründungsproblem

Der Begriff der Begründung wird terminologisch eingegrenzt, wenn er bestimmte Schritte im Argumentationsgang bezeichnet. Durch diese Begriffsbestimmung soll zugleich aufgezeigt werden, daß der theologische Diskurs nicht einfach gleichbedeutend ist mit Begründen, sondern dieses umgreift. Der Begründungsvorgang besitzt jedoch als Rekurs auf argumentative Voraussetzungen (s. 1.31) eine zentrale Funktion in ihm, ohne ihn auszufüllen. Zur Abgrenzung sei auf weitere Bedeutungen von »Begründen« und »Begründung« verwiesen, die uns vor allem im akademischen Sprachgebrauch begegnen und in der Theologie oft mit dem Terminus »Begründung«, auf den wir uns im folgenden beschränken wollen, verwechselt oder vermengt werden:

– »Begründung« kann heißen: einen behaupteten Sachverhalt a priori rechtfertigen, indem hinter die Aussage so radikal zurückgegangen wird, daß der Grund dieser Aussage unableitbar hervorgebracht werden kann. Es ist dann keine Berufungsinstanz denkbar außer dem Subjekt dieser Begründung selbst, das sich allerdings auf Allgemeinverbindliches stützen muß, um seine Begründung mitteilen und rechtfertigen zu können. Abgesehen davon setzt ein solcher Begründungsvorgang zunächst alles Vorgegebene außer Kraft, um überhaupt produktiv werden zu können. Er ist sich selbst die einzige und letzte Autorität. Alle anderen Aussagen werden als überkommene Meinungen nur kritisch zur Kenntnis genommen. Diese Begründung wird in der neueren wissenschaftstheoretischen Diskussion als »Letztbegründung« bezeichnet und problematisiert.

– In einem etwas eingeschränkteren Sinne ist von »Begründung« die Rede, wenn der Grund eines Redens auf reflexivem (auf das redende Subjekt bezogenem) Wege so ergründet werden soll, daß das Vorgegeben-Sein des Grundes (das Fundament der Aussagen) ohne weitere Voraussetzungen von neuem konstituiert wird. Beabsichtigt ist dann zumeist, hinter die benennbaren (überlieferten) Gründe zurückzufragen, um dann erst Schritt für Schritt ein verbindliches Reden aufzubauen. Dies ist häufig mit einer »Glaubensbegründung« intendiert, die nicht vom Begründet-Sein des Glaubens ausgehen, sondern zu ihm hinführen will: indem sie plausibel zu machen sucht, wie Glauben ermöglicht wird, z. B. durch die religiöse Verfassung des Menschseins. Solche Begründung verlangt sozusagen einen befristeten Kirchenaustritt, um in einen möglichst breiten Verständigungsraum über die Lebensfragen einzutreten, die alle Menschen betreffen – freilich mit der Absicht, diese Fragen letzten Endes »im Glauben« zu beantworten. – Vgl. zum Problem der Glaubensbegründung 1.114 und 1.322, außerdem z. B. K. Barths Parole: »Was begründet ist, das soll man fein unbegründet lassen« – die Wahrheit der Theologie ist in sich selbst gegründet, jede Frage nach Gott ist nur möglich aufgrund der zuvor ergangenen Offenbarung Gottes (*K. Barth,* Die dogmatische Prinzipienlehre bei Wilhelm Herrmann, in: K. Barth, Die Theologie und die Kirche, München 1928, S. 240–284, hier 267).

– »Begründen« innerhalb eines vorgegebenen Aussagenbestandes meint: aus bestimmten, übergeordneten Sätzen (»ersten Prinzipien«) andere, untergeordnete Aussagen durch logische Schlüsse ermitteln. Die Prinzipien werden dabei als wahr vorausgesetzt – gleichgültig, wie ihre Geltung zustande gekommen und beschaffen ist. Es kann sich um Basissätze handeln, von denen jede Argumentation ausgeht und auf die sie zurückkommen muß, wenn eine Aussage bestritten wird; würden sie ungültig, dann wäre der gesamte Aussagenzusammenhang, in dem sich die Argumentation vollzieht, hinfällig. (Ein solcher Basissatz der Theologie lautet: »Die Aussage, daß Gott nicht ist, ist falsch.«) Die gleiche Funktion können auch kanonische Sätze (aus Bibeltexten oder lehramtliche Äußerungen) haben, weil sie – ungeachtet ihrer jeweiligen geschichtlichen Entstehung – weitere Aussagen normieren. Die Frage nach der Wahrheit solcher Prämissen wird jedoch leicht ausgeklammert oder nur mit dem Hinweis auf ihren faktischen Rang beantwortet. Im Grenzfall wird ihr Geltungsanspruch nicht mehr argumentativ eingelöst, sondern autoritär durchgesetzt. Hier ist dann »Begründung« von einer historisch-sozialen »Legitimation« mit ihren Sanktionen kaum mehr zu unterscheiden.

Wir sehen bereits jetzt: das Wort »Begründung« ist vieldeutig. Einmal deshalb, weil »Begründen« oft nicht nur meint, eine argumentative Voraussetzung zu nennen, Gründe für eine Behauptung beizubringen, sondern auch, auf den Realgrund eines ausgesagten Sachverhaltes zurückzugehen. Im letzteren Falle soll »Begründung« gleichsam von einem archimedischen Punkt aus geleistet werden, der einen ganzen Argumentationszusammenhang aus den Angeln oder in die Angeln heben will. Wer so begründet, nimmt einen Standpunkt ein, der allen möglichen Aussagen gegenübersteht und von ihnen unabhängig ist. Er sieht sich in einem ursprünglichen Verhältnis zur Realität, über die er zu sprechen unternimmt, und lernt, mit dieser Realität umzugehen. Bei dieser Vorstellung wird leicht übersehen, daß Begründungen nur innerhalb eines bereits eingeführten Sprachzusammenhanges erfolgen. »Begründungen haben nichts mit der Relation zwischen einzelnen Sätzen und der Realität zu tun, sondern zunächst einmal mit der Kohärenz zwischen Sätzen innerhalb eines Sprachsystems.« (*J. Habermas,* Wahrheitstheorien, in: Wirklichkeit und Reflexion. Festschrift für W. Schulz, Pfullingen 1973, S. 211-265, hier 245). – Zum anderen entsteht der unterschiedliche Sprachgebrauch aus der verschiedenen Referenz der Gründe, die für die Begründung in Anspruch genommen werden. Man kann Gründe der Theologie (in den Sätzen des theologischen Begründungszusammenhanges) einfach dadurch bestreiten, daß man sie z. B. als nicht philosophisch oder soziologisch ausgewiesen bezeichnet, so ihre Referenz an den in der Philosophie oder Soziologie anerkannten Gründen mißt und derart ihren Referenzrahmen erweitert oder verändert. Damit jedoch erhält die Begründung eine andere Aufgabe: nicht mehr Aussagen innerhalb ihres Sprachzusammenhanges argumentativ zu überprüfen, sondern in der Auseinandersetzung zwischen verschiedenen (wissenschaftlichen) Sprachsystemen eine allumfassende Grundlegung der Wirklichkeit, möglichst in einer Universalsprache (einer Universalwissenschaft) zu leisten. Diese Probleme gehören indessen nicht mehr zu einer Propädeutik, sondern zur Erörterung von Wahrheitstheorien, die uns hier nicht beschäftigen kann. Propädeutisch ist es zweckmäßig, sich an eine Gebrauchsdefinition wie die von *R. Lay* zu halten: »Eine Begründung ist ein Argument, für das Gründe in Satzform derart gegeben werden, daß die angegebenen Gründe den begründeten Satz als zwingende Folge haben.« (in: Studienführer Wissenschaftstheorie II, hg. von H. Rombach, Freiburg 1974, S. 75; ebd. S. 57-62. 75 f. eine Übersicht über den wissenschaftstheoretischen Sprachgebrauch und über verschiedene Begründungsverfahren).

Aufgabe:
Versuchen Sie, bei vorliegenden oder beabsichtigten Begründungen folgende Kontrollfragen zu stellen:
- Soll eine Behauptung durch Angabe von Gründen nachgewiesen werden?
- Wird verlangt, diese Gründe aufzuweisen?
- Werden diese Gründe selbst so stark in Zweifel gezogen, daß die Grundlage der Argumentation bestritten wird?

Begründung will oder soll immer auf eine Warum-Frage antworten (»Warum behaupten Sie dies und nicht jenes?« – »Warum können Sie dies vertreten?«) – und zwar so, daß die genannten Gründe nicht über die »Motive« des Befragten Auskunft geben, sondern beanspruchen oder zumindest einladen, als Argumente auch vom Fragesteller anerkannt zu werden. Aufforderung und Antwort stehen indessen immer in einem kommunikativen Zusammenhang. Eine Aufforderung zum Begründen kann eine Mitteilungsintention verfolgen, die mit einer anderen Verständigungsabsicht völlig unverträglich ist. Unsere Kontrollfragen nennen drei verschiedene Stufen solcher Intention. Bevor man also zu einer Begründung ansetzt, muß man ermessen, welche Intention erfüllt werden soll und werden kann: Sollen Gründe angegeben werden, die den zu begründenden Satz als zwingende Folge haben – oder soll überhaupt erst einmal eine Argumentationsgrundlage geschaffen werden – oder zielt die Warum-Frage gar darauf, jede Begründung aus dem Sprachzusammenhang, in dem sie geäußert wurde, zu lösen, um sie anderen Kriterien zu unterwerfen? Unter Umständen kann eine Form der Begründung den Fragesteller befriedigen, die gar keine spezifischen Gründe im Sprachsystem der Behauptung zu nennen vermag und darum nicht sachgemäß ist. Hier wie auch sonst ist es für die Qualität der Argumentation entscheidend, den Kommunikationsablauf kritisch in den Blick zu nehmen und die erste Regel systematisch-theologischer Argumentation (2.1121) anzuwenden.

2.32 Der Begründungsvorgang

Nach diesen unumgänglichen Vorklärungen ist nun die Begründung theologischer Aussagen zu charakterisieren, unmißverständlich gesagt: die theologische Begründung theologischer Aussagen. Der Zusatz soll die Aufgabe der Begründung in der Theologie gegenüber den Begründungsabsichten abheben, die oben aufgeführt worden sind. Er besagt, daß die Begründungsintention keinesfalls die »Vor-Gegebenheiten« der Theologie, den Gegenstand der Theologie (vgl. die Anmerkung zu 1.31) preisgibt oder auch nur zeitweise außer Kraft setzt, um dadurch die Theologie besser, gesicherter, überzeugender zu fundieren. Wir gehen davon aus und haben bisher auch schon Gründe dafür genannt, daß dieses Unterfangen zur Selbsttäuschung führt. Begründung theologischer Aussagen rechnet hingegen mit dem Begründet-Sein von Sachverhalten, die für theologisches Reden grundlegend sind. Dieses Fundament ist indessen nicht eine bereits in der Überlieferung vorhandene und als Überlieferung vermittelte »Sache«, die nur noch sprachlich zu repräsentieren, auszuführen und zu verdeutlichen wäre. Der *eine und einzige Grund* theologischen Argumentierens ist das von Gott vor allem menschlichen Reden und Denken Gesetzte, das nur mit schweigend anbetender Einstimmung aufgenommen werden kann, zugleich jedoch die Kompetenz zu sachkundiger, Einverständnis ermöglichender Rede gewährt. Auf dieses Gegebene bezieht sich der Glaube als Akt bekennender Antwort und Theologie als geordnetes Reden, das *Gründe* nennt, von denen es zugunsten weiterer Aussagen ausgeht. Darum und um nichts anderes handelt es sich bei der Begründung theologischer Aussagen.

Beispiele:
– Was heißt »Begründen« gemäß der Mahnung von 1. Petr 3,15: »Heiligt den Herrn Christus in euren Herzen, allezeit bereit zur Verantwortung (Apologie) gegenüber dem, der von euch Rechenschaft verlangt über die Hoffnung, die in euch ist«? Die Redewendung »Rechenschaft verlangen« meint (ebenso wie »Rechenschaft geben«) im Kontext dieses Satzes einen – gleichsam per saldo – durch die christliche Lebensführung geführten Erweis, der aber nicht in sich selbst evident ist, sondern Gründe nennt. Diese Gründe bestehen in Sätzen über die Auferstehung Jesu Christi von den Toten, in der die »lebendige Hoffnung« gegründet ist (1. Petr 1,3). Wer diese Hoffnung begründen will, muß also christologisch argumentieren, d. h. bestimmte christologische Aussagen (über Kreuz und Auferweckung Jesu Christi) nennen. Diese Begründung kann nur auf das Begründet-Sein (Gegründetsein) der Hoffnung in der Wirklichkeit des auferstandenen Christus hinweisen, sie bekennend verantworten. Sie wird so in der kommunikativen Struktur der Argumentation dem Charakter des Grundes Rechnung tragen, indem sie sich bei-

spielsweise nicht in Erinnerungen an Jesus verliert, sondern erwartungsvoll von seiner Gegenwart spricht. Sie wird nicht erst beweisen wollen, daß Jesus von Nazareth auferstanden ist – um daraufhin hoffen zu können –, sondern wird ihren Grund als Voraussetzung nennen, der erlaubt, dieses zu denken und anderes zu verwerfen, jenes zu tun und anderes zu unterlassen. Was auch immer im nachhinein gesagt werden mag, um diese Hoffnung plausibel zu machen und sie mit anderen Lebensäußerungen zu vergleichen – das alles kann Hoffnung nicht hervorrufen, wenn anders sie wirklich christliche Hoffnung, Hoffnung aufgrund der Gegenwart Jesu Christi, ist.

– Was heißt »christologische Begründung christlichen Handelns und ethischer Aussagen«? Ihr Merkmal ist ein bestimmtes Argumentationsverfahren, das nicht den Grund menschlicher Existenz und menschlichen Handelns argumentativ schaffen will, sondern diesen Grund als Voraussetzung der ethischen Theoriebildung im Auge behält. In diesem Verfahren kommt die Freiheit der Theologie zum Ausdruck, die es dem Menschen auch in seinem ethischen Urteil erlaubt, aus der Freiheit der Gnade Gottes zu denken und zu leben, die es ihm aber dann auch verwehrt, in irgendeiner Weise diese Freiheit hinterrücks oder nachträglich wieder einzuschränken. Eine Einschränkung, und zwar eine wesentliche und totale Einschränkung, würde es aber sein, wenn die theologische Verbindlichkeit ethischer Aussagen und des ihnen folgenden christlichen Handelns in irgendeiner Weise die Verifikation Gottes zur Folge haben müßte. Unser Heil ist Grund, nicht aber Ziel unseres Handelns: das will die Urteilsstruktur und der Argumentationsvorgang christologischer Begründung einprägen. In ihrem Vollzug werden einzelne Gründe genannt, die der Herrschaft Jesu Christi als heilvollem Grund unseres Seins entsprechen. Solche Gründe können nicht durch eine »Bekenntnishaltung« ersetzt werden; der bekennende Charakter zeigt sich vielmehr in der eben beschriebenen Argumentationsweise. Nur wenn der Grund des Bekennens derart angegriffen wird, daß keine Gründe mehr zu Gehör kommen können, ist das Bekenntnis zugleich Akt und letztes Wort. – Vgl. *G. Sauter,* Was heißt »christologische Begründung« christlichen Handelns heute?, EvTh 35, 1975, S. 407–421.

Die Frage, wie die einzelnen Gründe theologischer Argumentation genuin formuliert wurden und wie sie zur dogmatischen Tradition geworden sind, muß in einer Theorie der Theologie beantwortet werden. Die Gründe werden in den Darstellungen der Dogmatik miteinander verbunden und sind dort aufzufinden; auf sie stoßen wir aber auch bei jeder systematisch-theologischen Urteilsbildung an der Stelle, wo theologische Aussagen beurteilt und normiert werden. Im Rahmen der Propädeutik muß es genügen, diesen Prozeß zu kennzeichnen (und nicht die Gründe im einzelnen zu verfolgen):

- Begründung theologischer Aussagen ist das extensive Zur-Sprache-Bringen des Grundes des Redens von Gott, indem die Gründe für einzelne Aussagen in diesem Reden genannt werden.
- Diese Gründe sind daran zu erkennen, daß ohne sie theologisches Reden in sich sinnlos und hinfällig wäre. Einen Satz, der einen dieser Gründe nennt, haben wir bereits genannt: »Die Aussage, daß Gott nicht ist, ist falsch.«
- Mit Hilfe dieser Gründe wird beurteilt, ob theologische Aussagen glaub-würdig sind oder nicht.
- Begründen ist nicht Ergebnis eines durch Zweifel hervorgerufenen Sicherungsverlangens, sondern Ausdruck kritischer theologischer Freiheit. Sie gibt einer Erkenntnis Raum, die nicht dem Zwang zur Selbstrechtfertigung und Selbstbegründung des Menschen unterworfen ist. Darum ist Begründen keine Reduktion des Redens auf das in jedem Fall noch Vertretbare und Unanfechtbare, es vollzieht sich vielmehr im Ausschreiten und Weiterschreiten im Raum einer gemeinsamen Erkenntnis.
- Begründen ist ein produktives Tun, indem es neue Widerfahrnisse, Einsichten, Fragen und Antworten nach Maßgabe der Gründe, auf die man sich einlassen darf, zu erproben erlaubt.
- Begründen ist ein rationaler Vorgang, d. h. er ist auch von dem zu verstehen, der (aus welchem individuellen Anlaß auch immer) mit den Gründen nicht einverstanden ist, sie sich also nicht zu eigen machen kann. Die Argumentation schließt aus Gründen Folgeaussagen, sie läßt jedoch auch weitere Schlüsse zu und regt Folgerungen an, die ungewohnt sind, aber in der Konsequenz der Gründe liegen und darum den bisherigen Aussagenzusammenhang erweitern.
- Die Gründe, die der Wahrheitsprüfung dienen, bilden eine Einheit: als Aussagen bilden sie einen Zusammenhang (»Begründungszusammenhang«), der von den zu beurteilenden Aussagen der Theologie abzuheben ist.

Der letzte Gesichtspunkt macht uns auf die *Form des Begrün-*

dungszusammenhanges aufmerksam. In der Theologie finden sich zwei Formen, denen zwei Begründungsweisen entsprechen.

2.321 Der dogmatische Begründungszusammenhang

In der Textgattung »Dogmatik« hat der Begründungszusammenhang die Gestalt eines (mehr oder minder ausgedehnten und ausgeführten) *Systems.* Seine Basissätze sind so angeordnet, daß ganze Reihen von Aussagen in einer statischen Zu- und Unterordnung präsentiert werden. Diese verhältnismäßig starre Ableitung – die strenge dogmatische Konklusion – kann rhetorisch aufgelockert werden und z. B. durch Gegenfragen Dialogcharakter erhalten. Das weist darauf hin, daß die Dogmatik gleichsam die Momentaufnahme eines Diskurses im Prozeß der Kommunikation ist, auch wenn dieser reale Vorgang in einer literarischen Fiktion abgebildet wird oder gar nur als Selbstgespräch des Verfassers begegnet. Der Begründungsvorgang wird durch das Satzsystem der Dogmatik sozusagen in einen anderen Aggregatzustand versetzt: er erhärtet gewissermaßen.

Doch ist die Dogmatik nicht so unbeweglich, wie es nach diesem Eindruck erscheinen könnte. Zwar wird ihr Satzsystem nie als ganzes verändert, seine Grenze markiert eine scharfe Differenz zwischen wahren und falschen Aussagen. Aber einzelne Aussagen können hin- und herbewegt werden, bis zur Grenze der Falschheit. Dadurch entsteht ein Bewegungsspielraum für theologisches Reden, ohne daß allerdings die Konsistenz des dogmatischen Satzsystems angetastet würde. Es soll eingeschärft werden, daß es eine Grenze zwischen Wahr und Falsch in der Theologie gibt, im Unterschied zu einem »Verstehen«, das einfach alle Aussagen berücksichtigen und irgendwie gelten lassen will. Das Begründen richtet sich überhaupt nicht auf das Verstehen, sondern darauf, die Wahrheit von Aussagen in der Erfüllung eines ganz bestimmten Geltungsanspruchs zu erweisen: indem die Übereinstimmung und Differenz von Aussagen gegenüber dem theologischen Begründungszusammenhang ermittelt wird. Auf die mögliche Differenz kommt es an, wenn nicht vorhandene Aussagen einfach nur wiederholt werden sollen. Der Begründungszusammenhang besteht aus definiten, endgültigen Sätzen. Deshalb scheinen sie himmelweit von aller alltäglichen Erfahrung, ihren Schwierigkeiten und ihren Veränderungen entfernt zu sein. Tatsächlich sollen sie jedoch bekunden, daß der spezifisch theologische Geltungsanspruch von anderen Geltungsansprüchen unterschieden ist, die aus der Verallgemeinerung von

Erfahrungen erwachsen. Die dogmatischen Sätze hingegen wollen Erfahrungen eröffnen und einen Lebensraum umreißen, in den eigene Erfahrungen gleichsam hineinwachsen. Diese Relation des dogmatischen Begründungszusammenhanges zu weiteren Aussagen wird oft unter dem Eindruck der straff systematisierten, schulmäßigen (scholastischen) Dogmatik übersehen, was dann leicht zum pauschalen Vorwurf des Dogmatismus und zur Forderung einer Dogmenkritik führt, die mit der historischen Rekonstruktion von Dogmen verwechselt wird.

Beispiele:
–*Thomas von Aquin* fragt im Eingang seiner »Summa theologica« (I, q 1 a 2), ob die Theologie Wissenschaft sei (utrum sacra doctrina sit scientia), und gibt zur Antwort, daß sie wie jedes Wissen auf Prinzipien beruhe und aus ihnen Aussagen ableite (sacra doctrina est scientia, quia procedit ex principiis), nur daß diese Prinzipien im Unterschied zu natürlicher Erkenntnis und Wissensgewinnung durch Erleuchtung vermittelt würden (principia revelata, nota lumine superioris scientiae). Methodisch wird also der Nachdruck auf die Gleichförmigkeit des Begründungsvorganges in der Theologie und in allen anderen Wissenschaften gelegt, unbeschadet der Herkunft und der Verschiedenheit der Gründe, die hier und dort maßgebend sind.
– In der altprotestantischen Dogmatik wird durchgängig versucht, Basissätze mit Hilfe biblischer Belege (»dicta probantia«) zu formulieren und aus ihnen Folgesätze abzuleiten. Auch dadurch entsteht ein konsistentes, lückenlos konstruiertes Satzsystem, das als solches die Wahrheit der Theologie repräsentieren soll. Eine gewisse Dynamik wird in dieses System durch die Frage eingeführt, wie sich die Theologie als menschliche Tätigkeit (»Theologietreiben«) zu dieser Wahrheit verhält, genauer: wie Menschen, die der Rechtfertigung durch Gott bedürfen, zum Sachwalter göttlicher, ewiger Wahrheit werden können. Es wird also eine Spannung zwischen der Situation des Menschen vor Gott und der theologischen Aufgabe gesehen, Aussagen als wahr oder falsch zu beurteilen. Von diesem Vorbehalt wird jedoch der logische Vorgang des Urteilens nicht berührt.

2.322 Begründen mit Dialogregeln

Der Dialogcharakter des theologischen Diskurses tritt deutlicher zutage, wenn die Basissätze als *Regeln für den Dialog* aufgefaßt werden und in der ganzen Breite theologischen Redens zur

Anwendung gelangen. Eine theologische Aussage begründen heißt hier nicht, sie aus einem vorgegebenen Aussagenbestand einfach abzuleiten, sondern Gründe dafür zu nennen, daß sie, obwohl sie *etwas Neues sagt,* mit anderen verbindlichen Aussagen verknüpft werden kann. Andernfalls würde die zu begründende Aussage verlangen, die schon geltenden Aussagen zu verwerfen. Der Spielraum, um neue Aussagen derart gelten zu lassen, ist natürlich gering, wenn man nur Aussage an Aussage mißt. So kommt es leicht zu (beliebigen) Verwerfungen der einen oder anderen Aussage. Der Spielraum für neue Aussagen, die begründungsbedürftig sind, erweitert sich jedoch erheblich, wenn es weiterreichende, ein ganzes Problemfeld umfassende verbindliche Aussagen gibt, von denen aus Einzelaussagen beurteilt werden können.

Solche weiterreichenden Aussagen setzen selbst einen sehr differenzierten Begründungsvorgang voraus, in dem viele Einzelaussagen berücksichtigt worden sind, die weitere Aussagen abstützen. So ist beispielsweise die Aussage »Der Glaube ist gegründet in Gottes Wort« eine Dialogregel, aus der nicht Einzelaussagen unmittelbar abgeleitet werden, sondern die an bestimmter Stelle – gleichsam am Scheidewege auseinanderführender Argumentationsgänge – den weiteren Verlauf des Diskurses entscheidet. Das geschieht, indem Einzelaussagen daraufhin geprüft werden, ob sie dieser Dialogregel *folgen,* oder etwa einer anderen. So ist etwa zu fragen, ob die Aussage »Alle Menschen sind Sünder« inmitten von Aussagen über menschliches Handeln und von Formulierungen ethischer Probleme der genannten Dialogregel folgt oder nicht. Der Dialogregel zufolge muß diese Aussage als Aussage über die Beziehung von Gottes Wort (als Zuspruch richtender Gnade) und Glaube formulierbar sein. Aus dieser Problemstellung entstanden z. B. in der reformatorischen Theologie die differenzierten Überlegungen zum Verhältnis von »Gesetz und Evangelium«.

Eine derartige Überprüfung von Aussagen soll vermeiden helfen, daß bereits bekannte Aussagen nur in scheinbar neue umformuliert werden. Sie will vielmehr Aussagen, die wirklich etwas Neues sagen, begründen oder verwerfen. Dadurch wird auch deutlich, daß *Begründung* und *Gewinnung* theologischer Aussagen nicht identisch sind. Werden Aussagen aus einem vorgegebenen Bestand von Sätzen abgeleitet, dann ist dies ein bestimmter, in seiner Funktion für die Theologie durchaus begrenzter Vorgang: es werden zwar gesicherte, aber keine neuen Aussagen gewonnen. Die Gewinnung spart die Begründung aus. Das kann aber nicht der Normalfall sein. Für die Theologie kommt es ja zumeist darauf an, neue Widerfahrnisse und neue Einsichten in theologische Aussagen umzuformulieren und diese zu begründen. Durch die Frage, welche Erfahrungen (noch) keinen theologisch adäquaten Ausdruck gefunden habe, und ihre methodische Beantwortung unterscheidet sich die Theologie vom unmittelbaren Reden von Gott. Sie sucht Aussagen zu gewinnen – oder anders gesagt: zu »entdecken« –, wo sie vielleicht nicht vermutet werden. Das meint nicht, daß Erfahrungen von der Theologie »produziert« werden, sondern im Gegenteil: daß eine möglichst große Spannweite von Aussagen erreicht wird, in der sich Erfahrungen aussprechen können.

Hinweis:
Zur Einführung des Terminus »Dialogregel« und zum Unterschied von Entdecken (Gewinnen) und Begründen theologischer Aussagen s. *G. Sauter,* Die Begründung theologischer Aussagen – wissenschaftstheoretisch gesehen, wieder abgedruckt in: G. Sauter, Erwartung und Erfahrung, München 1972, S. 262–275. – Ders. u. a., Wissenschaftstheoretische Kritik der Theologie, München 1973, S. 308–316. 323–327. 355 f.

2.33 Gewinnen und Begründen

Die Gewinnung theologischer Aussagen, von der eben nur beiläufig die Rede war, hat uns bisher (seit 2.112) als Feststellung von Aussagen im Interpretationsvorgang beschäftigt. Eine weitergehende Beschreibung gehört zur theologischen Erkenntnislehre. Im Rahmen der Propädeutik sind nur einige vorbereitende Schritte in dieser Richtung möglich, indem das Gewinnen vom Begründen abgehoben wird. Gewinnung und Begründung stehen in einem komplexen Verhältnis zueinander, das in der neueren Theologie auch nicht einheitlich gesehen wird. Darum wird es am besten sein und kann zu weiteren Beobachtungen anregen, wenn einige wichtige Gesichtspunkte an Beispielen verdeutlicht werden.

2.331 Gesichtspunkte zur Gewinnung
Häufig wird die Begründung theologischer Aussagen mit ihrer Herleitung aus der Tradition christlicher Theologie (Bibel, Dogmen) gleichgesetzt – oder sie wird im Gegenteil als Kritik dieser

Tradition verstanden. Beidemal scheint die Begründung schon geleistet, wenn die Aussagen so gewonnen sind, daß sie nachvollzogen werden können. Dieses folgenschwere Mißverständnis läßt sich nur vermeiden, wenn man die einzelnen Perspektiven der Gewinnung von der Begründungsaufgabe deutlich unterscheidet.

Beispiel:
M. Kähler, Die Wissenschaft der christlichen Lehre (1883), Nachdruck der 3. Aufl. (1905), hg. von M. Fischer, Neukirchen 1966.
M. Kähler begegnet drei Gefahren, die bei einer systematisch ungeklärten Gewinnung theologischer Aussagen drohen: Biblizismus, Traditionalismus und Modernismus. Darum will Kähler bei der *Gewinnung* theologischer Aussagen drei Schritte berücksichtigt sehen (er selbst ist bei seiner Erarbeitung der Versöhnungslehre exemplarisch so vorgegangen, in: Dogmatische Zeitfragen, Alte und neue Ausführungen zur Wissenschaft von der christlichen Lehre II. Zur Lehre von der Versöhnung, Leipzig 1898):
– Zuerst muß der ›*Schriftbezug*‹, die Orientierung an der Bibel, gewährleistet sein. Sie kommt nicht durch eklektische Rezitation einzelner Belege aus der Bibel zustande. Die Heilige Schrift ist »Offenbarungswort«, das indessen nur im ›heilsgeschichtlichen Zusammenhang‹ als solches zu vernehmen ist. Das Neue Testament kann nicht ohne das Alte gelesen werden und umgekehrt. Theologie muß Biblische Theologie sein, weil die Bibel als Ganzes die Urkunde der Wahrheit Gottes ist – und zwar so, daß in einer »Geschichte« die Erkenntnis Gottes sich ausgestaltet hat zu einem sich immer weiter vertiefenden, bewährenden und klärenden gemeinsamen und allgemeingültigen »Ausdruck«, der nunmehr als »geschichtlich-kirchliche Erfahrung« gelten kann (§ 51). »Eben in dieser Geschichte ist auch die Anschauungswelt gebildet und erwachsen, in welcher sich die Offenbarung in ihren Wirkungen und das sich unter diesen Wirkungen vollziehende Erleben versinnbildlicht und versinnbildlichend mitteilt.« (§ 57) Um des ursprünglichen Bekenntnisses gewahr zu werden, ist also das Offenbarungswort der Bibel von den historisch zu ermittelnden einzelnen biblischen Aussagen zu unterscheiden. Durch diese Unterscheidung ist zugleich die Aufgabe der historischen Erforschung der Bibel markiert, die die Einmaligkeit einer Aussage, die Bezüglichkeit zu anderen und den Grad der Gültigkeit (bis hin zur Allgemeingültigkeit im Gesamt der Bibel) zu ermes-

sen hat. Erst die Verwendung eines biblischen Ausdrucks oder einer »Vorstellung« im Ganzen der biblischen Theologie läßt eine präzise Begriffsbildung erkennen, die u. U. bereits zur Dogmenbildung hinführen kann.

– Sodann ist auf den kirchlich-theologischen *Traditionsbezug* zu achten. Er richtet sich auf die Dogmenbildungen in der »Überlieferung der kirchlichen Lehre«, die ihren Niederschlag in der Dogmengeschichte finden (§§ 44–47. 59). Dogmenbildungen stellen die »wissenschaftliche Verarbeitung« der anschaulichen Glaubenssprache dar (§ 44,2), wissenschaftlich im Sinne der Allgemeingültigkeit, jedoch im Horizont der Gemeinschaft des Glaubens. Die so entstandenen Aussagen sind Explikate der Glaubenserfahrung und stehen darum als Formulierungen der geschichtlichen Korrektur offen; korrekturbedürftig sind sie indessen nicht, weil sie historisch überholbar sind, sondern nur in ihrer Beziehung zu dem, was sie explizieren. Deshalb blickt der Traditionsbezug auch nicht auf eine komplette Überlieferungsgeschichte als auf einen Entwicklungsvorgang zurück, als dessen (vorläufigen) Abschluß die Systematische Theologie sich begreifen könnte. Die Dogmengeschichte ist der historisch zu erforschende, in seinen vielfältigen Faktoren kritisch zu rekonstruierende Zusammenhang von Exempeln theologischer Begriffsbildung mit kirchlicher Geltung, wobei in jedem Einzelfall geprüft werden muß, ob und wie diese Aufgabe gelöst worden ist. Diese Prüfung erfolgt in einer problemgeschichtlichen Analyse der dogmatischen Überlieferung (§§ 40.66), die geschichtlich ausgelegt und zeitgemäß umgeprägt werden muß (§ 59b).

– Schließlich wird mit dem Stichwort »Philosophie« die Auseinandersetzung mit der *geistigen Situation der Zeit* anvisiert, um für die Wandlungen der »Denkweise und Sprache der Christenheit« Sorge zu tragen (§§ 40.59b). Die Philosophie repräsentiert das Allgemeinbewußtsein in reflektierter Gestalt; deshalb wird die eben geforderte zeitgemäße Formulierung theologischer Lehre auf sie kritisch und selbstkritisch eingehen müssen.

Die *Begründung* theologischer Aussagen ist als Aufbau des theologischen Begründungszusammenhanges darzustellen. Darin besteht die eigentlich systematische Argumentation Kählers.

Begründung bringt nicht den Glauben hervor, sondern geht von ihm aus. Diese Voraussetzung kann nicht intellektuell eingeholt werden, sie ist vielmehr zu entfalten:

Im Glauben handelt Gott am Menschen, er rechtfertigt den Menschen und gewährt ihm Gemeinschaft. Was hier geschieht

und wie es geschieht, muß ausgesagt werden, und zwar in spezifisch theologischer Weise. Theologie ist immer auf den Glauben bezogen. Das heißt: Sie beruft sich nicht auf eine fromme Erfahrung des Menschen, sondern auf das, was von Gott her am Menschen geschieht (und dann auch erfahrbar wird). Würde dieses Verhältnis umgekehrt – würde sich also der Glaube durch theologisches Denken selbst begründen wollen –, dann entartete die Theologie zu einer den Glauben erst bewirkenden Religionsphilosophie. Daß dies nicht geschehen darf, wird der evangelischen Theologie durch die reformatorische *Rechtfertigungslehre* (§ 75.2) eingeprägt.
Der Begründungszusammenhang enthält die Gründe, auf die sich das Reden aus Glauben beruft. Da sich Glaubensaussagen nicht auf Verschiedenes stützen können, muß der Glaube sich einheitlich, zusammenhängend explizieren. So ist es das Kennzeichen Systematischer Theologie, die Einheitlichkeit der Glaubensgrundlage deutlich zu machen. Darum erhält für Kähler der *Versöhnungsbegriff* grundlegende Bedeutung für die Theologie (»Die Versöhnung der Welt mit Gott in Christo der begründende Gegenstand des Rechtfertigungs-Glaubens«: §§ 353–545, bes. 356 f.). Versöhnung ist das Fundament des Glaubens. Das in ihr gegründete Reden spricht aus, was der Rechtfertigungs*akt,* mit dem Gott uns zu sich zieht, in Wahrheit *ist.*

Eine der *Fragen,* die sich im Anschluß an M. Kählers Auffassung stellen, betrifft die Rolle der Philosophie als Repräsentant der Zeitgenossenschaft. Kähler orientiert sich hier offensichtlich am philosophischen Selbstverständnis des Deutschen Idealismus und an seinen Auswirkungen auf die evangelische Theologie im 19. Jahrhundert. Heute wird jedoch das sog. Zeitbewußtsein viel stärker in seiner sozialen Diffusion wahrgenommen, vor allem als Ausdruck von soziologisch beschreibbaren Antagonismen; es bildet nicht mehr als geschichtliches Kulturbewußtsein eine relative Einheit. Darum beginnen die Sozialwissenschaften teilweise die Rolle einzunehmen, die bisher die Philosophie (in den letzten Generationen speziell die Geschichtsphilosophie) als Gesprächspartner – vor allem der evangelischen Theologie – gespielt hat.

2.332 Die Relationen verbindlicher theologischer Aussagen
Begründete Aussagen zu formulieren und mitzuteilen, ist eine Sprachhandlung, die mit anderen Sprachhandlungen (Redeweisen) im Raum von Kirche und Theologie in Beziehung steht. Die

Beschreibung dieses Beziehungsgefüges ist geeignet, die Eigenart verbindlichen theologischen Redens (nach herkömmlichem Sprachgebrauch: dogmatischen Redens) herauszustellen und dabei auch konfessionelle Unterschiede – etwa im Kirchenbegriff – hervortreten zu lassen. In gewissem Grade handelt es sich um eine spezifische Fragestellung katholischer Theologie.

Beispiel:
K. Rahner, Was ist eine dogmatische Aussage?, wieder abgedruckt in: K. Rahner, Schriften zur Theologie V, Einsiedeln 1962, S. 54–81.
K. Rahner antwortet in diesem ursprünglich auf einer ökumenischen Fachtagung (1961) gehaltenen Vortrag auf die gestellte Frage mit fünf Thesen, die jeweils im einzelnen erläutert werden. Diese Thesen werden hier vorgestellt; aus den Erläuterungen werden im engen Anschluß an Rahners Formulierungen die wichtigsten Gesichtspunkte herausgehoben; für die feineren Verzweigungen und Absicherungen des Argumentationsganges muß auf den Aufsatz selbst verwiesen werden.
1. These: »Eine dogmatische Aussage ist eine Aussage, die den Anspruch macht, auch in jenem formalen Sinn wahr zu sein, der uns aus der profanen Alltagssprache und –erkenntnis bekannt ist.« (56)
Eine dogmatische Aussage beansprucht, eine wahre Aussage in dem Sinne zu sein, daß sie sich auf einen bestimmten Sachverhalt bezieht und nicht bloß »Verlautbarung einer subjektiven Zuständlichkeit des Redenden« (59) ist. Die auch in profanen Aussagen mögliche Differenz zwischen der Wahrheit, die im eigentlichen personalen Vollzug ergriffen wird, und der Wahrheit der gegenständlich-begrifflichen Aussage über diesen Vollzug ist hier ebenfalls zuzugestehen. Wegen der Eigenart der theologischen Sachverhalte können dogmatische Aussagen, im Unterschied z.B. zu empirischen Aussagen, nur »analoge« Aussagen sein, die mit Hilfe positiver Vorstellungen, die zugleich negiert und transzendiert werden, auf den gemeinten Sachverhalt verweisen. Da die Herkunft des gerechtfertigten Menschen aus der Situation der Sündigkeit nicht nur die moralische, sondern auch die noëtische Situation des Menschen bestimmt, können auch die dogmatischen Aussagen »die Signatur des erbsündigen, schuldigen Menschen an sich tragen« (58); unbeschadet dessen, daß sie an sich wahr sind, können sie voreilig, überheblich, gefährlich usw. sein.

2. These: »Die dogmatische Aussage ist eine Glaubensaussage.« (61)
Sie ist nicht nur Aussage über den Glauben (fides quae creditur), sondern darüber hinaus selbst subjektiver Akt des Glaubens, Glaubensvollzug (fides qua creditur). Sie kommt aus dem Glauben, sie führt die subjektive Grundreflexion, die schon im glaubenden Hören und Annehmen der Botschaft gegeben ist, weiter, entfaltet sie und zielt so beim Hörenden wieder auf Glauben hin (ex fide ad fidem). In diesem subjektiven Moment liegt auch die Differenz der dogmatischen Aussage gegenüber einer religionswissenschaftlichen Aussage über einen theologischen Gegenstand. Wenn auch zugestanden werden muß, daß diese Differenz auf der satzhaften Ebene möglicherweise bewußtseinsmäßig nicht reflektierbar, auf jeden Fall in concreto nicht absolut entscheidbar ist, so ist sie doch, »wo die Erkenntnis *vor* ihrer satzhaft reflexen Aussage im Vollzug der die Gnade annehmenden Person getätigt wird« (63), eine entscheidende Differenz, die den Blick auf die Sache selbst eröffnet oder verschließt.
3. These: »Eine dogmatische Aussage ist eine im besonderem Maße ekklesiale Aussage.« (65)
Wie das Kerygma, so ist auch die von ihm herkommende dogmatische Aussage immer eine kirchliche Aussage. Sie ist es im besonderem Maße, weil in der Kirche in einer gemeinsamen geistigen Situation gemeinsam geglaubt und die überlieferte Botschaft gemeinsam ergriffen werden muß. Es gibt wohl verschiedene Grade bei den dogmatischen Aussagen der lehramtlich verfaßten Kirche, die Gehorsam und Glauben beanspruchen, bis hin zum eigentlichen absoluten Glaubensassens (80) einerseits und dem »privaten dogmatischen Wort des einzelnen Theologen« (80) andererseits. Aber: »Die Übergänge zwischen diesen theologischen Aussagen sind fließend.« (80) Denn diese »privaten« dogmatischen Aussagen einzelner Theologen haben immer die Funktion, die »Erfassung und Assimilierung eigentlicher dogmatischer Aussagen« (80) sicherzustellen oder zu erleichtern, und sind zu verstehen als »Frage des Einzelnen an die Kirche, ob sie diese Aussagen zu den ihren machen kann oder sie wenigstens als in der einen Kirche mögliche ertragen kann.« (67) Die Konsequenzen dieses ekklesialen Charakters dogmatischer Aussagen sind z.B. zu demonstrieren am Problem der Terminologie dieser Aussagen, die als »kommunitäre terminologische Sprachregelung« (68) verstanden werden. Daß die verwendeten Begriffe als endliche dem unendlichen Reichtum des Gegenstandes der

Theologie notwendig inadäquat sind, und daß auch sie geschichtlichen Bedeutungsbedingungen und -wandlungen unterliegen, kann und muß bei der Erklärung und Weiterentwicklung der theologischen Terminologie, an der der Theologe beteiligt ist, berücksichtigt werden. Andererseits ist jedoch der katholische Theologe auch an die kirchliche Sprachregelung gebunden, da er sich »in die kommunitäre geschichtliche Bedingtheit des jeweiligen aktuellen Glaubensbewußtseins« (72) einfügt und so den ekklesialen Charakter seiner Aussage wahrt.

4. These: »Eine theologische Aussage ist eine Aussage ins Mysterium hinein.« (72)

Wie die kerygmatische Aussage und aufgrund der Bindung an sie verweist auch die dogmatische Aussage in das Mysterium Gottes hinein. Sie ist selbst »mystagogisch« (74), »Anweisung, um vor das Geheimnis selbst zu kommen« (74). Sie spricht nicht bloß über das Geheimnis, sondern »beschwört die gnadenhafte Erfahrung des absoluten Geheimnisses selbst als des sich uns mitteilenden in Gnade, die die Christi ist« (74). Auch hier ist zu konzedieren, daß diese mystagogische Dimension nicht oder nur indirekt und kritisch vermutend an den Aussagen selbst festgestellt werden kann, und daß sie vor allem als Anweisung an den Theologen zu verstehen ist, intentional sein Sprechen so zu verstehen.

5. These: »Die dogmatische Aussage ist nicht identisch mit dem ursprünglichen Offenbarungswort und der ursprünglichen Glaubensaussage.« (75)

Auch wenn im ursprünglichen Glaubenszeugnis der Schrift immer schon ein Stück Reflexion und damit Theologie steckt, so ist doch ein wesentlicher Unterschied zwischen ursprünglichem Glaubenszeugnis, das in der Heiligen Schrift seine »reine schriftliche Objektivation« (79) hat, und den theologischen Aussagen festzuhalten. Der Grund liegt in der »eigentümlichen, einmaligen Stellung der Heiligen Schrift« (77), die als »norma normans non normata« der bleibende Grund ist, auf den sich alle späteren dogmatischen Aussagen zu beziehen haben. »Das theologische Wort ist insofern nur theologisches Wort, als es nicht Schriftwort ist.« (80)

Zur Diskussion der Thesen K. Rahners:

– Für Rahners Sprachgebrauch ist kennzeichnend, daß er zwischen »dogmatischen« und »theologischen« Aussagen nicht unterscheidet. Soll man daraus schließen, daß die nicht-dogmatischen Disziplinen mit theologischen Aussagen nur insofern zu tun haben, als sie dogmatische Formulierungen aufnehmen? Oder anders gefragt: Ist jede theologische Aussage immer auch eine dogmatische (und warum?), wenn auch gilt, daß jede dogmatische Aussage eine theologische ist?

– Die zweite und dritte These akzentuieren als Definitionsmerkmale einer dogmatischen Aussage subjektive und intentionale Faktoren (Glaubensvollzug, Mystagogie). Wenn damit mehr gemeint (und u.U. auch gefordert) sein soll als eine bloß subjektive Versicherung oder Absichtserklärung, wäre hier zu fragen nach der Vermittlung dieser Faktoren mit der in der 1. These behaupteten logisch-semantischen Aussagenstruktur dogmatischer Aussagen.

– Wenn in der fünften These die Eigenart dogmatischer Aussagen gerade in der Differenz zur Schrift und in der Normiertheit durch die Schrift angesetzt wird, wäre zu fragen, wie dieser Normierungsvorgang sich methodisch zur historisch-kritischen Bibelexegese und ihren Ergebnissen verhält.

– Wenn man hypothetisch davon ausgeht, daß es sich bei den fünf Thesen Rahners um »theologische« Aussagen handelt, könnte man probeweise diese Thesen auf sie selbst anwenden. Diese Selbstanwendung könnte u.U. dazu führen, im Bereich theologischer Aussagen genauer zu differenzieren zwischen verschiedenen sprachlichen Typen und theoretischen Stufen (objekt-, metasprachlich usw.) theologischer Aussagen. Vgl. hierzu z.B. *F. Schupp,* Auf dem Weg zu einer kritischen Theologie, Freiburg 1974, S. 139. – *H. Peukert,* Bemerkungen zum Verhältnis von Sprachanalyse und Theologie, in: *D. M. High,* Sprachanalyse und religiöses Sprechen, Düsseldorf 1972, S. IX–XXIV.

2.333 Die Geschichtlichkeit dogmatischer Aussagen

Die evangelische Theologie hat sich seit ihren Anfängen mit dem Problem der Autorität kirchlich-theologischer Überlieferungen auseinandersetzen müssen. Diesen Blick hat die Ausbildung historischer Kritik in der Biblischen Exegese und der Historischen Theologie seit der Aufklärung geschärft. Daraus haben sich Anforderungen an die Systematische Theologie ergeben, die speziell ihre Begründungsaufgabe betreffen. Wenn diese Problematik heute auch nicht mehr auf den Protestantismus beschränkt ist, legt es sich doch nahe, das Diskussionsvotum eines evangelischen Theologen als Lösungsvorschlag heranzuziehen.

Beispiel:
W. Pannenberg, Was ist eine dogmatische Aussage?, wieder abgedruckt in: W. Pannenberg, Grundfragen systematischer Theologie, Göttingen 1971[2], S. 159–180.
W. Pannenberg geht in seinem Vortrag (dem Korreferat zu dem in 2.332 resümierten Beitrag K. Rahners auf einer gemeinsamen Tagung eines evangelischen und römisch-katholischen Arbeitskreises) davon aus, »daß evangelische Theologie sich überhaupt als Dogmatik verstehen kann« (159) und daß die Dogmatik »die immer wieder neue Prüfung des Dogmas« (160) zur Aufgabe hat. Der Dogmatik und dem Dogma (d.h. den für den christlichen Glauben verbindlich formulierten Einsichten in den Inhalt der Offenbarung Gottes) steht nach evangelischem Verständnis die Offenbarung als kritische Instanz gegenüber. Auf sie bezieht sich nach vorherrschender Auffassung die Prüfung des Dogmas; konkret geschieht dies in der Bindung an die Heilige Schrift (160 f.).
Pannenberg umreißt so das grundsätzliche Selbstverständnis evangelischer Dogmatik und erinnert damit zugleich an dessen historischen Ursprung in der Reformation, der die Entwicklung evangelischer Theologie bestimmt hat. Im Laufe der Theologiegeschichte, die Pannenberg verfolgt, hat das reformatorische Schriftverständnis – von dem wesentlich abhängt, was als dogmatische Aussage gilt –, keine prinzipielle Veränderung erfahren. Kern des Schriftverständnisses ist Luthers Auffassung von der »Klarheit der Schrift« (vgl. 165). Nur aufgrund dieser Klarheit bedarf es neben der Schrift keiner weiteren kritischen Instanz für die Dogmatik. Die Klarheit der Schrift ist so verstanden, daß »kein grundsätzlicher Unterschied zwischen einer historischen Schale und dem dogmatischen Kern des Schriftinhaltes gemacht« wird (165).
Diese Auslegung des reformatorischen Schriftprinzips führt Pannenberg zu einer *1. These:* »Der dogmatische Inhalt der Schrift muß sich durch historische Argumentation aufweisen lassen.« (166) Diese These will verdeutlichen, in welcher Weise die theologiegeschichtliche Entwicklung des Umgangs mit der Schrift, die Einführung der historisch-kritischen Methode, im reformatorischen Schriftverständnis schon angelegt ist und inwiefern sie von grundsätzlicher Bedeutung ist für die evangelische Dogmatik.
Die Veränderungen im Verständnis der historischen Bibelinterpretation, die im weiteren Verlauf der Geschichte evangelischer

Theologie eingetreten sind, sucht Pannenberg mit dem reformatorischen Ansatz zu vermitteln: Die Klarheit der Schrift schien immer mehr fragwürdig zu werden, weil die Einheit der Schrift nicht mehr – wie bei den Reformatoren – als (äußere) Lehreinheit, d.h. als ein sichtbarer Zusammenhang von Aussagen, dargestellt werden konnte. Statt von »Schrift« muß hinfort von einer urchristlichen Überlieferungsgeschichte gesprochen werden (vgl. 170). Das Problem, das sich dadurch stellt, formuliert Pannenberg in der *2. These:* »Also gerade der historische Rückgang hinter das Kerygma in seinen verschiedenen Gestalten auf das Auftreten, den Tod und die Auferweckung Jesu selbst ist nötig, um im Christusgeschehen einen Maßstab zur Beurteilung der verschiedenen Zeugnisse von ihm schon im NT selbst zu gewinnen.« »Andererseits aber kann das Christusgeschehen nur dann Maßstab zur Beurteilung der verschiedenen Gestalten des urchristlichen wie alles späteren kirchlichen Kerygmas sein, wenn dieses Geschehen als solches seine Bedeutung schon in sich trägt.« (169 f.) Daraus ergibt sich die Aufgabe der Dogmatik: Noch immer gilt es, dem reformatorischen Schriftverständnis entsprechend den Inhalt der Schrift (Jesus Christus) durch historische Schriftforschung zu erheben (170). Indessen sind der historisch erforschbare Inhalt der Einzelaussagen (sensus historicus) und die Aussagen selbst (d.h. ihre Formulierung) nicht mehr ohne weiteres identisch: »Der Dogmatiker hat es darum nicht mehr nur mit exegetischen Aussagen zu tun, . . . sondern darüber hinaus und vor allem mit historischen Aussagen im umfassenderen Sinne über die Geschichte Jesu und den Prozeß ihrer Überlieferung und Auslegung im Urchristentum.« (170).

So stellt sich die Frage, wie dogmatische und historische Aussagen sich zueinander verhalten, noch einmal neu. Pannenberg führt an dieser Stelle allgemeine Definitionen ein, die den historisch entwickelten Problemstand aufnehmen und systematisch weiterführen *(3. These):* »Dogmatische Aussagen . . . setzen . . . das historisch Besondere voraus und suchen dessen universale Bedeutung für das Ganze der Wirklichkeit und des menschlichen Wahrheitsbewußtseins zu formulieren.« (171) Zweierlei ist an dieser Definition wesentlich: Zum einen stellt sie den Rückbezug dogmatischer Aussagen auf *historisch Vorgegebenes* fest; zum anderen begreift sie den Zusammenhang des historisch Wahrnehmbaren, die »Geschichte« (172), ontologisch als das *Ganze der Wirklichkeit.* »Vom Besonderen der Geschichte Jesu her, als eschatologischem Geschehen, sieht die Dogmatik das Ganze der

Wirklichkeit so, daß in diesem Ganzen alles einzelne miteinander zusammenhängt.« (173) Der Bezug auf das Ganze der Wirklichkeit ergibt sich für Pannenberg theologisch daraus, daß von Gott als vom »Schöpfer des Alls« die Rede sein muß, wenn von ihm sinnvoll gesprochen werden soll (vgl. 172). Derart konvergieren das »biblisch-israelitische Verständnis von Wirklichkeit« und die moderne Auffassung des Historischen als eines singulären Geschehens, das nur in einem umfassenden Zusammenhang (Universalgeschichte) zu verstehen ist.

Die These von der Universalität der dogmatischen Aussagen wird durch weitere Bestimmungen erläutert und gestützt *(4. These):* Dogmatische Aussagen sind wesenhaft *doxologisch* (lobpreisend), sofern sie vom geschichtlichen Handeln des ewigen Gottes sprechen, und sie sind notwendig *proleptisch,* weil sie das »noch ausstehende Geschehen« im vergangenen Geschehen mit zum Ausdruck bringen müssen, wenn anders sie das Ganze der Wirklichkeit Gottes in den Blick nehmen wollen (174–176). In diesem Sinne nennt Pannenberg wie K. Barth das Dogma einen »eschatologischen Begriff« (180). Gemeint ist damit vor allem der eschatologische »Vorbehalt«, unter dem dogmatische Aussagen stehen, weil sie überholbar sind.

Aus alledem ergibt sich, daß der geschichtliche und methodische Vorgang der Weiterentwicklung und Umbildung dogmatischer Aussagen selbst theologisch begriffen werden kann *(5. These):* als Herausbildung der *universalen Wahrheit* des Christusgeschehens (vgl. 178). Mit diesem konstruktiven Versuch möchte Pannenberg nicht nur dem Bemühen gerecht werden, dogmatische Aussagen an ihren historisch feststellbaren Bezugspunkt zu binden, sondern er wahrt für sie auch das (der Universalität entsprechende) Höchstmaß an Veränderlichkeit, d.h. an Entfaltung von Bedeutungsgehalten.

Pannenbergs Ausführungen enthalten den Lösungsvorschlag für zwei miteinander verknüpfte Probleme Systematischer Theologie:

– Das Problem der Endgültigkeit theologischer Aussagen wird als (vermittelbare) Differenz von historischer Einmaligkeit und universaler Bedeutungsgeschichte aufgefaßt, weil das Paradigma, auf das sich sämtliche dogmatischen Aussagen beziehen, die Geschichte Jesu ist. Dieses Ereignis ist sowohl historisch einmalig wie universal bedeutungsvoll. Pannenberg kann daraufhin dogmatische Aussagen auch als Hypothesen kennzeichnen (vgl. 178), weil sie geschichtlich (d.h. auf das Ganze der Wirklichkeit

Gottes bezogen) überholbar sind. Mit dieser Überholbarkeit ist nicht die bloße Relativität von Aussagen untereinander gemeint, sondern eine auf die Totalität aller (möglichen) Aussagen über Gott bezogene, vorläufige Nicht-Endgültigkeit.
– Das Problem der Begründung theologischer Aussagen wird als (ebenfalls vermittelbare) Differenz von Universalität und Wahrheit beschrieben; die Universalität dogmatischer Aussagen besteht in ihrer Reichweite, die alle Menschen und das Ganze der Wirklichkeit betrifft. Ein singulärer (historisch feststellbarer) Sachverhalt kann nur im Ganzen der Wirklichkeit als »wahr« erwiesen werden. Darum ist die Dogmatik zwingend auf die Religion in der geschichtlichen Vielfalt der Religionen angewiesen. Denn nur im religiösen Dialog über die Wirklichkeitserfahrung kommt die Einheit zustande, die sonst leicht in der Verschiedenheit von christlicher Dogmatik und allgemein-vernünftiger Welterkenntnis preisgegeben würde. Diese Einheit auszusagen, ist die inner-dogmatische Aufgabe der Wahrheitsfindung.

Zur Diskussion der Konzeption W. Pannenbergs ergeben sich vor allem zwei Fragen:
– Die Forderung nach historischen Nachweisen verleiht dem Geltungsanspruch historischer Wahrheit ein beherrschendes Gewicht. Fällt die Herleitung dogmatischer Aussagen aus dem Geschichtszusammenhang der Überlieferung mit ihrer Begründung zusammen?
– Die den historischen Rekurs stützende universale Theorie der Religion läßt eine unabsehbare Vielfalt von Sinn-Verweisen zu. Kann dann noch das Entweder-Oder von Wahr und Falsch in einer vorläufigen geschichtlichen Situation in den Blick kommen?

3 Einübung in theologisches Reden und Umgang mit theologischen Grundbegriffen

3.0 Vorbemerkung

Begriffe sind gleichsam die Bausteine systematischer Argumentation. Sie dürfen jedoch nie von den Texten und Aussagen isoliert werden, in die sie eingebettet sind. Darum schließt die Feinarbeit der Begriffsanalyse und Begriffsbildung sich propädeutisch der Interpretation von Texten und der Untersuchung von Aussagen an.

Sowohl die Interpretation theologischer Texte (2.1) als auch die Argumentation im theologischen Diskurs (bes. 2.3) sind sprachliche Vorgänge, für die die Sprache nicht bloß ein mehr oder weniger brauchbares Instrument sein kann, sondern die auch auf direkte, explizite sprachliche Tätigkeit angewiesen sind. Es kommt darauf an, die theologische Sprache nicht einfach nur zu sprechen, sondern sie auch zu verantworten. Diese Aufgabe wird vor allem beim Übergang von der Alltagssprache zu einer begrifflich präzisierten Sprache akut.

Das Erlernen einer brauchbaren Begriffssprache ist für das Studium der Theologie unerläßlich. Um sie zu erarbeiten, muß man zunächst die wesentlichen Probleme der Begriffsbildung kennenlernen.

3.1 Die Problemstellung

»Selbst die zentralsten Begriffe der Theologie, Gnade, Heil, Sünde, Gott, sind heute weitgehend zu Vokabeln geworden, unter denen man sich nichts mehr vorstellen kann, die der Erfahrungsbasis entbehren. Sie gleichen oft einer Währung, die nicht mehr gedeckt ist durch die lebendige Erfahrung des Glaubens und des christlichen Lebens inmitten der Geschichte.« (*W. Kasper,* Methoden der Dogmatik, München 1967, S. 70)

»Was Versöhnung und Erlösung, was Wiedergeburt und Heiliger Geist, was Feindesliebe, Kreuz und Auferstehung, was Leben in Christus und Nachfolge Christi heißt, das alles ist so schwer und so fern, daß wir es kaum mehr wagen, davon zu sprechen.« (*D. Bonhoeffer,* Widerstand und Ergebung [1951], Hamburg 1964, S. 152)

Die beiden zitierten Texte artikulieren exemplarisch die Schwierigkeiten, die sich vielen Zeitgenossen im Umgang mit den großen und zentralen Begriffen der kirchlichen und theologischen Überlieferung aufdrängen. Die Systematische Theologie hat die Aufgabe, solche aktuellen Verständnis- und Verständigungsschwierigkeiten in möglichst klare Problemstellungen umzusetzen, um dann zu untersuchen, ob und wie sie sich lösen lassen. Bei den artikulierten Schwierigkeiten handelt es sich um Probleme der Wortbedeutung, um wortsemantische Probleme. Die Erörterung wortsemantischer Probleme ist, wie auch die Theologiegeschichte und die gegenwärtige Wissenschaftspraxis zeigen (Begriffsmonographien, Lexika usw.), eine konstitutive Aufgabe systematisch-theologischer Arbeit.

Wenn man diese Aufgabe wahrzunehmen sucht, erscheint es sinnvoll, die wortsemantischen Theorien, wie sie in den Sprachwissenschaften entwickelt werden, nicht außer acht zu lassen, sondern zu erproben, ob und wie sie zu Klärungen und Lösungen spezifisch theologischer Probleme beitragen können. Wortsemantische Probleme sind in engem Zusammenhang zu sehen mit logischen bzw. grammatischen Problemen, d. h. mit Problemen, die sich auf die logische Funktion bzw. die grammatische Kategorie von Ausdrücken beziehen. Wenn man z. B. bedenkt, daß R. Carnap, einer der Klassiker des modernen Empirismus, gegen die Wissenschaftlichkeit der Theologie eingewandt hat, sie könne ja nicht einmal die logische Kategorie ihres zentralen Terminus »Gott« angeben, dann kann man die Berücksichtigung logischer Probleme nicht von vornherein als irrelevant für die theologische Arbeit ansehen. Wir beginnen darum im Abschnitt 3.2 mit der Erörterung einiger logischer Elementarprobleme. Die nachfolgenden Abschnitte beschäftigen sich dann im engeren Sinn mit semantischen Fragen. In jedem Kapitel geht es um ein begrenztes Teilproblem, das sich im Umgang mit theologischen Grundbegriffen stellt und um Verfahren, dieses Problem zu bearbeiten. Die jeweils herangezogenen einzelnen Grundbegriffe haben nur die Rolle von Beispielen. Es geht also nicht darum, die Bedeutung der wesentlichen Grundbegriffe der Theologie umfassend zu klären, sondern nur darum, Probleme zu zeigen, die auftreten, und Verfahren, die anwendbar sind, wenn man sich daran macht, die Bedeutung dieser Grundbegriffe zu klären.

3.2 Elementare logische Probleme

In der allgemeinen Logik wird eine grundlegende Unterscheidung gemacht zwischen zwei Arten von Worten: »Eigennamen« und »Prädikatoren«. Ein *Prädikator* ist ein »Gemeinname«, ein Ausdruck, der vielen Gegenständen zugesprochen werden kann (Wunder, Sünder, tot usw.). Ein *Eigenname* bezieht sich auf genau einen Gegenstand (Abraham, Jerusalem usw.). Ein Eigenname nimmt die Stelle einer hinweisenden Geste oder eines Zeigeausdrucks (Indikator) ein; er ersetzt eine »deiktische Handlung« (»dies da . . .«). Da wir nicht für jeden Einzelgegenstand unserer Welt einen Eigennamen haben können und haben müssen, wird die Funktion von Eigennamen logisch auch übernommen von dem, was man *Kennzeichnung* nennt (dieser Tempel, der salomonische Tempel, unser Glaube, das erste allgemeine Konzil usw.). Eine Kennzeichnung ist also im Unterschied zu einem Eigennamen eine Wortgruppe, in der ein Prädikator (Tempel, Glaube, Konzil usw.) verbunden wird mit einem Eigennamen oder einem Indikator (Orts-, Zeitadverbien, Possessiv-, Demonstrativpronomina usw.). Im Rahmen der logischen Klassifizierung wird schließlich von Prädikatoren und Eigennamen unterschieden eine besondere Klasse, die man *synkategorematische Ausdrücke* nennt. Damit sind Ausdrücke gemeint, die nur in Verbindung mit anderen Ausdrücken sinnvoll gebraucht werden können und gegenüber diesen anderen Ausdrücken eine bestimmte Funktion ausüben. Zu dieser Klasse von Ausdrücken gehören z. B. *Junktoren,* die Ausdrücke oder Wortgruppen miteinander verbinden: z. B. und, weder-noch, dennoch usw.; *Quantoren:* z. B. alle, jeder, keiner, nicht (= Allquantoren bzw. Negationen), einer, einzig, allein (= Einsquantoren); *Indikatoren:* hier, dort, mein usw.

Beispiel: Zur Logik des Wortes »Gott«
Am Beispiel des Wortes »Gott« läßt sich zeigen, welche Relevanz solcherart logische Klassifizierungen für die Systematische Theologie haben. Ist »Gott« ein Eigenname, oder ein Prädikator, oder vielleicht keines von beiden? In den Berichten über die neuesten Vorschläge zur Rechtschreibreform las man mit gewissem Erstaunen, daß neben Satzanfängen und Eigennamen einzig das Wort »Gott« in Zukunft groß zu schreiben sei. Es scheint, daß man hier davon ausgeht, daß das Wort »Gott« wie ein Eigenname behandelt werden soll, obwohl er nicht eindeutig

einer ist, denn dann brauchte man ihn neben den Eigennamen nicht eigens zu erwähnen. Nun geht gewiß der christlich-religiöse Sprachgebrauch davon aus, daß dieses Wort *einen* und nur *einen* »Gegenstand« bezeichnet. Sprachgeschichtlich ist das nicht selbstverständlich, und es ist zu bedenken, welche semantischen Konsequenzen eine solche logische Klassifizierung hat.

Im Alten Testament sind »el« und »elohim« keine Eigennamen, sondern Prädikatoren. Im Bereich der griechischen Sprachwelt ist »theos« ursprünglich ein Prädikatsbegriff. Dasselbe gilt für das lateinische Wort »deus« und die ursprüngliche Verwendung des altnordisch-gotischen Wortes »got«. Es ist klar: »Gott« als Prädikator zu gebrauchen, impliziert einen polytheistischen Sprachgebrauch.

Die Bezugnahme auf *einen* Gegenstand erfolgt im jüdisch-christlichen Zusammenhang zunächst durch *Kennzeichnungen:* der Gott Abrahams, Isaaks und Jakobs; unser Gott; der Gott, der Israel aus dem Sklavenhaus Ägyptens geführt hat; der Gott, der Jesus von den Toten auferweckt hat; der wahre Gott usw. Im alttestamentlichen Sprachzusammenhang sind diese Kennzeichnungen wiederum ersetzbar durch einen Eigennamen, wie es exemplarisch im »Schᵉma Jisrael« bekannt wird: »Jahwe ist unser Gott, Jahwe allein.« Die genannten Kennzeichnungen setzen den Gebrauch des Wortes »Gott« (el-theos) als Prädikator voraus. Das gilt auch noch bei der Kennzeichnung mit Hilfe des Einsquantors: »Wenn es auch viele sogenannte Götter gibt und viele Herren, so gibt es für uns doch nur *einen* Gott.« (1. Kor 8,4) Die monotheistische Normierung des Sprachgebrauchs (logisch mit Hilfe der rigorosen Anwendung des Einsquantors) hat schließlich dort, wo der christliche Monotheismus soziokulturell zur Alleinherrschaft kommt, die Folge, daß das Wort »Gott« selbst vom Prädikator zum Eigennamen wird. Die logischen Prozesse, die die monotheistische Entgötterung der Welt begleiten, haben erhebliche semantische Konsequenzen. Wenn in der Antike ein Jude oder Christ sagte: »unser Gott«, so hatte das Wort »Gott« einen semantischen Gehalt, an den diese Kennzeichnung anknüpfte. Wenn aber das Wort »Gott« als prädikatorisches Basiselement von Kennzeichnungen (und damit als semantische Lernbasis) entfällt, da es ja selbst bereits als Eigenname fungiert, stellt sich die Frage, wie man denn die Bedeutung dieses Wortes lernen und identifizieren kann.

Ein Weg, den die christliche Theologie im Anschluß an die griechische Metaphysik eingeschlagen hat, um das semantische

Problem des Monotheismus zu bewältigen, ist der Entwurf von *Kennzeichnungen,* mit denen sich der Eigenname »Gott« reidentifizieren läßt: summum ens, summum bonum, finis ultimus, der tiefste Seinsgrund, die absolute Zukunft, der Allmächtige, der Ewige, die Liebe schlechthin, das uns unbedingt Angehende usw. Es ist deutlich, daß hier logisch vor allem mit All-, Eins-Quantoren und Negationen gearbeitet wird. Die klassischen Gottesbeweise sind die argumentative Entfaltung von Kennzeichnungen, die sich zusammensetzen aus einem Basisprädikator (bonum, finis usw.) und einer logischen Partikel, die die Anweisung enthält, wie mit dem Basisprädikator zu verfahren ist. Dabei ergibt sich ein Vorgehen, das in der traditionellen Theologie mit dem Begriff »Analogie« bezeichnet wird; seine Phasen werden als via affirmationis, negationis und eminentiae beschrieben. Auch das im Zusammenhang der angelsächsischen Sprachanalyse entwickelte »disclosure- Modell« hat diese logische Struktur: ein Wort, das eine empirische Basis in bestimmten Erfahrungen und Situationen hat, wird mit einer operatorischen Anweisung versehen (sie wird »qualifier«, »Funktor«, »Operator« genannt: z. B. All- oder Un-). Von der Durchführung dieser Operation wird eine »disclosure« (Erschließung, Erleuchtung) erwartet (vgl. *W. A. de Pater,* Theologische Sprachlogik, München 1971, S. 25). Die logische Struktur entspricht den klassischen Gottesbeweisen, doch spielt gegenüber der rein logischen Durchführung hier die sprachpragmatische Dimension des Vorgangs eine große Rolle; während die Gottesbeweise in der Summa theologica des *Thomas von Aquin* nur den logischen Prozeß beschreiben und mit der Feststellung enden: quod omnes dicunt Deum, wird das sog. »disclosure-Modell« zugleich als psychologisches Verfahren verstanden, um zu einer »disclosure« zu kommen.
Der zweite Weg, den die abendländische Theologie eingeschlagen hat, ist der Versuch, die ursprüngliche Prädikatorfunktion des Wortes »Gott« zu reaktivieren, um auf dieser Lernbasis »den wahren Gott« neu zu identifizieren. So geht z. B. *M. Luther* im Großen Katechismus bei der Auslegung des ersten Gebots vor, wenn er fragt: »Was heist ein Gott haben, oder was ist Gott? Antwort. Ein Gott heisset das, dazu man sich versehen sol alles guten, und zuflucht haben ynn allen nöten. Also das ein Gott haben nichts anders ist, denn yhm von hertzen trawen und gleuben, wie ich offt gesagt habe, das alleine das trawen und gleuben des hertzens machet beide Gott und abeGott.« Bei M. Luther wird ein polytheistischer Sprachgebrauch des Wortes

»Gott« reaktiviert, um den christlichen semantisch präzisieren zu können.
Bisher wurden die logischen Möglichkeiten erörtert, das Wort »Gott« als Prädikator oder als Eigennamen zu verstehen. Am Rand der neueren philosophisch-theologischen Diskussion begegnet auch der Vorschlag, das Wort »Gott« als synkategorematischen Ausdruck zu verstehen. Der Philosoph F. Kambartel, der erstmals diesen Vorschlag gemacht hat, ist der Ansicht, nicht nur der Gebrauch des Wortes »Gott« als Prädikator, sondern auch seine Verwendung als »Eigenname« entsprächen nicht einer christlichen Theo-Logik. Sein Vorschlag geht dahin, eine Definition für den Wortkomplex »Leben in Gott« auszuarbeiten, in der Weise, daß bestimmt wird, »wann für ein Leben X der Satz ›Leben in Gott‹ gelten soll« (*F. Kambartel,* Theo-logisches. Definitorische Vorschläge zu einigen Grundtermini im Zusammenhang christlicher Rede von Gott, ZEE 15, 1971, S. 32 f.). Das Wort »Gott« allein für sich bedeutet danach nichts und läßt sich auch nicht in Form einer Kennzeichnung definieren, sondern es übt nur eine Funktion aus, wenn es einem Kategorem (hier dem Prädikator »Leben«) hinzugeführt wird; erst der komplexe Prädikator »Leben in Gott« läßt sich semantisch bestimmen. In der selben Richtung hat F. Schupp den Vorschlag gemacht, den christlichen Gottesbegriff als synkategorematischen Ausdruck zu verstehen, der einen bestimmten Gebrauch der Worte »Freiheit« und »Zukunft« als christlichen Gebrauch qualifiziere: »der Ausdruck ›Gott‹ symbolisiert den christlichen Sprachgebrauch von ›Freiheit‹ und ›Zukunft‹, der darin liegt, daß Sätze, in denen diese Ausdrücke vorkommen, zugleich ›Kritik‹ und ›Hoffnung‹ beinhalten« (*F. Schupp*, Auf dem Weg zu einer kritischen Theologie, Freiburg 1974, S. 144).
Die Vorschläge, »Gott« als synkategorematischen Ausdruck zu verstehen, sind noch sehr wenig ausgearbeitet. So kann man auch noch kaum beurteilen, ob sie sich durchhalten lassen, vor allem wenn man die Verwendung des Wortes »Gott« als personale Anrede im Gebet mitberücksichtigt.
Die Überlegungen zeigen jedoch:
Vor der Frage »Was ist das eigentlich – Gott?« stellt sich die Frage »Was ist das eigentlich für ein Wort – ›Gott‹?« Und wie diese Frage entschieden wird, davon hängt für den Aufbau der theologischen Sprache und Argumentation wie für das religiöse Reden und Redenlernen nicht wenig ab.
Die genannten einfachen logischen Unterscheidungen spielen

jedoch nicht bloß innerhalb der Gotteslehre im engeren Sinne eine wichtige Rolle. Insofern das Christentum nicht nur »*mono*-theistisch« ist, sondern auch universale Heilsverheißungen und Wahrheitsansprüche mit singulären Personen und Ereignissen verknüpft, haben Sätze, die logisch mit All- und Eins-Quantoren gebildet sind, in der Theologie eine große Bedeutung (»Alle haben gesündigt« – »Keiner ist gerecht vor Gott« – »Einer ist für alle gestorben«). Auch in den Auseinandersetzungen um das unterscheidend Christliche spielen solche synkategorematischen Ausdrücke eine Rolle (solus Christus, sola fides, sola gratia, sola scriptura, wogegen dann z. B. in der älteren Kontroverstheologie das »katholische et« gesetzt wird: Glaube und Werke, Schrift und Tradition usw.). Die Übergänge zwischen »Prädikator« und »Eigenname«, wie sie beim Wort »Gott« festgestellt wurden, sind auch bei anderen Worten festzustellen; z. B. wenn der Ausdruck »Erlösung« nicht mehr als Gattungsbegriff, sondern wie ein Eigenname einen einzigen Vorgang bezeichnet; oder wenn umgekehrt Eigennamen wie »Exodus« oder »Judas« wie Gattungsbegriffe verwandt werden.
Aus diesen Beispielen ist zu sehen, welche Bedeutung elementaren logischen Überlegungen für das Verständnis und die Begründung theologischer Aussagen zukommt.

3.3 Umgangssprache und Terminologie

Die Sprache einer Wissenschaft basiert auf der Umgangssprache. Die Ausdrücke, die wir umgangssprachlich verwenden, sind so plastisch, wie es für unsere alltagssprachlichen Kommunikationsprozesse zweckmäßig ist. Unsere umgangssprachlichen Ausdrükke haben zumeist eine relativ weitgespannte und vage Bedeutung, die aber durch den Kontext und die Situationen, in denen wir sie verwenden, so eingegrenzt und festgelegt wird, daß Verständigung gewöhnlich in ausreichendem Maße gelingt, ohne daß man sich über die genaue Bedeutung der verwendeten Ausdrükke eigens verständigen müßte.
Es ist das Kennzeichen der Wissenschaftssprache, daß sie solchen eingespielten und sich immer wieder konkret einspielenden Verständigungsprozessen nicht ohne weiteres vertraut. Ihr theoretischer Erkenntnis- und Wahrheitsanspruch verlangt eine präzisere Verwendung der Ausdrücke, als es in der Umgangssprache

möglich und erforderlich ist. Diese Präzisierung geschieht in der Ausbildung einer *Terminologie.* »Ein Terminus ist ein Prädikator einer wissenschaftlichen Sprache.« (*W. Kamlah / P. Lorenzen,* Logische Propädeutik, Mannheim 1967, S. 70)

Von den Ausdrücken der Umgangssprache unterscheiden sich Termini dadurch, daß sie als Elemente der Wissenschaftssprache für immer dieselbe Bedeutung vorgesehen sind, d. h. ihre Bedeutung spielt sich nicht jeweils in konkreten Kontexten und Situationen ein, sondern wird normiert. Nur eine bestimmte, festgelegte Verwendungsweise des Ausdruckes ist richtig und muß in allen Kontexten durchgehalten werden. Da eine solche Verwendung nicht selbstverständlich ist, ist eine explizite Vereinbarung hierüber nötig: »Ein Terminus ist ein Prädikator, der als Element einer wissenschaftlichen Sprache explizit vereinbart wurde.« (ebd. S. 77) Eine solche explizite Vereinbarung über die präzise Verwendung eines Ausdrucks muß jedoch – wenigstens letztlich – wieder mit Ausdrücken der Umgangssprache arbeiten; eine vollständige Terminologisierung einer Wissenschaftssprache ist also nicht möglich. Die Wissenschaftssprache bleibt in die Umgangssprache eingebettet und wird aus ihr durch konstruktive, begriffsbildende Arbeit gebildet, soweit dies für die Forschungsarbeit der betreffenden Wissenschaft notwendig ist. In dieser Verankerung der Wissenschaftssprache in der Alltagssprache meldet sich auch die Beziehung der wissenschaftlichen Theoriebildungen auf die elementare Lebenspraxis, auf die Erfahrungs- und Handlungszusammenhänge unserer alltäglichen Lebenswelt. Diese Beziehung kann freilich aus dem Blick geraten. Das kann sich semantisch dahin auswirken, daß eine Terminologie zirkulär wird, d. h. alle verwendeten Termini werden ausschließlich durch ihre Relation zueinander bestimmt, das ganze Begriffssystem schwebt in der Luft, weil die Verankerung der Basistermini in der Umgangssprache gelöst worden ist. Auf diese Weise können rein formale Systeme ohne semantischen Anspruch, also mit ausschließlich logisch-syntaktischen Ambitionen, gebildet werden. Bei Wissenschaftssprachen mit semantischem Anspruch werden die Ausdrücke dann jedoch leer trotz der suggerierten Bedeutungsleistungen.

Es hat den Anschein, daß die Theologie hiergegen nicht immun ist. Man kann die zu Beginn zitierte Klage von *W. Kasper* über den Verlust der Erfahrungsbasis in diesem Sinne verstehen: Die Beziehungen der theologischen Grundbegriffe untereinander sind fixiert, aber die Verankerung des Ganzen in der gegenwärtigen Umgangssprache und damit in der gegenwärtigen Lebenspraxis scheint gelockert.

Der Wissenschaftscharakter wie die Praxisrelevanz der Theologie hängt somit auch von einer vernünftigen Konstruktion der theologischen Wissenschaftssprache ab. Dies verlangt aber, daß man sich einerseits klar wird über die Regeln einer solchen Konstruktion und damit der Semantik überhaupt, wie auch über die konkreten Probleme, die sich gerade der Theologie als Wissenschaft hier stellen.

Wir haben gesagt, daß die Wissenschaftssprache auf der Umgangssprache aufbaut und aus ihr konstruktiv entwickelt wird; sie ist also auf die Prozesse der Bedeutungskonstitution, die sich in der Umgangssprache abspielen, zurückverwiesen und setzt sie konstruktiv fort.

Wie geht aber Bedeutungskonstitution in der Umgangssprache vor sich, konkreter: wie lernen wir die Bedeutung von Ausdrücken?

Mit Worten treffen wir Unterscheidungen in der Welt, um uns gemeinsam orientieren zu können. Wer einen bestimmten Sprachgebrauch lernt, eignet sich eine bestimmte Gliederung der Welt an. »Die ›immer schon‹ gegliederte Welt, das ist . . . die Welt derer, die vor uns waren, deren Unterscheidungen wir lernen, und die ›immer wieder‹ vollzogene sprachliche Gliederung der Welt ist das, was wir dann in unseren eigenen Unterscheidungen, also selber nunmehr ›lehrend‹, tun.« (*J. Mittelstraß,* Die Möglichkeit von Wissenschaft, Frankfurt/M. 1974, S. 155).

Wörter lernen wir elementar in exemplarischen Einführungs- und Anwendungssituationen. Im Kontext von Lebenssituationen lernen wir, daß bestimmte Elemente dieser komplexen Situation so oder so genannt werden. Das Primäre sind also nicht isolierte Dinge und Worte, sondern komplexe Situationen oder Geschichten, in die wir verstrickt oder einbezogen sind. Diese Geschichten können unmittelbar erlebte Situationen sein (ein Kind erfährt in einer Verkehrssituation, daß man »dies da« »Auto« nennt) oder erzählte (ein Kind erfährt durch das erzählte Märchen, was ein »Wolf« ist). Die Geschichten – erlebte oder erzählte – fungieren als exemplarische Einführungssituationen für den Gebrauch und damit die Bedeutung von Worten. Durch die wiederholte Verwendung in einer Folge von Einführungs- und Erprobungssituationen, durch Beispiele und Gegenbeispiele wird die Bedeutung des Wortes konturiert, korrigiert und stabilisiert, bis der Lernende selbst imstande ist, das Wort richtig zu gebrauchen. Richtig gebrauchen heißt: in Anwendungssituationen so gebrauchen, daß man sich in den Kommunikationsprozessen der Sprachgemeinschaft, der man angehört, mit den anderen erfolgreich verständigt. Hieraus ergibt sich, daß die Bedeutung von Wörtern, die man gelernt hat, in den Kommunikationsprozessen, an denen man sein Leben lang teilnimmt, auch immer wieder erprobt wird und unter Umständen auch differenziert und korrigiert werden muß. Die hier in ihren Grundzügen skizzierte Bedeutungstheorie hat L. Wittgenstein in seiner Spätphilosophie an zahlreichen Beispielen zu erläutern versucht.

Beispiel: Ein Kind lernt, was »Gott« bedeutet
Wir haben im Abschnitt 3.2 einige logische Probleme des Wortes »Gott« erörtert. Es soll noch einmal herangezogen werden, um die Vorgänge der alltäglichen Bedeutungskonstitution am Beispiel eines kindlichen Lernprozesses zu verdeutlichen, der von G. Keller im »Grünen Heinrich« erzählt wird:

»Wenn in der Dämmerung das Glöckchen läutete, so sprach meine Mutter von Gott und lehrte mich beten; ich fragte: ›Was ist Gott? ist es ein Mann?‹, und sie antwortete: ›Nein, Gott ist ein Geist!‹ Das Kirchendach versank nach und nach in grauen Schatten, das Licht klomm an dem Türmchen hinauf, bis es zuletzt nur noch auf dem goldenen Wetterhahne funkelte, und eines Abends fand ich mich plötzlich des bestimmten Glaubens, daß dieser Hahn Gott sei. Er spielte auch eine unbestimmte Rolle der Anwesenheit in den kleinen Kindergebeten, welche ich mit vielem Vergnügen herzusagen wußte. Als ich aber einst ein Bilderbuch bekam, in dem ein prächtig gefärbter Tiger ansehnlich dasitzend abgebildet war, ging meine Vorstellung von Gott allmählich auf diesen über, ohne daß ich jedoch, so wenig wie vom Hahne, je eine Meinung darüber äußerte. Es waren ganz innerliche Anschauungen, und nur wenn der Name Gottes genannt wurde, so schwebte mir erst der glänzende Vogel und nachher der schöne Tiger vor. Allmählich mischte sich zwar nicht ein klareres Bild, aber ein edlerer Begriff in meine Gedanken. Ich betete mein Unservater, dessen Einteilung und Abrundung mir das Einprägen leicht und das Wiederholen zu einer angenehmen Übung gemacht hatte, mit großer Meisterschaft und vielen Variationen, indem ich diesen oder jenen Teil doppelt und dreifach aussprach oder nach raschem und leisem Hersagen eines Satzes den folgenden langsam und laut betonte und dann rückwärts betete und mit den Anfangsworten ›Vater unser‹ schloß. Aus diesem Gebete hatte sich eine Ahnung in mir niedergeschlagen, daß Gott ein Wesen sein müsse, mit welchem sich allenfalls ein vernünftiges Wort sprechen ließe, eher als mit jenen Tiergestalten. So lebte ich in einem unschuldig vergnüglichen Verhältnisse mit dem höchsten Wesen, ich kannte keine Bedürfnisse und keine Dankbarkeit, kein Recht und kein Unrecht und ließ Gott herzlich einen guten Mann sein, wenn meine Aufmerksamkeit von ihm abgezogen wurde. Ich fand aber bald Veranlassung, in ein bewußteres Verhältnis zu ihm zu treten und zum erstenmal meine menschlichen Ansprüche zu ihm zu erheben, als ich, sechs Jahre alt, . . .« (*G. Keller,* Sämtliche Werke in zwei Bänden, München 1954, I, S. 21).

Die Mutter gebraucht in komplexen Situationen, in denen es viel zu hören und zu sehen gibt, das Wort »Gott«. Das Kind gewinnt in diesen Situationen den Eindruck, daß es sich bei Gott um einen Mann handelt, und will sich dieser Bedeutung vergewissern. Die Mutter weist den vermuteten Sprachgebrauch ab. Ihr eigener bildungssprachlicher Definitionsversuch wird jedoch wegen mangelnden Situationsbezugs von dem lernbegierigen Jungen nicht aufgenommen, seine bedeutungskonstituierende Tätigkeit verselbständigt sich, er bringt spontan das Sprechen von Gott mit bestimmten Elementen der Situation in Verbindung, in der dieses Sprechen geschieht: der golden glänzende Hahn, der im Raum des kindlichen Assoziationspotentials den prächtig gefärbten Tiger im Gefolge hat. Der Fortgang der Erzählung kommt auf semantische Korrekturen zu sprechen, denen der kindliche Lernprozeß bei »Gott« ausgesetzt wird.
Aus der Kellerschen Geschichte läßt sich auch ablesen, wie schwer es ist, die Bedeutung von Worten wie »Gott« zu lernen. Worte wie »Brot« und »Salz« lernen sich leichter. Es sind »deiktisch« oder »ostensiv« lernbare Worte, d.h. man kann auf etwas in der Welt der fünf Sinne hinzeigen und sagen: »dies ist . . .« Aber die theologische Sprache hat es zum größten Teil mit Worten wie Gnade, Sünde, Reich Gottes zu tun, und darauf kann man nicht einfach zeigen: hier ist es oder dort. Man spricht hier im Unterschied zu deiktischen von »noologischen« Ausdrücken, worunter man Abstrakta, Dispositionsausdrücke usw. versteht. Die Bedeutung solcher Ausdrücke kann nur gelernt werden, indem man an komplexen realen Handlungszusammenhängen teilnimmt, auf die ein bestimmtes Wort bezogen wird (»da bist du aber tapfer gewesen«), oder indem ein komplexer Handlungszusammenhang mit Hilfe bereits beherrschter Unterscheidungen beschrieben und dieser Zusammenhang abschließend als exemplarische Einführung einer neuen Unterscheidung definiert wird. Das kann z.B. dadurch geschehen, daß fingierte Handlungssituationen in Form von ›Geschichten‹ erzählt werden. So etwa wird im Gleichnis vom barmherzigen Samariter (Lk 10,25–37) die Bedeutung des Wortes »Nächster« exemplarisch eingeführt. Unter Umständen ist es möglich, eine Reihe von solchen Einführungssituationen so zusammenzufassen, daß man bestimmte charakteristische Züge als Definitionskriterien für die Verwendung eines Wortes festlegt. So faßt z.B. Hebr 11,1 die 11,2–40 nachfolgenden exemplarischen »Glaubens«-geschichten zusammen in der Definition: »Es ist aber der Glaube eine feste

Zuversicht auf das, was man hofft und ein Nichtzweifeln an dem, was man nicht sieht.« In einer Situation müssen also bestimmte Kriterien gegeben sein, wenn man das Wort rechtens anwenden will. Im Blick auf die Definierbarkeit kann man bei noologischen Termini auch von »kriterienbedingten« Ausdrücken sprechen. Die Definition solcher Ausdrücke hat die logische Form von »wenn-dann-Sätzen«, wobei der Konditionalsatz die Kriterien enthält, der »dann-Satz« den Terminus: Humor ist, wenn man trotzdem lacht.

Man kann dasselbe auch mit der Theorie der »semantischen Merkmale« formulieren, die die Bedeutung eines Wortes als Bündel semantischer Merkmale versteht. Die Definition würde dann die semantischen Merkmale explizit hervorheben, die beim Gebrauch des Wortes dominieren und in jedem Fall vorliegen müssen.

Die in diesem Kapitel herausgestellte umgangssprachliche Fundierung und definitorische Präzisierung sind die Endpunkte eines Weges, der immer wieder begangen werden muß, um zu vermeiden, daß die Ausdrücke der Theologie sich zu leeren Begriffshülsen oder zu diffusen Bedeutungsnebeln entwickeln.

Ein besonderes Problem stellt in diesem Zusammenhang die kirchliche Sprache dar, wie sie in Gottesdiensten, Predigten, kirchlichen Versammlungen und Verlautbarungen, religiöser Erziehung usw. gesprochen wird. Sie ist, auch wenn sie vielerlei Einflüsse von dort aufnimmt, mit der theologischen Wissenschaftssprache nicht identisch. Andererseits ist sie auch nicht einfach ein bestimmter Sektor der Umgangssprache, sondern hat in ihr und ihr gegenüber in gewisser Weise den Status einer Sonder- und Gruppensprache, die – zumindest heute – keineswegs von allen Mitgliedern der gesellschaftlichen Kommunikationsgemeinschaft ohne weiteres geteilt und verstanden wird. Dies gilt auch und gerade bei Ausdrücken, die umgangs- und kirchensprachlich gleicherweise in selbstverständlichem Gebrauch sind (wie Friede, Gerechtigkeit, Hoffnung, Freiheit usw.). Die kirchliche Sprache ist aber auch in sich keineswegs homogen; es gibt nicht nur binnenkirchlich traditions- und gruppenspezifisch unterschiedliche Vokabulare, sondern auch erhebliche semantische Differenzen bei gleichem Vokabular oder umgekehrt. Mißverständnisse, falsche Einverständnisse und Konflikte, die sich hieraus ergeben, stellen für die semantische Arbeit der Systematischen Theologie ein wichtiges Problemfeld dar, insofern diese auf das Gelingen von handlungsorientierender Verständigung in der Kommunikationsgemeinschaft »Kirche« ausgerichtet ist. Ebenso wichtig ist es aber, daß sie das Verhältnis von kirchlicher Sprache und gesamtgesellschaftlicher Umgangssprache aufnimmt, im Blick auf öffentliche Verständlichkeit, die herzustellen sowohl wissenschaftliche wie kirchliche Aufgabe ist.

3.4 Theologische Sprache und Gegenwartssprache

Die starke historische Orientierung der Theologie hat zu intensiven begriffsgeschichtlichen Untersuchungen mit z.T. sehr detaillierten Ergebnissen geführt. Weniger Aufmerksamkeit hat in der Arbeit der Theologie die gegenwärtige Umgangssprache erfahren. Nun ist es aber so, daß die Bedeutungen, die in der Gegenwartssprache in Geltung sind, das Gelingen öffentlicher Kommunikation garantieren oder aber auch mißlingen lassen. Wenn es in der sprachkritischen Arbeit der Theologie nicht zuletzt darum geht, daß vernünftige Argumentation und handlungs- und informationsrelevante Theoriebildung im Erfahrungs- und Handlungszusammenhang der gegenwärtigen Gesellschaft zustande kommen, dann kann sie die gegenwärtige Umgangssprache bei ihrer begrifflichen Arbeit nicht vernachlässigen.
Natürlich ist sie dabei zunächst und unmittelbar verwiesen an die religiös-kirchliche Umgangssprache der Gegenwart. Aber diese kann nicht als eine in sich völlig geschlossene Sondersprache behandelt werden. Die Mitglieder der Kommunikationsgemeinschaft »Kirche« leben nicht als eine von der Gesamtgesellschaft sprachlich abgesonderte gesellschaftliche Gruppe. Ein Großteil der Ausdrücke der religiös-kirchlichen Sprache wird auch in der »profanen« Umgangssprache gebraucht: Friede, Gerechtigkeit, Schuld, Glaube usw. Solche Worte haben eine breite Bedeutungspalette, die den religiös-kirchlichen und profanen Bereich übergreift.

Beispiel:
Dies zeigt sich z.B. sofort, wenn man etwa in Form einer freien Assoziation das Bedeutungsfeld eines solchen Wortes zu erheben sucht:
Heil, heillos, heillose Verwirrung, heilloses Durcheinander, drunter und drüber, Ordnung machen, wieder Ordnung machen, wieder alles in Ordnung bringen, wieder heilmachen, kaputt, heile, heile Segen, Heil und Segen, Siegheil, Unheil, Heil und Sieg, Heil Dir im Siegerkranz, Heil Hitler, Heilsordnung, ist Heil

Ordnung, der Sieg der Ordnung, die Ordnung des Siegers, Heilsarmee, Heilsgeschichte, der allgemeine Heilswille, der sehr allgemeine Heilswille, der noch sehr allgemeine Heilswille, der Unheilswille, der allgemeine Unheilswille, . . .
Wenn es in der theologischen Terminologisierung um eine Präzisierung von Begriffen geht, die nicht bloß wissenschaftsintern, sondern in der öffentlichen Kommunikation von Kirche und Gesellschaft klares und eindeutiges Reden erlauben, dann muß das semantische Spektrum solcher Worte mitberücksichtigt werden, und zwar nicht nur, um ungewollte Bedeutungen auszuschließen, sondern auch um mögliche Bedeutungselemente neu zu entdecken. Kritische und kreative Absichten sind hier im Spiel. Für die Arbeit der Theologie sind somit nicht bloß historische Lexika und begriffsgeschichtliche Untersuchungen von Bedeutung, sondern auch Wörterbücher der Gegenwarts- und Umgangssprache und semantische Untersuchungen des gegenwärtigen Sprachgebrauchs.
Läßt man sich auf diese Untersuchungsebene ein, so zeigt sich, daß manche wichtigen Worte der religiösen Sprache nicht bloß ein sehr weites und oft auch diffuses Bedeutungsfeld haben, sondern auch, daß sie in bestimmter Weise emotional besetzt sind. Dies ist für die sprachkritische Arbeit der Theologie, die ja auf die Sprache der kirchlichen und religiösen Lebenspraxis konstruktiv bezogen ist, nicht gleichgültig.

Beispiel: »Gnade« in der Gegenwartssprache
Im Wörterbuch der Deutschen Gegenwartssprache, hg. von R. Klappenbach / W. Steinitz, Berlin 1964 ff., begegnet als erstes Charakteristikum des Sprachgebrauchs von Gnade »heute oft spöttisch« (a.a.O.III, S. 1617). Schon Nietzsche hatte in »Jenseits von Gut und Böse« (Aph. 265) bemerkt: »Der Begriff ›Gnade‹ hat inter pares keinen Sinn und Wohlgeruch. Es mag eine Art geben, Geschenke von oben her gleichsam über sich ergehen zu lassen und wie Tropfen durstig auszutrinken: aber für diese Kunst und Gebärde hat die vornehme Seele kein Geschick.« (*F. Nietzsche,* Werke in drei Bänden, hg. von K. Schlechta, München 1966, II, S. 740).
Der »Geruch« von Worten der religiösen Sprache beruht zumeist auf einer Bedeutungsgeschichte, die neben bzw. unter der offiziellen theologischen Begriffsgeschichte abgelaufen ist. Bei dem Wort »Gnade« ist dies gut zu beobachten. Dieses Wort hat in der deutschen Sprache zunächst in christlich-kirchlichen Kontexten

sein Bedeutungsfeld entwickelt: Es handelt sich um etwas aus unverdientem Wohlwollen, gratis Empfangenes, Außergewöhnliches, von der Norm Abweichendes. Nachdem dieses Bedeutungsfeld entwickelt ist, setzt die Übertragung auf den weltlichen Bereich ein, und zwar auf die Beziehung eines aus irgendeinem äußeren oder inneren Grund Überlegenen, Begünstigten zu dem Unterlegenen: des Herrn zum Untertanen, des Reichen zum Armen, des Siegers zum Besiegten, wobei die im geistlichen Bereich gewonnenen semantischen Merkmale beibehalten werden. Durch den Gebrauch des Wortes in weltlichen Verhältnissen, Rechtswesen usw. wird die Bedeutung des Wortes weiterentwickelt. Das im geistlichen Bereich mit dem Wort »Gnade« assoziierte Sprach- und Verhaltensmuster gibt den Interpretationsrahmen ab für die weltlichen Herrschafts- und Machtverhältnisse, und umgekehrt wirkt dieser säkulare Erfahrungskontext auf die Interpretation von »Gnade« im religiösen Bereich zurück. So ist es nicht verwunderlich, daß in die Krise und den Zusammenbruch der alteuropäischen Gesellschaftsstrukturen auch das Wort »Gnade« in seinem säkularen Gebrauch hineingezogen wird. Im Rahmen der nach dem Prinzip der Rechtsgleichheit aller sich organisierenden bürgerlichen Gesellschaft wird das Wort »Gnade« emotional negativ besetzt. Es wird Indiz für einen rechtlich noch nicht geregelten Bereich, in dem der jeweiligen Obrigkeit Spielraum gelassen ist für Laune, Willkür, Beliebigkeit. Wenn man nun heute auf das Wort »Gnade« – und das gilt natürlich für andere Grundbegriffe auch – in der Theologie wegen ihrer zentralen Rolle in den normativen Texten nicht verzichten kann, so muß man um so mehr auf ihre umgangssprachliche Bedeutung und ihr Konnotationsfeld achten.
Als Verfahren, Bedeutung und »Geruch« von religiös-theologischen Ausdrücken in der Gegenwartssprache zu ermitteln, bieten sich an:

(1) Wortfelduntersuchungen, die über die theologische Fachsprache hinaus die gegenwärtige Umgangs- und Literatursprache miteinbeziehen;
(2) freie Assoziation (s.o. das Beispiel »Heil«);
(3) das sog. »semantische Differential«: Durch Eintragung von Werten in eine Differentialskala ergibt sich hier ein semantisches und emotionales Profil des betreffenden Ausdrucks (vgl. das folgende Befragungsergebnis bei einer Studentengruppe, aus dem sich für die latente Christologie einiges entnehmen läßt):

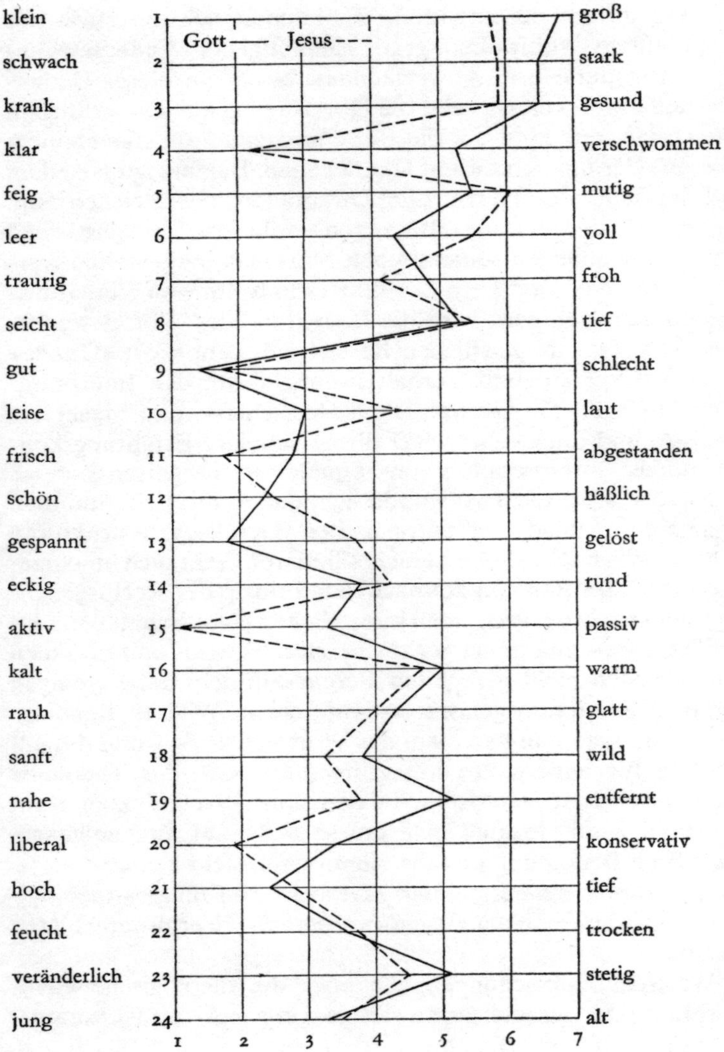

Tabelle entnommen aus:
A. Stock, Umgang mit theologischen Texten, Benziger Verlag, Zürich 1974, S. 55.

3.5 Die Sprache der Theologie und die Sprache der Wissenschaft

Wie es Überschneidungen und Wechselwirkungen zwischen religiös-kirchlicher und »profaner« Sprache zu allen Zeiten gegeben hat, so auch, solange es wissenschaftliche Theologie gibt, einen kleinen, oft auch großen »Warenverkehr« von Begriffen mit der Philosophie, in der Neuzeit auch zunehmend mit anderen Wissenschaften. Der christliche Platonismus der Alten Kirche und die Aristoteles-Rezeption im Mittelalter zeigen, welche semantischen Probleme und terminologischen Kämpfe sich hier einstellen können. Das ist z.B. zu studieren an den Auseinandersetzungen um die Rezeption des Wortes »ousia« in der altkirchlichen Trinitätslehre und Christologie, oder an der Rezeption des aristotelischen Vokabulars in der mittelalterlichen Sakramentenlehre (z.B. forma, materia, substantia, accidens).

Gerade wenn die theologische Sprachwelt nicht rituell geschlossen gehalten wird, gerät sie auch heute in Kontakt und Auseinandersetzung mit anderen Sprachwelten, z.B. der Psychoanalyse, der Soziologie, des Marxismus usw. In den spontanen Sprachprozessen, die sich dabei abspielen, geschieht so etwas wie eine »Kreolisierung« (J. M. Lotman) der Sprache, d.h. Einzelelemente des Fremdsystems werden dem eigenen einverleibt, z.B. Ausdrücke wie Entfremdung, Ichfindung, Emanzipation, Identität. Diese Aufnahme von Fremdworten erfolgt oft nicht im direkten Kontakt mit den theoretischen Systemen, in denen diese ihren ursprünglichen Ort haben, sondern vermittelt durch die zeitgenössische Bildungssprache, in die solche Ausdrücke abgesunken sind. Mit diesem Absinken haben sie zumeist an semantischer Präzision verloren, fungieren jedoch gerade so als emotional geladene Leit- und Reizworte zeitgenössischer Einstellungs- und Verhaltenstendenzen. Gerade darum werden sie für die Theologen interessant, was jedoch – gerade bei starker Assimilationsneigung – nicht selten dazu führt, daß sie etwas schnell zu Synonymen traditioneller Leitworte der christlichen Tradition avançieren.

Eine sprachkritisch reflektierende Systematische Theologie kann sich solchen spontanen Prozessen jedoch nicht einfach blind überlassen, sondern hat sie zu prüfen, damit der Sinn und Informationsgehalt von Sätzen und Texten nicht unter der Hand verschoben und verfälscht wird. Bei dieser Prüfung ergibt sich nun, daß man die Synonymität nicht durch die einfache Substitution von Einzelelementen feststellen kann, etwa indem man das Wort »Heil« oder »Rechtfertigung« durch das Wort »Identität« ersetzt. Denn das Wort »Identität« steht, sofern es einem in sich kohärenten psychologischen oder soziologischen Sprachsystem angehört, in ganz bestimmten sprachlichen und theoretischen Korrelationen. Bei einem semantischen Vergleich muß man also nach der Äquivalenz des sprachlichen Elements fragen, d.h. nach der Wertigkeit, der Rolle und Funktion der betreffenden Worte in ihrem jeweiligen System. Man darf also nicht Einzelworte, sondern man muß Wortnetze zueinander in Beziehung setzen.

Die sprachliche Problematik, um die es hier geht, läßt sich in der gegenwärtigen Theologie z.B. an den Arbeiten von D. Sölle studieren. Als ein Beispiel unter vielen nenne ich folgenden Satz: »Es besteht ein Sachzusammenhang zwischen dem Glück, dem Ich und seiner Phantasie, ein Zusammenhang, der an Jesu Leben deutlich wird und für alle Menschen gilt. Wenn man diesen Zusammenhang mit den älteren theologischen Wörtern beschreibt, so ist es der von Gnade, Rechtfertigung des Sünders und Heiligung der Welt.« (*D. Sölle*, Phantasie und Gehorsam, Stuttgart 1968^2, S. 66). Im Zusammenhang mit D. Sölles sprachlichen Innovationsversuchen läßt sich nicht nur aufzeigen, daß Begriffe zu Begriffssystemen gehören, sondern auch, daß Begriffssysteme die Struktur von Theorien markieren und die Frage nach der Äquivalenz von Begriffen in den Vergleich theoretischer Strukturen führt. Auf dieser Ebene muß das Problem der Begriffsbildung, wie es sich im Gespräch der Theologie mit anderen Wissenschaften stellt, gebracht werden, wenn es zu fruchtbaren Sprach- und Erkenntnisgewinnen führen soll.

3.6 Lexikon und Begriffsgeschichte

Die Systematische Theologie ist in ihrer begriffsbildenden Arbeit jedoch nicht nur an die gegenwärtige Umgangs- und Wissenschaftssprache, sondern auch an die Wort- und Begriffsgeschichte verwiesen, ja dies stellt traditionell sogar das primäre Arbeitsfeld dar. Das zeigt sich exemplarisch an der lexikographischen Praxis der theologischen Wörterbücher. Dem – freilich oft sehr unterschiedlich verstandenen systematischen Teil der Lexikonartikel – geht zumeist ein längerer historischer Teil voraus, in dem die Geschichte des betreffenden Begriffs dargestellt wird.

Im Minimalfall hat diese begriffsgeschichtliche Darstellung die

Form einer Konkordanz, d.h. es werden alle bzw. die wichtigsten Stellen, an denen der betreffende Begriff in der biblischen bzw. christlich-kirchlichen Literatur begegnet, aufgeführt. Hier wird also die Bedeutung eines Wortes dadurch zu bestimmen versucht, daß man eine Reihe von Sätzen angibt, in denen das Wort verwandt worden ist. Die semantische Füllung des Wortes erfolgt durch den Verweis auf den Wortgebrauch in verschiedenen semantischen Kontexten. Man liest den Ausdruck an vielen verschiedenen Satzstellen und lernt so seine Bedeutung und seinen Stellenwert, auch deren Wandlungen je nach dem sprachlichen Zusammenhang.

Die Auflistung von Fundstellen, auf die wir in Konkordanzen und Lexika stoßen, verweist auf Sätze. Sätze sind aber, wie Worte auch, Bestandteile von Texten. Erst ein Text stellt eine relativ geschlossene kommunikative Äußerung dar und läßt somit auch erst die Bedeutung eines Wortes klar erkennen. Es empfiehlt sich also, die Satzgrenze zu überschreiten und die Funktion, die ein Wort in einem Text hat und die Relationen, die es zu den übrigen Elementen des Textes unterhält, festzustellen. Das führt zur Konstruktion von Wortkomplexen, in denen dem zu untersuchenden Wort eine bestimmte Position zukommt. Indem die Rolle und die Position des betreffenden Wortes im semantischen Feld eines Textes markiert wird, läßt sich seine Bedeutung einkreisen.

Nicht alle Texte, auf die man durch den sprachlichen Reiseführer einer Konkordanz stößt, sind jedoch gleichwertig, was die Bedeutungskonstitution eines Wortes angeht. In der oben dargelegten Bedeutungstheorie wurde von der ausgezeichneten Rolle gesprochen, die Einführungsgeschichten beim Lernen von Wortbedeutungen haben. Dies gilt auch von der Wortgeschichte. Texte, die als Einführungsgeschichten von Wortbedeutungen fungieren können, haben in der Darstellung der Wortgeschichte einen besonderen Rang. Als solche exemplarische Einführungsgeschichten sind vor allem Textkomplexe geeignet, bei denen der Bezug des betreffenden Wortes auf die außersprachlichen Erfahrungs- und Handlungselemente einer bestimmten Lebenssituation und Lebensgeschichte gut erkennbar ist. Gerade wenn die Bedeutung von großen Worten der Theologie diffus wird oder ganz zu verdunsten scheint, ist der Rekurs auf solche Einführungsgeschichten wichtig. Durch sie läßt sich der Prozeß der Verdinglichung durchbrechen, dem der Gebrauch von Begriffen immer wieder unterliegt und der darin besteht, daß Begriffe und

Begriffssysteme sich verselbständigen gegenüber dem ursprünglich mit ihnen gemeinten Sachen und Sachverhalten.

Beispiel:»Gnade« in exemplarischen Geschichten
Wortstatistisch ist es zunächst überraschend, daß das Wort »charis«, dessen Äquivalent »Gnade« zu einem Schlüsselwort heutiger Dogmatik geworden ist, im Neuen Testament eine solch universale Rolle gar nicht spielt. Es begegnet fast ausschließlich in der paulinischen und lukanischen Literatur, bei Mk und Mt fehlt es vollständig. In der Sprachwelt des Paulus und in ihr allein im Neuen Testament spielt das Wort »charis« eine dominante Rolle.
Nun kann man, wie es die Lexika und Theologien des Neuen Testaments auch tun, die Bedeutung des Wortes »charis« durch seine systemimmanenten Relationen zu anderen Worten der paulinischen Sprachwelt, zu »hamartia, pistis, dikaiosyne, nomos, theos« usw. bestimmen. Fragt man jedoch hier weiter, wie es denn zur Ausbildung dieser Sprachwelt gekommen sei, so stößt man auf die Erfahrungsbasis des Paulus. Der primäre situative Kontext des Sprachgebrauchs von »charis« ist die Geschichte, in die Paulus selbst verstrickt ist: »Denn ich bin der Geringste unter den Aposteln, der ich nicht wert bin, daß ich Apostel heiße, da ich die Gemeinde Gottes verfolgt habe. Aber durch Gottes Gnade bin ich, was ich bin. Und seine Gnade ist an mir nicht vergeblich gewesen, sondern ich habe viel mehr gearbeitet als sie alle; nicht aber ich, sondern Gottes Gnade, die mit mir ist« (1. Kor 15,8–10). Daß der Verfolger zum Apostel Jesu Christi wurde, dieser radikale, einer Neuschöpfung vergleichbare Umsturz der »Welt« des bis zum äußersten engagierten, frommen und gesetzestreuen Pharisäers zu der des nicht weniger engagierten Apostels Jesu Christi: das ist – sagt Paulus – »charis«. Die Geschichte des Paulus ist der bedeutungsermöglichende Rahmen für das Wort charis-Gnade. Die Gnadengeschichte des Paulus ist für den christlichen Sprachgebrauch offensichtlich grundlegend. Er selbst hat sie in seiner Theologie ausgearbeitet und »globalisiert« zur Geschichte der Welt überhaupt.
Spätere greifen auf diese Geschichte und ihre Sprache zurück, bringen aber auf der Basis neuer Erfahrungs- und Handlungszusammenhänge neue Bedeutungselemente ins Spiel. Wenn *Augustinus*, der »doctor gratiae«, Gnade als »inspiratio bonae voluntatis« beschreibt, als Ausrüstung mit der Kraft, das Gute zu wollen und zu tun, als Befreiung des unfreien Willens, so ist, was

das bedeutet, zu lesen im Kontext der in den »Confessiones« beschriebenen Geschichte. Diese Geschichte ist mit der des Paulus verwandt, wiewohl sie sich in ihrer Struktur von der des Paulus so unterscheidet, wie sich eben die Geschichte des nach Gerechtigkeit strebenden fanatischen Pharisäers von der des nach dem seligen Leben suchenden leidenschaftlichen und gebildeten Hellenisten unterscheidet. Sie schafft einen neuen bedeutungsstiftenden Kontext für das Wort Gnade. Und wiederum ganz anders beginnt *Luthers* Gnadengeschichte: »Im kloster gedacht ich nicht an weib, geltt oder gutth, sondern das Hertz zitterte und zappeltte, wie gott mir gnedig wurde.« (WA 47, S. 590) In seine Gnadengeschichte gehört das Scheitern des mittelalterlichen Gnadenmittels par excellence, des Bußsakraments. Davon waren Paulus und Augustinus noch unbelastet.
Am Beispiel Paulus, Augustinus und Luther sollte gezeigt werden, daß im Durchgang durch eine Folge authentischer Gnaden-(oder Glaubens-, Hoffnungs-, Liebes-, Gottes-, usw.)geschichten die Bedeutung von Worten sich exemplarisch bestimmen läßt.
Eine *zweite* wichtige Gruppe von Kontexten, auf die man in der Wortgeschichte stößt, sind die, die das Wort nicht bloß spontan verwenden, sondern an seiner richtigen Verwendung, d.h. an der Klärung seiner Bedeutung selbst bereits interessiert sind. Gemeint sind hier jene Texte, in denen es selbst schon um terminologische Arbeit geht, in denen die Bedeutung von Worten eigens expliziert, gegenüber anderen Begriffen abgegrenzt und mit ihnen in Beziehung gesetzt wird. Die Vielzahl exemplarischer Verwendungen eines bestimmten Wortes liegt einer solchen begrifflichen Arbeit schon zugrunde. Aus der faktischen Verwendung des Wortes wird eine normative herausgearbeitet. Es werden bestimmte Kriterien für den richtigen Gebrauch des Wortes festzulegen versucht. Das geschieht, indem bestimmte semantische Merkmale als konstitutiv für den Gebrauch des Wortes gesetzt werden; so z.B. bei *Thomas von Aquin*, Sth III, q 60 a 3: »proprie dicitur sacramentum quod est signum alicuius rei sacrae ad homines pertinentis«. An diesem Beispiel wird auch deutlich, daß eine Definition sogleich die Notwendigkeit anderer nach sich zieht (was ist signum? was ist res sacra? usw.) Der einzelne Terminus ist nur bestimmbar im Rahmen einer Terminologie als eines Systems von Begriffen.
Bei der Ausbildung einer solchen Terminologie zeigt sich jedoch, daß nicht alle Wörter definiert werden können, wenn das System nicht zirkulär und damit wiederum bedeutungsleer werden soll.

Man wird schließlich oder immer wieder auf Ausdrücke stoßen, die man nicht wieder definieren kann, sondern die man exemplarisch einführen muß, indem man in Form von Beschreibung oder Erzählung auf erfahrbare Sachverhalte zurückgreift. Die Ausbildung einer Terminologie ist also notwendigerweise rückgebunden an das, was wir im letzten Abschnitt unter dem Stichwort »Einführungsgeschichte« verhandelt haben.
Die zweite Gruppe von Kontexten, die für die Bedeutung eines Wortes in der Wortgeschichte wichtig, sind also eigentlich Texte der großen Theologen, die selbst eine ausgeprägte Terminologie entwickelt haben. Eine *dritte* wichtige Gruppe sind kirchliche Texte, in denen es um die Normierung von Begriffen geht. Ein nicht geringer Teil der dogmengeschichtlichen Auseinandersetzungen und synodalen Entscheidungen betrifft ja die Klärung und die Normierung zentraler Begriffe. Diesen Texten kommt deswegen eine besondere Bedeutung zu, weil es in ihnen darum geht, innerhalb der Kommunikationsgemeinschaft der Kirche zu einem verbindlichen Sprachgebrauch zu kommen, der die Kontinuität und Identität der Kommunikationsgemeinschaft gewährleistet. Hier geht es nicht darum – und wo dies versucht wird, wird die Funktion solcher Entscheidungen verkannt –, eine konsistente Terminologie auszubauen, sondern jeweils in kritischen Situationen zu einer eher punktuellen Klärung zu kommen. Die Normierungen, die hier – z.B. in der altkirchlichen Dogmengeschichte – getroffen worden sind, sind also nicht losgelöst von der geschichtlichen Situation und ihren sprachlichen Konflikten, sondern als Stellungnahme dazu und darin zu begreifen. Wir haben drei Gruppen von Kontexten aufgeführt, die für die Bedeutungskonstitution eines Wortes innerhalb seiner Geschichte wichtig sind. Damit sind Auswahlkriterien gegeben für das systematisch orientierte Studium der Begriffsgeschichte. Man kann darin auch Kriterien einer nutzbringenden theologischen Lexikographie erblicken.

3.7 Funktion und Reichweite theologischer Begriffe

Die historische Wortforschung spielt für die Systematische Theologie eine Rolle nicht nur wegen der Information über die Bedeutung und den Bedeutungswandel von Begriffen, sondern auch bei der Untersuchung ihrer Funktion und ihres Ranges.

Bestimmten Begriffen kommt durch die ganze Theologiegeschichte hindurch zentrale Geltung zu (z.B. dem eben erläuterten Begriff »Gnade«, oder »Glaube«). Dabei ist nicht die Identität des Lautbestandes maßgebend, der ja schon wegen der Überschreitung der Sprachgrenzen nicht immer beibehalten werden kann. »Charis – gratia – Gnade« beispielsweise ist derselbe Begriff. Die oft unmerklichen, manchmal aber auch folgenreichen Bedeutungsverschiebungen, die sich beim Übergang von einer Sprache in die andere ergeben, müssen jedoch berücksichtigt werden (so etwa bei »hamartia – peccatum – Sünde«). Wörter dieser Art stellen insgesamt sozusagen ein *Grundvokabular* dar, das die Kontinuität der theologischen Sprache in der Geschichte christlicher Theologie gewährleistet.

Dieses Grundvokabular zeigt sich als der terminologische Niederschlag einer obligatorischen Thematik, auf die jeder Versuch einer Systematischen Theologie sich einlassen muß. Das signifikante Fehlen eines bestimmten Begriffs bzw. irgendeines seiner Äquivalente hinterläßt eine Leerstelle, die sogleich nach der systematischen Konsistenz fragen läßt. Das Grundvokabular wirkt wie ein »homöostatischer Regulator«.

Der Grund dafür ist nicht darin zu suchen, daß die Begriffe dieses Vokabulars schon in der Bibel (etwa der Begriff »Gnade« bei Paulus) einen fundamentalen Rang eingenommen haben, den sie dann in der Theologiegeschichte trotz Bedeutungsverschiebungen behielten, weil die Theologie in ihrem Traditionsbezug immer wieder auf sie zurückgegriffen hat. Vielmehr ist nach dem systematischen Grund solcher »Traditionstreue« zu fragen: Offensichtlich erfüllen solche Begriffe eine Funktion, die für die Theologie selbst – für ihre Konstitution und für das Verständnis dessen, was sie auszusagen und zu begründen hat – unentbehrlich ist. Die Theologie bedarf unverwechselbarer, klar umrissener Begriffe, weil sie ganz und gar auf Sprache angewiesen ist und zugleich Bestimmtes sagen muß, dessen Kontur wiederum nur sprachlich deutlich werden kann. In diesen Begriffen werden Gottes Wirklichkeit und menschliche Erfahrung aufeinander bezogen, sie nehmen gleichsam eine Zwischenstellung ein. Sie entspringen nicht individuellen Erlebnissen, sondern sind sprachlich-gedankliche Verarbeitungen von Sachverhalten, die ihrerseits Wahrnehmungen bestimmen und dadurch einen gemeinsamen Erfahrungsraum umreißen (»Erfahrung« verstanden als etwas, das individuell widerfährt und in dem Augenblick transsubjektive Geltung erhält, wo es in dem, was es wirklich *ist*, erkennbar wird). Solche Begriffe verweisen auf das, was von Gott her sich ereignet, nicht weil sie vorsprachliche Wesenheiten festhalten, sondern weil sie dem »fundamental Gegebenen« entstammen, wovon und woraus christliche Alltagssprache redet. Sie stehen natürlich nicht für sich allein, sondern finden sich in Aussagen und Sätzen. Ihre Eigenart besteht darin, daß sie festlegen, *worüber die Theologie redet.* Darum unser terminologischer Vorschlag, sie als normative Begriffe zu kennzeichnen.

Wir stoßen hier auf einen grundlegenden Vorgang: Etwas kommt zur Sprache, ohne das Theologie hinfällig wäre – und die Theologie trägt durch ihre Begriffsbildung dazu bei, daß diese Konstitution eindeutig und in ihrer Erstreckung wahrgenommen werden kann. Überspitzt könnte man sagen, daß ohne dieses Begriffsnetz die Theologie nicht existierte. Sie kommt nicht nur nicht ohne Sprache aus, sondern auch ihre Begriffssprache kann nicht umgangen werden.

Dieser These könnte entgegnet werden, sie sei nur vom sprachlichen Erscheinungsbild gefesselt; Theologie dürfe aber nicht in der Sprache befangen bleiben und über ihre Sprache nachdenken, sie müsse vielmehr über die Sprache hinaus zu dem vordringen, was sie zu sagen habe und wodurch dies begründet sei; sie habe also unmittelbar zu denken und nicht nur auf ihr Sprechen zu reflektieren.

Dieser Einwand führt auf zwei Holzwege. Entweder sucht er das Gesprochene und begrifflich Festgelegte auf eine »Sache« zurückzuführen, die gleichsam hinter den Begriffen zu finden wäre. Diese Sache aber kann man doch wieder nur sprachlich namhaft machen und muß dies früher oder später begrifflich tun, wenn anders es auf ein eindeutiges Reden ankommt. Oder es wird versucht, die »Sache« aus der Lebenswelt zu erheben, ihren Anhalt in Erlebnissen zu suchen und diese zu reklamieren. Aber auch Erlebnisse können so wenig unmittelbar evident sein wie das Denken, sie verleiten im Gegenteil dazu, sie wiederholen zu wollen und dabei nur einen anschaulichen Ablauf nachzuahmen. Am Beispiel des Begriffs »Gnade« (3.6) gesagt: Die »Einführungsgeschichte« des Paulus ist nicht durch das Wort »Gnade« derart »auf den Begriff gebracht« worden, daß nunmehr diese »Abstraktion« durch eine Folge analoger Lebensgeschichten zu veranschaulichen und persönlich zu konkretisieren wäre, um verstehen zu können, »was Gnade ist« (ein Mißverständnis zahlreicher Predigten und Katechesen!). Auf solche Weise kommen nur mehr oder minder klägliche biographische Imitationen zustande. Ein »Gnadenerlebnis« wirkt dann suggestiv. Theologische Lehre unterscheidet sich davon durch ihren Umgang mit denjenigen ausgezeichneten Begriffen, deren sinnvolle Verwendung und angemessener Gebrauch das zu erkennen gibt, worüber die Theologie zu reden vermag, z.B. eben »Gnade«.

Der Gebrauch von Begriffen intensiviert die Mitteilungskraft der Sprache, er dient nicht zum Transport von »Erlebnisinhalten« oder »Gegenständen des Denkens«. Das gilt für jede Begriffsbildung. Die normativen Begriffe der Theologie benennen insbesondere das, was nicht unmittelbar zur Sprache gebracht werden kann, sondern uns nur in der theologisch grundlegenden Unbestimmtheitsrelation von »fundamental Gegebenem« und »Ausgesprochenem« zugänglich ist (vgl. 1.31, Anm.).

Durch die Bemühung um die Überlieferung und Erläuterung dieser Begriffe erfüllt die Theologie eine für die Existenz der Kirche und für die Mitteilung des Glaubens wegweisende Aufgabe: zum einen, weil ohne geregelte sprachliche Verständigung nur ein amorpher, subjektivistischer Enthusiasmus übrig bliebe, der über kurz oder lang sprachlos, asozial und darum gegenstandslos würde; zum anderen und vor allem, weil jeder versuchte Zugriff auf eine vermeintlich unmittelbare Wahrheit des Glaubens hin gerade die Wahrheit verfehlte, von der der Glaube bekennt, daß sie uns verheißen und gewährt ist und in beidem, als Verheißung und Geschenk, unserer Erfahrung und unserem Reden voraufliegt. Gerade diese Zuversicht mit ihren praktischen Auswirkungen wird durch eine wirklich tragfähige theologische Begrifflichkeit gestützt, die kein Glasperlenspiel bedeutungsvoller Wörter veranstaltet, sondern einprägt, wovon theologisch geredet werden kann und muß. Darum ist die sorgfältige und oft mühsame Begriffsarbeit eine verheißungsvolle Aufgabe, sie ist ein wesentliches Stück theologischer Praxis. Versuche, zu neuen Begriffen zu kommen oder die alten, abgeschliffenen oder verbrauchten Begriffe neu zu deuten (zu »übersetzen«), können nur im Rahmen dieser auf die Konsistenz und Kontinuität der theologischen Begriffssprache gerichteten Arbeit gelingen, sie aber nie ersetzen. Ohne Gespür für diese Aufgabe und Freude an ihr ist ein theologisches Studium letzten Endes sinnlos.

Beispiel:
Das Wort »Glaube« selbst ist aus dem umgangssprachlichen Gebrauch ausgegrenzt und als normativer theologischer Begriff (fides) gewonnen worden, der näher bestimmt werden kann:

- als fides quae creditur (Glaubensgegenstand, Glaubensgehalt) im Unterschied zur fides qua creditur (Glaubensakt, Glaubensvollzug);
- als fides implicita (Unterwerfung unter die kirchliche Lehrautorität, »der Glaube der Kirche«), abgehoben von der fides explicita (der eigenen Erkenntnis der zuvor angenommenen Glaubensinhalte);
- als fides infusa (»eingegossener Glaube« mit absoluter Heilsgewißheit), die als fides caritate formata Gestalt gewinnt (Glaube, der sich als Liebe äußert); die Vollgestalt des Glaubens wird vorbereitet durch fides informis (»bloßer Glaube«, der durch »Werke« ergänzt werden muß) und durch fides acquisita (eine auch auf rationalem Wege zu erlangende Überzeugung);
- als fides apprehensiva (der Glaube, der die Heilsverheißung Gottes ergreift) als reformatorischer Gegenbegriff zu den eben aufgeführten scholastischen Distinktionen;
- als fides historica (Anerkennung geschichtlicher Heilstatsachen);
- mit der anthropologischen Aufgliederung der fides in notitia (Kenntnis, Bekanntsein von Glaubenswahrheiten), assensus (»Zustimmung«, verstandesmäßige und willentliche Anerkenntnis des Glaubensinhaltes) und fiducia (vertrauende Annahme als personale Beziehung), wie sie die altprotestantische Dogmatik unter dem Einfluß Ph. Melanchthons geprägt hat;
- als fides generalis (religiös umfassende Gläubigkeit bzw. Bejahung der Fülle geoffenbarter Wahrheit) gegenüber der fides specialis seu iustificans (Glaube als Heilsmittel zur Heilsaneignung).

3.72 Topische Begriffe

Das eben Gesagte gilt sinngemäß auch für eine zweite Gruppe von Begriffen, die sich auf das erstrecken, *was die theologische Lehre auszusagen hat.* Ihr Gesamtbestand bildet den »Stoff« der Dogmatik, und zwar in bestimmter Anordnung und in der thematischen Zuordnung der einzelnen Begriffe. Wir schlagen vor, sie topische Begriffe zu nennen, weil ihre Funktion darin besteht, den Gegenständen und Aussagenbereichen der Dogmatik einen bestimmten Platz (Topos) im begrifflich geordneten Beziehungsgefüge zuzuweisen. Man darf sich diesen Begriffszusammenhang nicht etwa als eine schematische Ansammlung bedeutungsvoller Wörter vorstellen. Um zu sehen, was sich hier herausgebildet hat, muß man verfolgen, warum und wie z.B. der Begriff »Versöhnung« im Kontext des Redens von Jesus Christus die zentralen theologischen Aussagen über die Überwindung der Gottesfeindschaft, die Tilgung menschlicher Schuld, die Gemeinschaft Gottes mit den Menschen und das Friedensverhältnis der Menschen zueinander umfaßt – und was sich in den theologischen Aussagen verändert, wenn dieser Zusammenhang nicht mehr aufrecht erhalten wird.

Innerhalb dieser Klasse von Begriffen ist zwischen vorrangigen und unter- oder nebengeordneten dogmatischen Termini zu unterscheiden. Anders als bei normativen Begriffen haben manche von ihnen eine theologiegeschichtlich begrenzte Geltung, weil sie der Niederschlag von Themen oder Problemen sind, die nur für eine bestimmte Zeit eine dogmatisch relevante Rolle spielen (und später nur in weitergehenden oder modifizierenden Interpretationen beibehalten werden können), wie z.B. Erbsünde, Fegefeuer, Verbalinspiration.

Die Bedeutung auch topischer Begriffe kann sich wandeln (auch dafür ist der Begriff »Versöhnung« aufschlußreich). Die Zuordnung und Hierarchisierung der einzelnen Begriffe ist ebenfalls Wandlungen unterworfen. Die Theologie einzelner Epochen, Schulen, Autoren läßt sich dadurch charakterisieren, welchen Rang sie zentralen Begriffen mit topischer Funktion zumißt und welche sie dominant setzt (z.B. R. Bultmann: »Glaube«; K. Rahner: »Geheimnis«; H. U. von Balthasar: »Herrlichkeit«; J. Moltmann: »Hoffnung«; vgl. auch 1.132).

Die Grenze zwischen normativen und topischen Begriffen läßt sich nur hinsichtlich ihrer Funktion klar ziehen. Manche theologischen Grundbegriffe tauchen in beiden Gruppen auf, aber dann ist ihre Bedeutung der jeweiligen Funktion nach verschieden. Bei unserem Versuch der Klassifikation kommt es uns auch nicht auf eine genaue Einordnung und Abgrenzung des terminologischen Grundbestandes der Theologie an, sondern darauf, die Funktion von Begriffen innerhalb der systematisch-theologischen Arbeit beachten zu lernen und sie für die Interpretation und Urteilsbildung einzusetzen. Gerade beim Funktionswandel eines Begriffs fällt dies erheblich ins Gewicht, er kann u.U. zu völlig andersartigen Aussagen führen.

Beispiele:
– Der unverkennbar normative Begriff »Offenbarung« (zumal in seiner Näherbestimmung als »Selbstoffenbarung Gottes« in der neueren Theologie) im Vergleich mit dem Offenbarungsbegriff mit topischer Funktion, der ein Teilstück der Dogmatik umfaßt, etwa in der altprotestantischen Lehre (aufgegliedert in revelatio generalis/naturalis und revelatio specialis/supernaturalis).
– Der topische Religionsbegriff in der älteren protestantischen Dogmatik im Funktionsvergleich mit dem normativ gebrauchten Begriff der Religion in Positionen neuerer Theologie.

3.73 Organisierende Begriffe

Eine weitere Begriffsgruppe gehört der wissenschaftssprachlichen Terminologie an und dient der *Komposition theologischer Lehre.* Die heute üblichen Termini dieser Art, die die Gliederung der Dogmatik bestimmen, sind zumeist seit dem 17. Jahrhundert eingeführt worden: »Christologie«, »Soteriologie«, »Eschatologie«; der Terminus »Ekklesiologie« ist (bezeichnenderweise ?) neueren Datums. Es ist aufschlußreich, solche terminologischen Festlegungen begriffsgeschichtlich zu sondieren und die dadurch getroffenen Entscheidungen zu verfolgen. Außerdem haben sich zusammenfassende Bezeichnungen eingebürgert, wie »Schöpfungslehre«, die den terminologisch ungeeignet gewordenen (weil anderweitig festgelegten) Begriff »Kosmologie« ersetzen soll. Besonders interessant ist die Funktionsbestimmung des Begriffs »Anthropologie« in der neueren Theologie, zumal im Vergleich mit seinem terminologischen Gebrauch in anderen Wissenschaften.
Zum Aufbau der Dogmatik s. 2.2.

3.74 Methodologische Begriffe

Ebenfalls der Wissenschaftssprache gehören die Termini an, die festlegen, *wie die Theologie zu ihren Aussagen kommt.* Sie beziehen sich auf die Arbeitsgänge theologischer Argumentation. Einige dieser Termini sind auch außerhalb der Theologie in Gebrauch (z.B. »Dialektik«, »Analogie«), und ihre terminologische Verwendung in der Theologie muß – wenn grundlegende Themen und Probleme der Theologie davon beeinflußt werden – zuvor geklärt und geregelt sein. Oft (das zeigt sich etwa an der Diskussion über den Analogiebegriff zwischen der neueren evangelischen und katholischen Theologie) wird außerdem die normative Funktion des gleichen Begriffs ins Spiel gebracht. Oder ein Begriff (z.B. »Heilsgeschichte«) legt fest, wie die Theologie ihre Aussagen gewinnt, soll aber auch – als topischer Begriff – benennen, was die Theologie jeweils an einer bestimmten Stelle auszusagen hat.

3.75 Begriffe mit orientierender Funktion

Bisher haben wir mit unserer Aufzählung eine Gruppe theologischer Begriffe noch nicht berücksichtigt, die meistens zunächst topisch gebraucht werden oder gebraucht wurden, dann aber aus dieser Funktion herausgewachsen sind. Sie dienen nun zur Orientierung der Theologie in einem weit ausgreifenden Feld von Aufgaben und (häufig aktuellen) Problemen und scheinen geeignet, eine komplexe Fülle einzelner Aspekte und Themen zusammenzufassen, die für eine theologische Ortsbestimmung wichtig sind. Deshalb bieten sie sich für eine rasche Verständigung an, müssen aber jeweils genau und ausgiebig interpretiert werden, um ihre Funktion zu erfüllen und nicht zu oberflächlichen Integrationsformeln zu erstarren. Gelegentlich übernehmen sie wieder die Funktion normativer Begriffe; sie sind dann von prinzipiellem Rang.

Beispiele:
»Gesetz und Evangelium« – »Zwei-Reiche-Lehre« – »Naturrecht« – »natürliche Theologie«.

Hinweise:
E. Wolf/W. Joest, Artikel »Gesetz und Evangelium« V. VI, in: RGG^3 II, Sp. 1519–1531.
G. Sauter/J. Haun, Einführende Funktionsanalyse und systematisch aufgegliederte Bibliographie in: Zur-Zwei-Reiche-Lehre Luthers, München 1973, S. VII–XIV. 215–245.
Naturrecht in der Kritik, hg. von F. Böckle/E.-W. Böckernförde, Mainz 1973, bes. S. 304–311.

Die vollständige Auslegung orientierender Begriffe zeigt häufig, daß hier ausgebildete *Theorien* vorliegen, wie bei der Zwei-Reiche-Lehre eine Theorie über die Stellung des Christen in der Welt und eine Theorie der Begründung kirchlichen Handelns. Der prägnante Gebrauch des Theoriebegriffs, der in solchen Fällen am Platze ist, ist zu unterscheiden von dem abgeblaßten und unspezifischen Sinn des Wortes »Theorie«, wie er in der Theologie oft zur zusammenfassenden Bezeichnung von Themenkomplexen herangezogen wird (z.B. Satisfaktionstheorie, Versöhnungstheorie).

Zur Einführung in die theologische Lexikographie im Rahmen der Wortsemantik empfiehlt sich der Vergleich von Artikeln aus *Begriffswörterbüchern.* Neben theologischen Fachwörterbüchern (s. 5.1) sind dazu Lexika geeignet, aus denen sich Informationen über die außertheologische Bedeutungsgeschichte und das Bedeutungsspektrum in der Gegenwartssprache erheben lassen: Deutsches Wörterbuch von Jacob Grimm und Wilhelm Grimm, 16 Bde., Leipzig 1854–1961, neu hg. seit 1965. – Trübners Deutsches Wörterbuch, hg. von A. Götze, 8 Bde., Berlin 1939–1957. – Wörterbuch der deutschen Gegenwartssprache, hg. von P. Klappenbach/W. Steinitz, Berlin 1964 ff. – Historisches Wörterbuch der Philosophie, hg. von J. Ritter, Basel/Stuttgart 1971 ff.

4 Praktische Ratschläge für das Studium der Systematischen Theologie

4.0 Vorbemerkung

Dieses Kapitel soll nicht mit den zahlreichen, oft schon bewährten, aber teilweise einander auch widersprechenden allgemeinen Anweisungen zum wissenschaftlichen Arbeiten konkurrieren.

Hinweise:
J. E. Heyde, Technik des wissenschaftlichen Arbeitens, mit einem ergänzenden Beitrag »Dokumentation« von H. Siegel, Berlin 1970[10]. – *H. Kliemann,* Anleitungen zum wissenschaftlichen Arbeiten. Eine Einführung in die Praxis, Freiburg 1970[8]. – *M. Greschat u. a.,* Studium und wissenschaftliches Arbeiten. Eine Anleitung, Gütersloh 1970. – *W. Kröber,* Kunst und Technik der geistigen Arbeit, Heidelberg 1971[7]. – *H. Seiffert,* Einführung in das wissenschaftliche Arbeiten. Bibliographie – Dokumentation – Manuskript, Braunschweig 1972. – *O. P. Spandl,* Die Organisation der wissenschaftlichen Arbeit, Reinbek b. Hamburg 1974. – *A. Raffelt,* Proseminar Theologie. Einführung in das wissenschaftliche Arbeiten und in die theologische Buchkunde, Freiburg 1975. – *G. Adam,* Zur wissenschaftlichen Arbeitsweise, in: *G. Adam / O. Kaiser / W. G. Kümmel,* Einführung in die exegetischen Methoden (studium theologie 1), München 1975, S. 96–128.

Die folgende Zusammenstellung beschränkt sich auf Erfahrungsgrundsätze, die aus der Studienberatung und der Beurteilung von Seminar- und Examensarbeiten erwachsen sind. Sie will nicht als komplette Sammlung von Vorschriften gelesen werden, die unbedingt zu befolgen wären, sondern als eine Art »Check-Liste«, die zur Selbstkontrolle verhelfen kann.

4.1 Zum Studienplan

Studienpläne (Studienverlaufspläne), wie sie in jüngster Zeit von Fakultäten (Fachbereichen) verbindlich gemacht worden sind,

enthalten die Abfolge von Lehrveranstaltungen, die in der Studienordnung vorgeschrieben sind. Diese richtet sich wiederum nach der jeweiligen Prüfungsordnung. Im Zuge der voranschreitenden Reglementierung des Studiums wird der Spielraum für die eigene Gestaltung des Studienplanes auch in der Theologie bedauerlicherweise immer enger bemessen. Dennoch ist an manchen Hochschulen der eingeführte Studienplan primär als Empfehlung gedacht und läßt auch durch die Fixierung einer Mindestzahl von obligatorischen Lehrveranstaltungen (von denen einige zur Wahl stehen) der persönlichen Freiheit genügend Raum. Um so wichtiger ist es in diesem Fall, den eigenen Studienplan so zu entwerfen, daß die vorgesehenen Studiengänge sinnvoll gestaltet werden können. Dazu gehört eine planmäßige Abstimmung von Vorlesungen, Seminaren (Übungen), eigener Lektüre und selbstgewählten eigenständigen Erarbeitungen (4.2), z. B. Seminararbeiten. Es empfiehlt sich, mit dieser Planung schon in den ersten Semestern zu beginnen, ohne sich zu früh auf Spezialinteressen festzulegen. Zur Anregung und zur Kontrolle der eigenen Vorstellungen sollten alle Möglichkeiten der Information und Beratung genutzt werden.
Als Orientierungshilfe seien einige Gesichtspunkte genannt:
- Berücksichtigung der Studienordnung und ggf. des Studienplans der gewählten Fakultät (des Fachbereichs), auch im Blick auf einen Wechsel des Studienortes
- das Grundstudium (in der Studieneingangsstufe) als Grundlegung für ein Arbeiten in allen theologischen Disziplinen
- das Grundstudium als Anlaß zum Ausgleich einseitiger Interessen und zur Prüfung der eigenen »Motivation« zum Theologiestudium an den Möglichkeiten theologischer Arbeit
- Flexibilität für neu entstehende Interessen, die nicht dadurch blockiert werden sollten, daß man die eine oder andere theologische Disziplin vernachlässigt hat und so die für die Vertiefung in Einzelthemen erforderliche Gesamtübersicht verliert
- Systematische Theologie im Grundstudium: Propädeutik; Einführung in die systematischen Grundfragen der Theologie; Vermittlung von Grundwissen (s. 4.4)
- ein Leseplan, der auf jeden Fall drei Elemente zu berücksichtigen hat: Information über Grundwissen (Literaturhinweise in 5.2); Studium mindestens einer Konzeption oder Position Systematischer Theologie anhand einer grundlegenden Monographie, des Teilstücks eines großen Werkes oder der Aufsatzsammlung eines Autors mit systematisch-theologischem Profil;

Überblick über den Stoff der Systematischen Theologie anhand eines Kompendiums oder Grundrisses.

4.2 Übungsschritte

Beim selbständigen Arbeiten in der Systematischen Theologie beginnt man erfahrungsgemäß am besten mit einer *Begriffsbestimmung* anhand eines Textes. Dabei sind zu beachten:
- die im Text ausgeführte oder implizit gegebene Definition des Begriffs, die zu rekonstruieren ist
- der Verlauf der Begriffsbildung, die vom Autor genannten Gründe und sein Verfahren der Gewinnung
- ggf. die Auseinandersetzung des Autors mit der Explikation, der Einführung und der Verwendung des Begriffes in der Literatur.

Beispiele:

– Der Begriff »Freiheit« in: *M. Luther,* Von der Freiheit eines Christenmenschen (1520).

– Der Begriff »Erwählung« in: *J. Calvin,* Institutio Christianae Religionis (1559) III, 21–24.

– Der Begriff »Religion« in: *F. Schleiermacher,* Über die Religion (1799), 2. Rede.

– Der Begriff »Reich Gottes« in: *A. Ritschl,* Unterricht in der christlichen Religion (1875), §§ 5–33.

– Der Begriff »Heiliger Geist« in: *M. Kähler,* Die Wissenschaft der christlichen Lehre (1905³), §§ 441–512.

– Der Begriff »Wort Gottes« in: *K. Barth,* Die christliche Dogmatik im Entwurf (1927), §§ 3–8.

– Der Begriff »Glaube« in: *R. Bultmann,* Die Krisis des Glaubens (1931), in: R. Bultmann, Glauben und Verstehen II (1952), S. 1–19.

– Der Begriff »Kirche« in: *D. Bonhoeffer,* Das Wesen der Kirche (1932, hg. 1971).

– Der Begriff »Gerechtigkeit Gottes« (»Rechtfertigung«) in: *H. J. Iwand,* Gesetz und Evangelium (1937). Nachgelassene Werke IV (hg. 1964), S. 80–110.

– Der Begriff »Offenbarung« in: *P. Tillich,* Systematische Theologie I (1964³), S. 129–174.

Als nächster Schritt kann die *Thematisierung* eines Begriffs (vgl. 1.122) bei einem Autor oder ein *Vergleich* von Beiträgen verschiedener Autoren zum gleichen Thema oder die *Entwicklung einer theologischen Konzeption* über einen größeren Zeitraum hinweg oder die Nachzeichnung eines *Dialoges* bzw. eines Disputes ins Auge gefaßt werden.

Beispiele:

– Die theologische Beurteilung des Staates bei Dietrich Bonhoeffer.
D. Bonhoeffer, Widerstand und Ergebung, hg. von E. Bethge (1951), Neuausgabe München 1970. – Ders., Ethik, hg. von E. Bethge (1953), München 1966⁷.

– Die Grundprobleme der Ethik bei Wilhelm Herrmann und Ernst Troeltsch.
W. Herrmann, Ethik (1901), Tübingen 1921⁶. – *E. Troeltsch,* Gesammelte Schriften II. Zur religiösen Lage, Religionsphilosophie und Ethik, Tübingen 1913, S. 552–672.

– »Religion und Kirche« nach dem Verständnis Friedrich Schleiermachers und Friedrich Gogartens.
F. Schleiermacher, Reden über die Religion, 1799 (Nachdrucke). 4. Rede. – *F. Gogarten,* Die Kirche, in: F. Gogarten, Die religiöse Entscheidung, Jena 1921, S. 75–97. – Ders., Die Kirche in der Welt, Heidelberg 1948.

– Die Entwicklung der Frage nach dem Wesen des Christentums bei Adolf von Harnack, Emanuel Hirsch und Gerhard Ebeling.
A. v. Harnack, Das Wesen des Christentums, 1900 (Nachdrukke). – *E. Hirsch,* Das Wesen des reformatorischen Christentums, Berlin 1963. – *G. Ebeling,* Das Wesen des christlichen Glaubens, Tübingen 1959.

– Was ist Theologie? Eine Auseinandersetzung zwischen Erik Peterson, Karl Barth und Rudolf Bultmann.
E. Peterson, Was ist Theologie? (1925), wieder abgedruckt in: Theologie als Wissenschaft, hg. von G. Sauter, München 1971, S. 132–151. – *K. Barth,* Kirche und Theologie (1925), wieder abgedruckt in: a.a.O., S. 152–175. – *R. Bultmann,* Die Frage der »dialektischen« Theologie (1926), wieder abgedruckt in: Anfänge der dialektischen Theologie II, hg. von J. Moltmann, München 1967², S. 72–92.

– Theologie als Wissenschaft. Eine Kontroverse zwischen Adolf von Harnack und Karl Barth.
Ein Briefwechsel mit Adolf von Harnack (1923), wieder abgedruckt in: *K. Barth,* Theologische Fragen und Antworten, Zollikon 1957, S. 7–31. – Vgl. *A. v. Harnack,* Die Bedeutung der

Theologischen Fakultäten, wieder abgedruckt in: A. v. Harnack, Erforschtes und Erlebtes, Gießen 1923, S. 199–217. – *K. Barth,* Das Wort Gottes als Aufgabe der Theologie (1922), wieder abgedruckt in: Anfänge der dialektischen Theologie I, hg. von J. Moltmann, München 1974[3], S. 197–218.

– Das Problem der natürlichen Gotteserkenntnis. Eine Auseinandersetzung zwischen Emil Brunner und Karl Barth.

E. Brunner, Natur und Gnade (1934), wieder abgedruckt in: »Dialektische Theologie« in Scheidung und Bewährung 1933–1936, hg. von W. Fürst, München 1966, S. 169–207. – *K. Barth,* Nein! (1934), wieder abgedruckt in: a.a.O., S. 208–258.

Kriterien für einen thematischen Vergleich oder die Nachzeichnung eines Dialogs sind:

- die Wahl einer brauchbaren Vergleichsgrundlage (z. B. Frage nach verschiedenartigen Argumentationsgängen oder Denktypen oder die Verschiedenheit des Begründungsvorganges, oder aber Differenzen in der Gewinnung theologischer Aussagen)
- die evtl. selbständige Formulierung einer konstruktiven Vergleichsthese
- die Klärung der Absicht (der Autoren und/oder der eigenen Absicht) bei der Durchführung des Vergleichs.

Im fortgeschrittenen Studium kann eine selbständige Begriffsbildung anhand eines ausgewählten Materialfeldes vorgenommen werden.

Beispiele:
Der Begriff der Kirche (oder des Bekenntnisses) in der gegenwärtigen ökumenischen Diskussion.
Die Rede vom neuen Menschen in theologischer und humanwissenschaftlicher Anthropologie.
Das Verständnis des Todes.

4.3 Arbeitsregeln

Gleichgültig, ob das Thema einer Arbeit selbst gewählt oder gestellt worden ist – es muß rechtzeitig, spätestens nach Abschluß der Materialsammlung, präzisiert werden, und die Gründe dafür sind darzulegen. Zu berücksichtigen ist:

- die arbeitstechnische Eingrenzung der Thema- oder Problemstellung

– die Abgrenzung der eigenen gegenüber anderen Fragerichtungen
– der Umfang und die Auswahl vorhandener Informationen.

Die durch das Thema angeregten und oft durch erste Eindrücke aus einem Gespräch oder aus der Literatur vermittelten heuristischen Fragen und Hypothesen steuern die Literaturverarbeitung und werden durch diese bewährt, korrigiert oder verworfen. Leitende Aspekte sind:

– der theologiegeschichtliche Kontext des Themas
– der systematische Kontext
– ggf. der wissenschaftstheoretische Kontext
– zugehörige theologische Grundbegriffe
– Begründungsmöglichkeiten und -absichten (s. 2.3)
– überlieferte Problemstellungen und Problemlösungen (s. 1.123).

Bei der Stoffauswahl, der Analyse und eigenen Darstellung sind zu erwägen:

– das Gewinnen von Aussagen (s. 2.3)
– der Begründungsvorgang (s. 2.31)
– die Urteilsbildung (s. 1.3)
– offene (und offen zu haltende) Fragen.

Rezeption und eigene Konstruktion, Informationskontrolle und Urteilsbildung greifen in der Regel im Verlauf der Erarbeitung des Themas ineinander. Sie sind jedoch bei der Darstellung klar zu trennen, um den Leser nicht zu verwirren, durch:

– Kennzeichnung von Zitaten und deren einwandfreien Nachweis in schriftlichen Quellen
– Zitate als Belege zur Information mit Beispielcharakter
– Zitate zum Stützen und Abrunden der eigenen Auffassung
– Zitate zur Auseinandersetzung und Abgrenzung
– Exkurse für Seitenthemen und Teilprobleme
– (auch optisch deutliche) Gliederung, die den Argumentationsaufbau erkennen läßt.

Auch bei ad-hoc-Arbeiten (etwa bei Klausuren) ist – nach einer vorbereitenden, stichwortartigen Materialsammlung – die Gliederung eine wesentliche Hilfe. Im Notfall kann auch mit einer guten Disposition plausibel gemacht werden, daß aus Zeit- oder Materialgründen Lücken in Kauf genommen werden müssen.

Zur Selbstkontrolle können noch einige Kriterien der Beurteilung (wissenschaftlicher Qualifikation) herangezogen werden:

– Art der Bearbeitung
  – systematisch

  - historisch
  - essayistisch
- Begründung für die Art der Bearbeitung
  - vom Autor gegeben
  - aus dem Argumentationsduktus erkennbar
- Umfang der gebotenen Information
  - gleichmäßig über die Abschnitte der Arbeit verteilt
  - gleichmäßig oder begründet einseitig
  - sporadisch
- Qualität der Information
  - umfassend
  - sachspezifisch
- Art der Information
  - tatsachenorientiert
  - problemorientiert
  - systematisch formuliert
- Qualität der Problemerfassung
  - systematisch umfassend
  - eklektisch
  - im einzelnen gründlich
- Qualität der Problemdarstellung
  - präzise eingegrenzt
  - präzise abgegrenzt
- Systematische Urteilsbildung
  - Begründung des Ansatzes
  - Begründung der einzelnen Schritte
  - Begründung des Ergebnisses.

4.4 Zur Erarbeitung des Grundwissens

In der neueren Diskussion zur Reform der theologischen Ausbildung und der Studienabschlußprüfungen wird zwischen Grund- und Spezialwissen unterschieden.

Hinweise:
Reform der theologischen Ausbildung II, Stuttgart/Berlin 1968, S. 14–21 (»Prüfungsanforderungen in den Disziplinen [mündliche Prüfung]«). – A.a.O. XI, 1974, S. 25 f. (»Basiskenntnisse und -fähigkeiten«, die in der Studieneingangsstufe zu erwerben sind) 31 f. (Grundwissen im Hauptstudium).

Zum Grundwissen werden diejenigen Kenntnisse gerechnet, die das unbestrittene Fundament von Forschung und Lehre einer Disziplin bilden; jedes einzelne Thema verweist auf Informationen über dieses Fundament zurück. Das Prinzip der Auswahl von Spezialthemen berücksichtigt, daß im Laufe eines Studiums das gesamte Gegenstandsfeld einer Disziplin nicht kennengelernt werden kann. Spezialthemen sind als Paradigmen zu studieren, an denen die Arbeitsweisen einer Disziplin eingeübt, ihre Grundprobleme erörtert und in ihrem thematischen Beziehungsgefüge vertraut gemacht werden sollen.
Es hat sich indessen gezeigt, daß die Unterscheidung von Grund- und Spezialwissen in der Systematischen Theologie schwieriger durchzuführen ist als in anderen theologischen Disziplinen. In den historischen Fächern gilt als Grundwissen ein Bestand von Informationen, die die relevanten geschichtlichen Zusammenhänge erschließen. Würde die Systematische Theologie dementsprechend eine Reihe theologiegeschichtlich hervorragender Äußerungen als grundlegend auszeichnen, gäbe sie ihren systematischen Charakter preis und leistete einer Historisierung der Theologie Vorschub. Die Orientierung auch des systematischen Arbeitens an der theologischen Überlieferung muß andere Fundamente als nur die Kanonisierung und Kontinuität von Traditionen nennen; nicht von ungefähr ist eine Aufgliederung theologischen Wissens in ein für allemal gesicherte fundamentale und nichtfundamentale, geschichtlich variable Lehrinhalte zwar immer wieder versucht worden, hat aber nie systematisch tragfähige Distinktionen erbracht.
Grundwissen kann der Systematischen Theologie nur im stetigen und fortlaufenden Studium von Paradigmen vermittelt werden. Der Nachdruck liegt dabei auf der systematischen Arbeitsweise, die den Kontext eines Themas ebenfalls systematisch erschließt und in seiner Analyse auf Beziehungszusammenhänge und deren Basis stoßen muß, wenn sie ihr Ziel erreichen will. Diese Ermittlung fundamentaler Aussagen und Begriffe kann nicht durch ein Verzeichnis theologiegeschichtlich maßgebend gewordener Äußerungen oder gar durch ein Kompendium führender Meinungen ersetzt werden. Das systematisch-theologische Grundwissen besteht also in der *Kenntnis der Grundprobleme und Grundbegriffe* dieser Disziplin, die jedoch – wie wir gesehen haben (1.33, 2.3 und 3) – als fundamental nur in ihrer Funktion für begründete theologische Aussagen erkennbar werden. Zugespitzt könnte man sagen, daß sich die Erarbeitung des Grundwissens in der

Systematischen Theologie auf den *Zusammenhang der normativen Begriffe* (3.71) konzentriert. Für die Materialübersicht kommt es außerdem auf die Kenntnis der topischen und organisierenden Begriffe (3.72 und 3.73) an. Jede theologische Konzeption und Position, jeder Forschungsbeitrag und jede sonstige Äußerung im Rahmen Systematischer Theologie wird dieser Begriffe bedürfen, sich auf sie stützen oder sie auch nur zu Rate ziehen, wenn sie sich mit überlieferten Aussagen auseinandersetzt und sie zu bestätigen, zu revidieren oder zu verwerfen sucht. Grundwissen eignet man sich an, indem man Schritt für Schritt einen größeren Überblick gewinnt und die Fähigkeit zu systematischer Einordnung und Zuordnung einübt. Damit kann nicht früh genug im Studium begonnen werden, und die Abschlußprüfung ist nur eine Zwischenstation auf dem Wege einer Urteilsbildung, die in der Theologie als Beruf nie abgeschlossen sein wird.

Gesichtspunkte zum systematisch-theologischen Grundwissen:
- Elementare Beziehung von Arbeitsweisen und Wissensgewinnung
- Rechenschaft über den spezifischen Systemcharakter Systematischer Theologie (s. 1.131) und dessen Modifikationen
- Unterscheidung von Grundwissen, Konzeptionen und Positionen
- Grundwissen im Verhältnis zur Entwicklung theologischer Forschung
- Kenntnis des Aufbaus der Dogmatik nach den wegweisenden Paradigmen (2.22–2.25)
- systematische Gesichtspunkte bei der Komposition von Dogmatikentwürfen
- Organisierende Begriffe, ihr Zusammenhang und ihre Funktion
- die den organisierenden Begriffen zugehörigen wichtigsten topischen Begriffe
- Grundvokabular normativer Begriffe
- unveränderte Problemstellungen.

Beispiel:
Grundwissen zur Christologie ist auf zwei Probleme konzentriert, die vom Neuen Testament bis in die Gegenwart die gleichen geblieben sind, auch wenn sich ihre Formulierung und die Denkmodelle ihrer Lösung geändert haben:
- Die Frage nach der Einheit Jesu mit Gott

– Die Frage nach der Einheit Jesu und der Menschen bzw. nach der Partizipation aller Menschen an der Geschichte Jesu.

Die erste dieser Fragen wurde im Dogma der Trinität beantwortet (vgl. das Glaubensbekenntnis von Nizäa); diese Antwort wurde präzisiert und auf die zweite Frage ausgedehnt durch das christologische Dogma (»Zweinaturenlehre« des Konzils von Chalcedon). Die zweite Problemstellung begegnet auch in der »Frage nach dem historischen Jesus« wieder, weil der geschichtliche Zugang zur Person Jesu ein Modell der Partizipation ist.

Zu den beiden Problemformulierungen gehören die normativen Begriffe:

Inkarnation, Kreuz, Auferstehung – in Verbindung mit normativen Begriffen der Soteriologie: Versöhnung, Gnade, Erlösung.

Als wichtigste topische Begriffe sind zu nennen:

Hypostatische Union, communicatio idiomatum, Person (Jesu), Gottheit und Menschheit Jesu, in der altprotestantischen Dogmatik: status exinanitionis – status exaltationis (Erniedrigung – Erhöhung), munus bzw. officium triplex Christi (das dreifache »Amt« als Umschreibung des »Werkes« im Unterschied zur »Person«: munus regium, sacerdotale, propheticum).

Konzeptionen der Christologie unterscheiden sich zumeist durch die verschiedene Akzentuierung der beiden genannten Fragen und durch voneinander abweichende Kombinationen der Begriffe.

4.5 Zur Prüfungsvorbereitung

Es mag abwegig erscheinen, bereits in der Propädeutik auf das Examen einzugehen. Aber abgesehen davon, daß die in letzter Zeit mancherorts eingeführten Studienvorschriften auf Prüfungsanforderungen ausgerichtet sind, spielen erfahrungsgemäß auch beim persönlichen Studienplan Examensprobleme eine erhebliche und oft ein sinnvolles Studium gefährdende Rolle. Darum sollte der eigene Studienplan so entworfen werden, daß er das Examen als Abschluß zwar berücksichtigt, aber das Studium nicht als ein ständiges Trainung für mögliche Prüfungssituationen auffaßt. Die Prüfungsvorbereitung wird am wenigsten dann in Schwierigkeiten bringen, wenn sie auf einem gut disponierten Studium aufbaut und dessen Ergebnisse nur zu rekapitulieren und zu ergänzen braucht. Zweckmäßig ist es, für diese Phase einen Leseplan zu erstellen, der vor allem einen Überblick über

das Grundwissen erreicht. Außerdem ist ein sog. Spezialgebiet auszuwählen, an dem (nach der übereinstimmenden Grundtendenz aller neueren Prüfungsrichtlinien) theologische Urteilsfähigkeit demonstriert werden soll. Urteilsfähigkeit kann man ohne spezielles Wissen nicht unter Beweis stellen. Dieses ist jedoch nicht als isolierter Informationsbestand, sondern als Paradigma für die geleistete Urteilsbildung in das Prüfungsgespräch einzubringen. Darum steht das Spezialgebiet in Beziehung zum Grundwissen und zu den Arbeitsweisen der betr. Disziplin. Ein Spezialgebiet ist etwas anderes als eine Konzeption oder Position (vgl. 1.131 und 1.132), über die man u.U. ausgiebig Bescheid wissen und die man beeindruckt und eindrucksvoll referieren kann, ohne ein systematisches Urteil gebildet zu haben. Ein Spezialgebiet ist gleichsam ein Raum, in dem paradigmatische Themen und Probleme mit den ihnen zugehörigen Begriffen ihren Platz haben, der ein bestimmtes Ausmaß besitzt, Grenzen aufweist und in einem Kontext steht.
Die Wahl eines Spezialgebietes wird leider nicht selten von der Sorge diktiert, gleichsam aufs Glatteis zu geraten, wenn man nicht in einer möglichst eng bemessenen Literatur völlig zu Hause ist und sich auf alle denkbaren Fragen vorbereitet fühlt. Ein Schrebergarten läßt sich natürlich besser überblicken und intensiver bearbeiten als eine Farm! Der Umfang einer bearbeiteten Themenstellung ist aber nicht unbedingt Kriterium für ihre Eignung als Spezialgebiet. Ein Prüfungsgespräch, das so zu heißen verdient, wird die *Qualität* der Informationsverarbeitung und die systematische *Umsicht* bei der Erörterung eines oder mehrerer Paradigmen herausstellen und überprüfen. Darauf wird bereits bei der Eingrenzung und Erarbeitung eines Spezialgebietes zu achten sein. Seine Formulierung muß zu erkennen geben, in welcher systematischen Beziehung bestimmte Themen, Probleme, Konzeptionen oder Positionen aufgenommen worden sind. Dieses »Woraufhin« sollte man, wenn möglich, auch bei den Literaturangaben vermerken.

Beispiel:
»Die Christologie Paul Tillichs« wird gern als Spezialgebiet für die mündliche Prüfung angegeben, weil es sich um ein – wie man meint – besonders zentrales Teilstück Systematischer Theologie in einem übersichtlichen und verhältnismäßig knappen Text handelt. Tillichs Christologie muß jedoch als Bestandteil seines theologischen Systems interpretiert werden, das wiederum als

Position in einem Diskussionsverlauf der neueren Theologiegeschichte zu sehen ist – und es ist zu bedenken, daß sein Beitrag bestimmte christologische Traditionen verarbeitet und sie in den Zusammenhang neu formulierter Grundprobleme der Theologie stellt. Zumindest eine dieser beiden Fragerichtungen muß also berücksichtigt werden, damit der gewählte Text zum Bestandteil eines Spezialgebietes wird.

Gesichtspunkte zur Vorbereitung und zum Studium des Spezialgebietes:
- Relation des Spezialthemas zum Grundwissen
- Einordnung in den (geschichtlichen, zeitgenössischen) Diskussionszusammenhang
- Konzepte und Gegenkonzepte zum Thema
- Kommunikationszusammenhang (Wo begegnet das Thema? Ist es mit alltäglichen Erfahrungen und Fragestellungen verbunden?)
- Argumentationszusammenhang in Beziehung zur Arbeitsweise anderer theologischer Disziplinen und ggf. anderer Wissenschaften.

5 Literaturhinweise

5.0 Vorbemerkung

Wie die bisherigen Hinweise auf Belege und weiterführende Literatur soll auch das folgende knappe Verzeichnis zur Vertiefung der propädeutischen Empfehlungen dienen und zur eigenen Weiterarbeit anregen. Die Zusammenstellung beschränkt sich auf die Titel, die entweder als Standardwerke zu Rate zu ziehen sind oder mit deren Hilfe man sich in einzelnen Arbeitsgebieten der Systematischen Theologie, die durch die Propädeutik erschlossen werden, orientieren kann.
Als *bibliographisches Hilfsmittel* zum Studium der katholischen Theologie, das auch eine Auswahl grundlegender Literatur zur evangelischen Theologie enthält, ist zu empfehlen:
A. Raffelt, Proseminar Theologie. Einführung in das wissenschaftliche Arbeiten und in die theologische Buchkunde, Freiburg 1975.
Zur *Einführung* in die gegenwärtige Situation der Systematischen Theologie und ihres Studiums eignen sich:
die Beiträge zur theologischen Enzyklopädie (s. 1.112)
G. Sauter, Die systematische Theologie, in: Wissenschaftliche Theologie im Überblick, hg. von W. Lohff / F. Hahn, Göttingen 1974, S. 48-55 (ev.)
J. Wohlgemuth / H. G. Koch, Leitfaden Theologie. Eine Einführung in Arbeitstechniken, Methoden und Probleme der Theologie, Zürich 1975 (kath.)
Reform der theologischen Ausbildung, bisher 11 Bde., I–VIII hg. von H.-E. Heß / H. E. Tödt, ab IX hg. von T. Rendtorff / H. Reiß, Stuttgart/Berlin 1967–1974 (einschlägige Passagen; ev.)
Studium Katholische Theologie, bisher 3 Bde., hg. von E. Feifel, Zürich 1973 – 1975

5.1 Zum Überblick

Zu einer ersten Information über Begriffe, Themen, Probleme, Positionen und Forschungsgebiete verhelfen die theologischen

Handwörterbücher. Viele ihrer Artikel können jedoch nur einen Extrakt von Kenntnissen vermitteln; oft ist es instruktiv, zu einem Stichwort die Auskünfte verschiedener Lexika zu vergleichen, um den Informationsstand und evtl. Tendenzen der Beurteilung festzustellen.

RE^3	Realencyklopädie für protestantische Theologie und Kirche, 3. Aufl. hg. von A. Hauck, 24 Bde., Leipzig 1896–1913
EKL	Evangelisches Kirchenlexikon. Kirchlich-theologisches Handwörterbuch, hg. von H. Brunotte / O. Weber, 3 Bde., Registerbd., Göttingen 1956–1962
RGG^3	Die Religion in Geschichte und Gegenwart. Handwörterbuch für Theologie und Religionswissenschaft, 3. Aufl. hg. von K. Galling, 6 Bde., Registerbd., Tübingen 1957–1965 (ev.)
$LThK^2$	Lexikon für Theologie und Kirche, 2. Aufl. hg. von J. Höfer / K. Rahner, 10 Bde., Registerbd., Freiburg 1957–1967 (kath.)
LThK.E	Ergänzungsbände: Das Zweite Vatikanische Konzil. Dokumente und Kommentare, 3 Bde., ebd. 1966–1968
SM	Sacramentum mundi. Theologisches Lexikon für die Praxis, hg. von K. Rahner / A. Darlap, 4 Bde., Freiburg 1967–1969 (kath.)
HThG	Handbuch theologischer Grundbegriffe, hg. von H. Fries, 2 Bde., (1962/63) Studienausgabe München 1976 (kath.)
TRE	Theologische Realenzyklopädie, hg. von G. Krause und G. Müller, Berlin 1976 ff. (ev.)

5.2 Zum Grundwissen

Die Präsentation des systematisch-theologischen Grundwissens ist in der gegenwärtig greifbaren Literatur noch nicht befriedigend gelungen. Die angebotenen Übersichten (Grundrisse, Kompendien) beschränken sich häufig auf die Zusammenstellung führender theologischer Meinungen aus Geschichte und Gegenwart und sind dann mehr als Erstinformation und zum Repetieren als zur methodischen Aneignung brauchbar. Darum empfiehlt sich am meisten das Studium wichtiger »klassischer«

Texte (s. die Hinweise zu 2.111 und 2.232 [für die ev. Theologie]).
Eine interkonfessionelle Reihe von Einführungen in die einzelnen Arbeitsgebiete und die Topoi (Traktate, Loci) hat bei der Wissenschaftlichen Buchgesellschaft zu erscheinen begonnen.
Zum Studium wichtiger Grundbegriffe, Themen und Probleme sind Sammlungen von Beiträgen verschiedener Autoren zum gleichen Komplex geeignet. Solche »Reader« werden in lockerer Folge von der Wissenschaftlichen Buchgesellschaft und in der »Theologischen Bücherei« des Chr. Kaiser Verlages München veröffentlicht. Diese Sammelbände enthalten zumeist auch eine ausführliche Bibliographie.

5.3 Zur Beachtung von Spezialliteratur

Um den Diskussionsstand für einzelne Fragestellungen wie im ganzen kennenzulernen und sich über Forschungsansätze zu orientieren, ist die Einsicht in *Zeitschriften* und *Rezensionsorgane* unerläßlich. Man sollte wenigstens eine Zeitlang im Studium regelmäßig die neuesten Nummern aller in der Seminarbibliothek erreichbaren Zeitschriften zur Kenntnis nehmen, um sich anhand des Inhaltsverzeichnisses über die z.Zt. erörterten Themen zu unterrichten und bei Fragestellungen, die das eigene Interesse geweckt haben, den Diskussionsverlauf eine Strecke weit zu verfolgen. Durch ausgewählte kursorische Lektüre wird zudem ein Eindruck vom theologischen Profil der einzelnen Zeitschriften vermittelt, die ja oft ein bestimmtes »Programm« vertreten.
Als die wichtigsten gegenwärtig erscheinenden evangelischen Fachzeitschriften, die systematisch-theologische Beiträge enthalten, sind zu verzeichnen:

EvTh Evangelische Theologie
KuD Kerygma und Dogma
NZSTh Neue Zeitschrift für systematische Theologie und Religionsphilosophie
WPKG Wissenschaft und Praxis in Kirche und Gesellschaft
ZEE Zeitschrift für Evangelische Ethik
ZThK Zeitschrift für Theologie und Kirche

Die deutschsprachigen katholischen wissenschaftlichen Zeitschriften stehen meistens in Verbindung mit einzelnen Fakultäten (Fachbereichen):

MThZ Münchener Theologische Zeitschrift
ThGl Theologie und Glaube (Paderborn)
ThPh Theologie und Philosophie (Freiburg)
ThQ Theologische Quartalschrift (Tübingen)
TThZ Trierer Theologische Zeitschrift
ZKTh Zeitschrift für katholische Theologie (Innsbruck)

Von einem internationalen Herausgeberkreis werden redigiert:

Conc Concilium. Internationale Zeitschrift für Theologie
IKaZ Internationale katholische Zeitschrift »Communio«

Über die kirchlich-theologische Situation im zeitgeschichtlichen Kontext berichten:

EvKom Evangelische Kommentare. Monatsschrift zum Zeitgeschehen in Kirche und Gesellschaft
HerKorr Herder Korrespondenz. Monatshefte für Gesellschaft und Religion (kath.)
LM Lutherische Monatshefte

Aufgabe:
Versuchen Sie, einige Zeitschriften vergleichend zu charakterisieren (Erscheinungsweise? Aufbau? Seit wann erschienen? Herausgeber und ihre »Position«? Herausgeberwechsel? Programmatische Erklärungen?).

Beispiel:
EvTh 1, 1934, S. 1–10; 6, 1946/47, S. 1 f.; 31, 1971, S. 115–186; 32, 1972, S. 1 f.

Um sich im Literaturangebot zurechtzufinden, können *Rezensionen* eine Orientierungshilfe sein. Sie stellen Bücher und z.T. auch wichtige Aufsätze im Rezensionsteil von Zeitschriften und Zeitungen und in Periodica, die ausschließlich der Beurteilung von Neuerscheinungen gewidmet sind (Rezensionszeitschriften), kritisch vor. Solche Besprechungen sind allerdings von höchst verschiedener Informationsqualität und müssen selbst kritisch gelesen werden, vor allem wenn sie – wie leider heute nicht selten – eher der Profilierung des Rezensenten als einer sachkundigen Berichterstattung und Urteilsbildung dienen. Dagegen können Sammelbesprechungen von Literatur zu einem Themenkomplex zumeist mit der Tendenz der Forschung und der Erörterung von Grundproblemen vertraut machen. Die fortlaufende Lektüre solcher Forschungsberichte ist geeignet, im Studium und Beruf die Übersicht über die theologische Arbeit zu gewinnen und zu behalten.

Die gegenwärtig wichtigsten deutschsprachigen Rezensionszeitschriften sind:

ThBer	Theologische Berichte (kath.)
ThLZ	Theologische Literaturzeitung (ev.)
ThR	Theologische Rundschau (ev.)
ThRv	Theologische Revue (kath.)
VF	Verkündigung und Forschung (ev.)

5.4 Zur systematisch-theologischen Textinterpretation

Zur Ergänzung von 2, besonders von 2.13, sollen hier noch einige Arbeiten aufgeführt werden, die methodisch und theoretisch orientiert sind:

H. Göttner, Logik der Interpretation. Analyse einer literaturwissenschaftlichen Methode unter kritischer Betrachtung der Hermeneutik, München 1973

A. Stock, Umgang mit theologischen Texten. Methoden – Analysen – Vorschläge, Zürich 1974

5.5 Zur Theorie theologischer (religiöser) Sprache und zur theologischen Theoriebildung

Über die neuere Diskussion berichtet:

A. Stock, Theologie und Wissenschaftstheorie, VF 2/1975, S. 2–34.

Zur Weiterarbeit aufgrund der propädeutischen Vorbereitung sind folgende Beiträge auch wegen ihrer Literaturübersicht geeignet:

D. M. High, Sprachanalyse und religiöses Sprechen, Düsseldorf 1972

W. Pannenberg, Wissenschaftstheorie und Theologie, Frankfurt 1973

G. Sauter / J. Courtin / H.-W. Haase / G. König / W. Raddatz / G. Schultzky / H. G. Ulrich, Wissenschaftstheoretische Kritik der Theologie. Die Theologie und die neuere wissenschaftstheoretische Diskussion. Materialien – Analysen – Entwürfe, München 1973

J. A. Martin, Philosophische Sprachprüfung der Theologie. Eine Einführung in den Dialog zwischen der analytischen Philosophie und der Theologie, München 1974

Sprachlogik des Glaubens. Texte analytischer Religionsphilosophie und Theologie zur religiösen Sprache, hg. von I. U. Dalferth, München 1974
H. Peukert, Wissenschaftstheorie – Handlungstheorie – Fundamentale Theologie, Düsseldorf 1976

Begriffsregister

In das Register sind alle methodologischen Begriffe (im Sinne der Definition von 3.74) aufgenommen worden. Andere Begriffe erscheinen nur, sofern sie für den Zusammenhang dieser Propädeutik eigens umschrieben bzw. definiert worden sind. Termini anderer Wissenschaften (z. B. der Linguistik) wurden nicht berücksichtigt. Es sind auch jeweils nur die Textstellen vermerkt worden, an denen eine Definition bzw. eine Erläuterung der Begriffe zu finden ist. Bei den Querverweisen (→) ist zwischen Verweisen auf ein ganzes Begriffsfeld und Verweisen auf Einzelbegriffe unterschieden. Letztere erscheinen eingerückt.